U0368856

设计类研究生设计理论参考丛书

设计大师及代表作品评析（下）

Comments on the Great Designers & the Masterpieces II

艾红华　江　滨　主编

中国建筑工业出版社

图书在版编目（CIP）数据

设计大师及代表作品评析（下）/艾红华，江滨主编. —北京：中国
建筑工业出版社，2013.4
（设计类研究生设计理论参考丛书）
ISBN 978-7-112-15352-7

Ⅰ.①设…　Ⅱ.①艾…②江…　Ⅲ.①设计师-人物研究-世界②艺术-
设计-鉴赏-世界　Ⅳ.① K815.72 ② J051

中国版本图书馆 CIP 数据核字（2013）第 076392 号

责任编辑：吴　佳　李东禧
责任设计：陈　旭
责任校对：陈晶晶　刘　钰

设计类研究生设计理论参考丛书
设计大师及代表作品评析（下）
艾红华　江　滨　主编

＊

中国建筑工业出版社出版、发行（北京西郊百万庄）
各地新华书店、建筑书店经销
北京嘉泰利德公司制版
北京云浩印刷有限责任公司印刷

＊

开本：787×1092毫米　1/16　印张：16　插页：4　字数：330千字
2013年7月第一版　2013年7月第一次印刷
定价：52.00元
ISBN 978-7-112-15352-7
（23254）

设计类研究生设计理论参考丛书编委会

编委会主任：

鲁晓波（清华大学美术学院院长、教授、博士研究生导师，中国美术家协会工业设计艺术委员会副主任）

编委会副主任：

陈汗青（武汉理工大学艺术与设计学院教授、博士研究生导师，中国美术家协会工业设计艺术委员会委员，教育部艺术硕士学位教育委员会委员）

总主编：

江　滨（中国美术学院建筑学院博士，华南师范大学美术学院环境艺术设计系主任、教授、硕士研究生导师）

编委会委员：（排名不分先后）

王国梁（中国美术学院建筑学院教授、博士研究生导师）

田　青（清华大学美术学院教授、博士研究生导师）

林乐成（清华大学美术学院教授、工艺美术系主任，中国工艺美术学会常务理事，中国美术家协会服装设计艺术委员会委员）

赵　农（西安美术学院美术史论系教授、系主任、博士研究生导师、图书馆馆长，中国美术家协会理论委员会委员，中国工艺美术学会理论委员会常务委员）

杨先艺（武汉理工大学艺术与设计学院设计学系主任、博士、教授、博士研究生导师，中国工艺美术学会理论委员会常务委员）

序　言

美国洛杉矶艺术中心设计学院终身教授　王受之

中国的现代设计教育应该是从 20 世纪 70 年代末就开始了，到 20 世纪 80 年代初期，出现了比较有声有色的局面。我自己是 1982 年开始投身设计史论工作的，应该说是刚刚赶上需要史论研究的好机会，在需要的时候做了需要的工作，算是国内比较早把西方现代设计史理清楚的人之一。我当时的工作，仅仅是两方面：第一是大声疾呼设计对国民经济发展的重要作用，美术学院里的工艺美术教育体制应该朝符合经济发展的设计教育转化；第二是用比较通俗的方法（包括在全国各个院校讲学和出版史论著作两方面），给国内设计界讲清楚现代设计是怎么一回事。因此我一直认为，自己其实并没有真正达到"史论研究"的层面，仅仅是做了史论普及的工作。

特别是在 20 世纪 90 年代末期以来，在制造业迅速发展后对设计人才需求大增的就业市场驱动下，高等艺术设计教育迅速扩张。在进入 21 世纪后的今天，中国已经成为全球规模最大的高等艺术设计教育大国。据初步统计：中国目前设有设计专业（包括艺术设计、工业设计、建筑设计、服装设计等）的高校（包括高职高专）超过 1000 所，保守一点估计每年招生人数已达数十万人，设计类专业已经成为中国高校发展最热门的专业之一。单从数字上看，中国设计教育在近 10 多年来的发展真够迅猛的。在中国的高等教育体系中，目前几乎所有的高校（无论是综合性大学、理工大学、农林大学、师范大学，甚至包括地质与财经大学）都纷纷开设了艺术设计专业，艺术设计一时突然成为国内的最热门专业之一。但是，与西方发达国家同类学院不同的是，中国的设计教育是在社会经济高速发展与转型的历史背景下发展起来的，面临的问题与困难非常具有中国特色。无论是生源、师资，还是教学设施或教学体系，中国的设计教育至今还是处于发展的初级阶段，远未真正成型与成熟。正如有的国外学者批评的那样："刚出校门就已无法适应全球化经济浪潮对现代设计人员的要求，更遑论去担当设计教学之重任。"可见问题的严重性。

还有一些令人担忧的问题，教育质量亟待提高，许多研究生和本科生一样愿意做设计项目赚钱，而不愿意做设计历史和理论研究。一些设计院校居然没有设置必要的现代艺术史、现代设计史课程，甚至不开设设计理论课程，有些省份就基本没有现代设计史论方面合格的老师。现代设计体系进入中国刚刚30年，这之前，设计仅仅基于工艺美术理论。到目前为止只有少数院校刚刚建立了现代概念的设计史论系。另外，设计行业浮躁，导致极少有人愿意从事设计史论研究，致使目前还没有系统的针对设计类研究生的设计史论丛书。

现代设计理论是在研究设计竞争规律和资源分布环境的设计活动中发展起来的，方便信息传递和分布资源继承利用以提高竞争力是研究的核心。设计理论的研究不是设计方法的研究，也不是设计方法的汇总研究，而是统帅整个设计过程基本规律的研究。另外，设计是一个由诸多要素构成的复杂过程，不能仅仅从某一个片段或方面去研究，因此设计理论体系要求系统性、完整性。

先后毕业于清华大学美术学院和中国美术学院建筑学院的江滨博士是我的学生，曾跟随我系统学习设计史论和研究方法，现任国家211重点大学华南师范大学教授、硕士研究生导师，环境艺术设计系主任。最近他跟我联系商讨，由他担任主编，组织国内主要设计院校设计教育专家编写，并由中国建筑工业出版社出版的一套设计丛书：《设计类研究生设计理论参考丛书》。当时我在美国，看了他提供的资料，我首先表示支持并给予指导。

研究生终极教学方向是跟着导师研究项目走的，没有规定的"制式教材"，但是，研究生一、二年级的研究基础课教学是有参考教材的，而且必须提供大量的专业研究必读书目和专业研究参考书目给学生。这正是《设计类研究生设计理论参考丛书》策划推出的现实基础。另外，我们在策划设计本套丛书时，就考虑到它的研究型和普适性或资料性，也就是说，既要有研究深度，又要起码适合本专业的所有研究生阅读，比如《中国当代室内设计史》就适合所有环境艺术设计专业的研究生使用；《设计经济学》是属于最新研究成果，目前，还没有这方面的专著，但是它适合所有设计类专业的研究生使用；有些属于资料性工具书，比如《中外设计文献导读》，适合所有设计类研究生使用。

设计丛书在过去30多年中，曾经有多次的尝试，但是都不尽理想，也尚没有针对研究生的设计理论丛书。江滨这一次给我提供了一整套设计理论丛书的计划，并表示会在以后修订时不断补充、丰富其内容和种类。对于作者们的这个努力和尝试，我认为很有创意。国内设计教育存在很多问题，但是总要有人一点一滴地去做工作以图改善，这对国家的设计教育工作起到一个正面的促进。

我有幸参与了我国早期的现代设计教育改革，数数都快 30 年了。对国内的设计教育，我始终是有感情的，也有一种责任和义务。这套丛书里面，有几个作者是我曾经教授过的学生，看到他们不断进步并对社会有所担当，深感欣慰，并有责任和义务继续对他们鼎力支持，也祝愿他们成功。真心希望我们的设计教育能够真正的进步，走上正轨。为国家的经济发展、文化发展服务。

目 录

1 贝聿铭（I.M.Pei）

20 世纪初，现代建筑运动完全挣脱历史主义的桎梏，展现出令人欢欣鼓舞的全新景象。一大批现代主义建筑师，如弗兰克·劳埃德·赖特（Frank Lloyd Wright），维克托·霍塔（Victor Horta）、安东尼奥·高迪（Antonio Gaudi）、沃尔特·格罗皮乌斯（Walter Gropius）、密斯·凡·德·罗（Mies Van der Rohe）、勒·柯布西耶（Le Corbusier）等在建筑设计上大展宏图，把现代主义建筑推向高潮，成为世界建筑的主流。现代主义建筑思潮影响着贝聿铭的成长，他传承了现代主义建筑理念，成为最后一位现代主义建筑大师。在现代主义建筑方面，贝聿铭的贡献是空前的：一是以高超的技术手段进行设计，通常以结构支配建筑形式，二是将现代主义提升为一种纯粹的审美标准，他是将现代主义介绍给普通大众的建筑先驱。贝聿铭注重光与空间的结合，使得空间变化万端，"让光线来做设计"是贝聿铭的设计理念。

贝聿铭（1917~），著名美籍华人建筑师。1917 年 4 月 26 日出生于中国广州，因战争随父母到香港度过童年时光，1927 年随父亲回到上海。乱世出英雄，贝聿铭在充满生机和死亡的环境中成长，现实的压力让他不断寻求出路，这影响着他的一生，同时也影响了他的建筑风格。

父亲贝祖诒是中国银行的创始人之一，母亲庄氏是一名出自名门的大家闺秀，尽管她在贝聿铭 13 岁时因病去世，但她给贝聿铭艺术和精神上的影响很大。富裕的生活环境让贝聿铭学会了英国绅士的派头，优雅、沉着、智睿，这些给他后来的工作和生活极大的帮助。祖父贝理泰是一个秉承儒家思想的老人，他对贝聿铭的影响是无可估量的。[1]

暑假祖父经常带贝聿铭兄妹回苏州，回到他们的私家园林——苏州最有名的狮子林。贝聿铭很喜欢这个园子，他对这里面的建筑以及稀奇古怪的太湖石十分感兴趣，太湖石的制造过程让贝聿铭惊叹不已，给后来成为建筑师的贝聿铭灌输了一种对时间的责任感。

贝聿铭觉得建筑有令人心醉神迷的魅力，他放弃了父亲给他铺好的两条平坦的道路。[2] 1935 年夏天，他远渡重洋，踏上了美国那片陌生的疆土，到宾夕

---

① 祖父的行为给了贝聿铭传统的儒家美德并培养了他高尚的人格，要求贝聿铭无条件地服从长辈，不能哗众取宠，不能喜怒形于色，要从容清楚地表达自己，这些品质使贝聿铭在以后漫长的人生道路中受益匪浅。

② 一条是他当时念的圣约翰高中——圣约翰大学的预科，可以直接升学圣约翰大学。另一条路是他父亲为他选的：赴英国攻读经济学，他希望长子能够子承父业。

法尼亚大学学习建筑设计专业。然而，宾夕法尼亚大学对艺术非常重视，其教学让贝聿铭对宾大的建筑学大失所望，两周后贝聿铭凭借自己出色的表现转到了麻省理工学院改学工程。在麻省理工学院的院长威廉·埃默森（William Emerson）的劝导下，贝聿铭重新开始建筑学的学习，并且成绩非常优异，1940年获得麻省理工学院建筑学士学位。因为战争的因素，贝聿铭毕业后听从父亲的建议暂时留在美国。

1942年6月20日贝聿铭与卢艾玲在纽约举行婚礼。同年12月贝聿铭正式报名攻读沃尔特·格罗皮乌斯在哈佛亲自教授的研究生设计室的建筑学专业，1946年获得哈佛大学建筑硕士学位。早年贝聿铭对法国现代主义建筑大师勒·柯布西耶颇有研究，他算是贝聿铭的"精神导师"，1921年柯布西耶提出"住宅是居住的机器"（House is the machine for living）[①]一种机械生成论的房屋创造论说，深化增强生命力的美学观对贝聿铭的影响极大。在哈佛大学贝聿铭接受了包豪斯学派的理念，学习到先理解生活才能理解建筑的理念。贝聿铭认为艺术和历史才是建筑的精髓，他的毕业设计就是体现这两方面的结合，得到格罗皮乌斯的高度赞赏。

从哈佛毕业，贝聿铭期望自己能用丰富的现代知识，回来建设和报答自己的祖国，然而，当时中国内战全面爆发，贝聿铭不得不又一次推迟回国的日程，最终在1955年加入美国国籍。与此同时，格罗皮乌斯聘请贝聿铭回研究所任教，29岁的他成为哈佛最年轻助理教授。在哈佛当了两年的助教后，他辞去在哈佛的工作，投身到建筑行业。1955年贝聿铭成立I.M.Pei &Associates（贝聿铭事务所），1989年更名为Pei Cobb Freed & Partners联合事务所，简称PCF事务所。

贝聿铭设计了很多非常有影响力的建筑。1979年由贝聿铭设计的约翰·肯尼迪纪念图书馆（John F. Kennedy Presidential Library，1965~1979），被公认为美国建筑史上最佳杰作之一，美国建筑界将1979年定为"贝聿铭年"，并授予他该年度的美国建筑学会（AIA）金质奖章。1974年贝聿铭着手扩建美国国立美术馆东馆（East Wing of the National Gallery of Art in Washington D.C.，1974~1978）项目，贝聿铭使用几何三角形的切割形式来设计，被普遍认为是现代建筑的精品。美国艺术学会选举贝聿铭为会长，他是获此殊荣的第一位建筑师，还登上了纽约《时代》杂志的封面。1981年改建法国卢浮宫（the Louvre Museum，一期：1983~1989，二期：1989~1993），贝聿铭以"内定"方式从弗朗索瓦·密特朗（Francois Mitterrand）总统的手上拿到这个项目，他的设计是采用金字塔造型作为入口。1988年7月3日，卢浮宫召开了盛大的开幕仪式。夜幕下卢浮宫变得无与伦比的美丽，法国人开始由反对到敬仰金字塔，金字塔和埃菲尔铁塔一起成为巴黎的标志和象征。密特朗代表法国政府授

---

① Peter Gossel，Gabriele Leuthauser. Architecture in the 20th Century（Volume1）[M].Koln：Taschen GmbH，2005：225.

予贝聿铭荣誉勋章，卢浮宫扩建项目为贝聿铭赢得了世界性的荣誉。1983年贝聿铭获得第五届普利兹克奖。1986年里根总统颁予贝聿铭自由奖章（Medal Of Liberty）。1989年他被日本艺术协会授予终身成就奖——首届"皇室文化奖"。他设计的"美秀美术馆"的吊桥，在瑞士荣获国际桥梁及构造工程学会（IABSE）颁发的"2002年度最佳构造奖"。

贝聿铭主要代表作品有伊佛森美术馆（Everson Museum of Art，1961~1968）、达拉斯市政厅（Dallas City Hall，1966~1977）、华侨银行中心（Oversea-Chinese Banking Corporation Center，Singapore，1970~1976）、北京香山饭店（Xiangshan Hotel，1979~1982）、香港中银大楼（Bank of China，Hongkong，1982~1989）、达拉斯的交响音乐厅（The Morton H.Meyerson Symphony Center，1981~1989）、摇滚名人堂和博物馆（Rock and Roll Hall of Fame & Museum，1987~1995）、德国历史博物馆新翼（Deutsches Historisches Museum，1996~2003）、北京中国银行总部（Bank of China，Head Office，Beijing，1994~2001）、澳门科学馆（Macao Science Center，2006）、"最小的女儿"（Lovely Youngest Daughter）——苏州博物馆（the Suzhou Museum，2000~2006）、伊斯兰艺术博物馆（Museum of Islamic Art，2000~2008）等作品。

代表作品评析：

1. 国家大气研究中心（the National Center for Atmospheric Research）

时间：1961~1967年

地点：美国科罗拉多州布尔德（Boulder）

贝聿铭与房地产大亨泽肯多夫（Zeckendorf）合作，他们一起完成了许多贫民窟改建的规划工作和城市的商业建筑，这让贝聿铭名声大噪，但也让他背上了"房地产开发商的建筑师"的标志。分道扬镳后，睿智的贝聿铭通过承接公共建筑、文教建筑让自己摘掉这个帽子。

1961年贝聿铭承接国家大气研究中心（NCAR）（图1-1）[①]设计工作，这座建筑的选址是在落基山脉脚下（图1-2）[②]，沃尔特·奥尔·罗伯茨（Walter Orr Roberts）博士希望建筑既要充满艺术感，又要和四周的自然景观融为一体。[③]对一个急于寻求突破的建筑师来说，能在这样美丽的风景之地用建筑诠释如此理想化的项目，这无疑是个完美的机会。[④]贝聿铭亲自操刀设计，希望借此机会

[①] http：//upload.wikimedia.org/wikipedia/commons/3/31/National_Center_for_Atmospheric_Research_-_Boulder%2C_Colorado.jpg

[②] http：//img.groundspeak.com/waymarking/dd676622-41d0-4b09-bcaf-01b6d08afa01.JPG

[③]（美）菲利普·朱迪狄欧，珍妮特·亚当斯·斯特朗.贝聿铭全集（I.M.Pei Complete Works）[M].李佳洁，郑小东译.北京：电子工业出版社，2012：15.

[④]（美）菲利普·朱迪狄欧，珍妮特·亚当斯·斯特朗.贝聿铭全集（I.M.Pei Complete Works）[M].李佳洁，郑小东译.北京：电子工业出版社，2012：84.

图 1-1 国家大气研究中
心近景（上）
图 1-2 国家大气研究中
心侧面远景（下）

来完美"转型"。在设计的过程中，贝聿铭却遇到了很大的难题，他对贫民窟
的重建有丰富的经验，但在广阔无垠的山脚下却让他很难把握。妻子卢艾玲见
贝聿铭因设计图而苦恼，提议一起去美国西南部游玩。在路上贝聿铭发现了梅
萨·维德美洲印第安土著人 12 世纪前后建成的悬崖上的建筑遗址（The mesa

图 1-3 梅萨·维德美洲印第安土著人建在悬崖上的建筑遗址

Verde Indian ruins）（图 1-3）[①]，觉得它们充满生命力。印第安人就地取材建造他们的房屋，建筑物和环境浑然一体，就像是长在那里一样的自然。建筑必须源于人们的住宅，印第安人的建筑给了贝聿铭设计灵感，他领悟到自然的力量和它潜在的生命气息，建筑应该跟着自然的节奏和旋律。

贝聿铭开始探索用基本形状——简洁的立方体和圆柱体来进行设计，外形简朴浑厚，与周围的自然环境有机结合在一起，是一座具有未来主义色彩的混凝土建筑。它的结构和构造结合在一起，构成一个不可分割的有机整体。像赖特所说的：建筑看起来像是花或者树的样子，以此体现"由里及外"的自然而又和谐的生长理念。[②]材料是建筑的重要元素，贝聿铭借鉴印第安土著的风格，从当地的采石场找来砂石，将它们加入混凝土中，再用凿石锤进行加工，让表面露出深粉色。工人们用一种特殊的定位夹具引导气凿，来保证加工点的规则排列，掩盖多次混凝土浇灌产生的夹心蛋糕般的效果，让这栋 30m 高的建筑成为一个整体，好像是由一整块巨石砍凿而成[③]（图 1-4）[④]。

国家大气研究中心（NCAR）占地约 18000m²，为了掩饰自身的体积，建筑物坐落在场地的最远端。2.7m 厚的承重墙保证了内部的灵活性，以长期满足不断变化的科学需要，墙体的厚底可以抵御极端的气候和速度为每小时 140

① http://upload.wikimedia.org/wikipedia/commons/f/f5/Mystery_Valley_06.jpg
② （美）戴维·拉金，布鲁斯·布鲁克斯·法佛弗. 弗兰克·劳埃德·赖特建筑大师 [M]. 苏怡，齐勇新译. 北京：中国建筑工业出版社，2005：141.
③ （美）菲利普·朱迪狄欧，珍妮特·亚当斯·斯特朗. 贝聿铭全集 [M]. 李佳洁，郑小东译. 北京：电子工业出版社，2012：84.
④ http://www.flickr.com/photos/davemorris/7629352224/

图1-4 国家大气研究中心外形简朴浑厚，深红色的墙体好像由一块大岩石建成（左）
图1-5 国家大气研究中心全景，与环境融为一体，极具生命力（右）

英里的山风。贝聿铭在窗户的设计上颇费心思，因为在高海拔的山区气候有时比较恶劣，他把窗户的面积减少到整个建筑表面的10%，而且都是深灰色表面覆盖，来抵挡高海拔的眩光。每个窗户都隐蔽在独立的窗洞中，用以掩饰其后的楼板。塔楼式的屋顶使建筑物本身像巍峨的山峰，配合周围的弗拉提伦山脉，与科罗拉多州高山棕红色土壤的山崖融为一体，它就像有了生命力一样，与周围的环境色彩相协调（图1-5）①。

"建筑是一种艺术，它是为了某种用途而对人类建筑的屋宇进行布置或装饰，使得人们看见时，在精神健康、力量和愉悦方面有所收益。"② NCAR没有过于追求视觉的效果，没有打破大自然的完整，而是与自然一样去创造，人工设计的环境嵌入自然景观形成一定的紧张感，但是从几何形状到理念上，又保证了建筑和自然两个世界的张力和平衡。③就像罗伯茨希望的那样：它是与世隔绝的，像隐居在山林中的修道院，给科学家和工作人员提供一个良好的环境使他们工作很生活。

国家大气研究中心（NCAR）于1967年竣工，它的成功为贝聿铭带来了决定其职业生涯的重要项目——肯尼迪纪念图书馆及美国国立美术馆的扩建工程。它是贝聿铭从事公共建筑物设计的开始，是他设计生涯的重要转折点。

2. 基督教科学教会中心（Christian Science Center）

时间：1968~1974年

地点：美国马萨诸塞州波士顿（Boston，Massachusetts）

---

① http：//faculty.ucmerced.edu/bilan/pics/Colorado/NCAR.jpg
② （英）约翰·罗斯金. 建筑的七盏明灯 The Seven Lamps of Architecture[M]. 张璘译. 济南：山东画报出版社，2006：1.
③ （美）菲利普·朱迪狄欧，珍妮特·亚当斯·斯特朗. 贝聿铭全集 [M]. 李佳洁，郑小东译. 北京：电子工业出版社，2012：87.

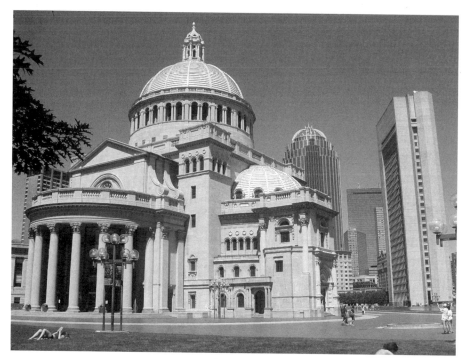

图 1-6　基督教科学教会中心

　　美国人认为自己是一个有宗教情结的国家，他们认为自己是上帝所挑选的民族。美国有着强大的宗教基础，他们认为美国的强大不是靠军事力量和财力，而是来自他们的信仰。基督教科学教会中心(图 1-6)①正是在这样的宗教背景下设计建造的。

　　基督教科学教会中心是美国基督教总部，坐落于波士顿的贝克湾（Back Bay），教堂是一座罗马式风格的建筑。随着基督教的不断发展壮大，计划在教堂旁边再新建一幢 28 层的行政办公楼（图 1-7）和 1 个礼拜堂，由贝聿铭和合伙人柯苏塔（Araldo A. Cossutta）设计建造。贝聿铭以极为简单的几何图形为设计语言，外形简洁大方，是一种以力量和气势取胜的美。它是由充满强劲的、雕塑般的和抽象的体块构成。恰如建筑大师路密斯·凡·德·罗提出"少即是多"（Less is more）②的理念，认为建筑倾向于关注自身的关联，以纯净、简洁的现代风格来表现建筑。

　　科学教会中心是围绕教堂来建设，在处理让新建筑与教堂如何整合的问题上贝聿铭使用花岗石为材料建造主体行政楼和铺饰其前面的广场，让新旧建筑在材料上得到视觉的统一。③科学教会中心广场辅饰建筑设计了一排坚实高大的廊柱（图 1-8）④，给人踏实和信赖的感觉，暗示它的保护功能，隐喻基督教的精神。建筑物的前面是一个直径约 24.4m 的圆形喷泉，在喷泉右侧是一个

① http：//upload.wikimedia.org/wikipedia/commons/1/18/Christian_Science_Mother_Church%2C_Boston%2C_Massachusetts.JPG?uselang=zh.

② Peter Gossel，Gabriele Leuthauser. Architecture in the 20th Century（Volume2）[M].Koln：Taschen GmbH，2005：321.

③ http：//www.flickr.com/photos/gmack24/7371709334/sizes/o/in/photostream/

④ http：//www.flickr.com/photos/moecoyle/6161135532/sizes/o/in/photostream/

图 1-7　基督教科学教会
中心 28 层行政楼（左）
图 1-8　基督教科学教会
广场辅饰建筑的廊柱（右）

图 1-9　基督教科学教会
中心的许愿池

30m × 209m 的许愿池，许愿池在光的照射下波光粼粼，天空和建筑物倒影在池中，美丽无比（图 1-9）^①。从空中俯瞰，科学教会中心与教堂完美融合在一起，虚与实的连接，有空间上的变化，又不失整体性。科学教会中心为人们提供好的礼拜空间，同时给人审美体验，建筑师把自己的信仰以及他的建筑本质融入整个建筑，给人们创造良好的巡礼环境，并融入自己对中西文化里面理解。

3. 日本美秀美术馆（Miho Museum）

　　时间：1991~1997 年
　　地点：日本滋贺县信乐町神田美苑（Koka，Shiga prefecture，Japan）

---

① http://www.flickr.com/photos/arlogrossman/5744829411/sizes/l/in/photostream/

1990 年贝聿铭从 PCF 建筑事务所正式退休，转向承担一些小型的项目的设计。1991 年贝聿铭接受神慈秀明会小山美秀子的邀请为她的藏品建造一座美术馆。美术馆选址风景优美，山体延绵，云雾萦绕，宛如人间仙境，这样的环境深深地触动贝聿铭，这是中国典型的风景啊！在构想过程中，东晋田园诗人陶潜的《桃花源记》中"晋太元中，武陵人，捕鱼为业。缘溪行，忘路之远近……林尽水源，便得一山。山有小口，仿佛若有光"的描述给贝聿铭创作灵感。在日本，

图 1-10　日本美秀美术馆入口的隧道和风琴吊桥

《桃花源记》也是家喻户晓的中国古典名著。所以美术馆的策划人小山美秀子一见这四个汉字，立即高兴地接受了贝聿铭的构思。

　　由于建筑的体量偏西，而入口在东边，贝聿铭和纽约著名工程师莱斯利·罗伯森合作设计挖一条长约 200m 的隧道和建一座长约 120m 的吊桥来作为美术馆的入口（图 1-10），体现"若有光"的设计重点，进入隧道时能看见美术馆若隐若现，有着"犹抱琵琶半遮面"的效果。走出隧道，美术馆"千呼万唤始出来"，景致和风琴般的拉索桥相互交织，让人体验一种豁然开朗的感觉，感受意想不到的景象。身为移民的贝聿铭，充分利用了美国的机遇，但又从未失掉自己的文化根源。[①]贝聿铭受中国历史文化的影响，结合历史和艺术使美秀美术馆的设计非常成功。

　　美秀美术馆最初的计划是做一座小型美术馆，用以展览小山美秀子收藏的艺术品。后来小山夫人的女儿小山弘子逐渐接管神慈秀明会，计划开始逐渐扩大。[②]贝聿铭也必须对原方案进行改动，由于日本非常重视对环境的保护，对林地的使用控制非常严格，因此扩展是对地下空间的延展，也就不需要过多考虑造型方面的问题。美术馆总面积约 17000m²，其中只有 2000m² 能够露出地面。也就是说，美术馆 85% 都在地下。进入美术馆内，室内的空间给人一种肃然起敬之感，玻璃、钢材和石材建造出美秀的实体，玻璃、钢材和石材的结合非常精细，体现了贝聿铭严谨、认真的处事风格。各种几何图形在室内运用令建筑极具现代感（图 1-11、图 1-12）[③]，贝聿铭采用台阶的结构来突出重要的部分，

① （美）菲利普·朱迪狄欧，珍妮特·亚当斯·斯特朗. 贝聿铭全集 [M]. 李佳洁，郑小东译. 北京：电子工业出版社，2012：14.
② 同上，P268.
③ http://upload.wikimedia.org/wikipedia/commons/f/fc/Miho_museum08s3872.jpg.

图 1-11　美术馆室内空间
（上）
图 1-12　美术馆室内空间
（下）

是对日本寺庙的传承。整个建筑有 85% 隐藏在地下，有种接近自然、返璞归真的意味，是贝聿铭技术和文化高度的结合，呈现天人合一的最高境界。

　　贝聿铭使用玻璃来做屋顶，增加了它的趣味性，因为玻璃能够折射周围的景色，同时让室内充满光线，令内部空间更加开阔。"万绿丛中一点红"，从远处眺望，露出的屋顶，隐蔽在万绿丛中，屋顶与群峰的曲线相接，好像群山律动中的一波，和自然之间保持应有的和谐，没有让人觉得它在那里有半分的突兀，就像和它身边的树木一样一直生长在那里，而且充满生命力。赖特说："当有机建筑恰如其分地完成的时候，景观不会被它所破坏，反而总是被它促进。

图1-13 美术馆的岩石花园

好的建筑让景观更加优美，甚至比它修建以前还要美。"[1]贝聿铭利用周围的景色、自然地形与设计融为一体，是艺术、建筑和自然之美的整合，创作出他的"桃花源"（图1-13）。[2]

　　与大师同行，聆听大师的教诲，人们才能明白贝聿铭是怎样站到今天的高度。贝建中（贝聿铭次子）在接受访问时谈到："我和哥哥都在父亲的办公室工作。我在那里待了20年，我的哥哥几乎和我的时间一样长，所以父亲的设计方法，我们也是尝试采用。首先，作为一个设计师，父亲的工作总是不断进化，你可以从早期的项目看过来，总是有进一步的发展，进一步改良。"[3]贝聿铭一生不断的累积，不断的创作，在现代主义建筑上播撒他永不殆尽的热情，赠给后人一笔宝贵的财富。

参考文献

[1] Phelan，Carolyn.BOOKS Reviews：I. M. Pei：Architect of Time，Piace and Purpose[DB]. Booklist，2011-11-1，108（5）.

[2] Peter Gossel，Gabriele Leuthauser. Architecture in the 20th Century（Volume1）[M]. Koln：Taschen GmbH，2005.

[3] Peter Gossel，Gabriele Leuthauser. Architecture in the 20th Century（Volume2）[M].

---

① （美）戴维·拉金，布鲁斯·布鲁克斯·法佛弗．弗兰克·劳埃德·赖特：建筑大师[M]. 苏怡，齐勇新译．北京：中国建筑工业出版社，2005：205.
② http：//www.flickr.com/photos/jpellgen/7103980501/sizes/k/in/photostream/
③ Interview《The Architect and the City》World Policy Journal；2012，27（4）：40.

Koln：Taschen GmbH，2005.

[4] Handman，Gary. Frist Person Singular：I. M. Pei[DB]. American Libraries：ProQuest Research Library，2011-12，32（11）.

[5] Book Review：Vogler，Ingolf，Pop-Up Geography，"Pattern Sheets of Origamic Architecture，OrigamicArchitecture Around the World，Origamic Architecture Goes Modern Building Masterpieces，Origamic Architecture：American House"[DB]. Journal of Geography，91：31992：May/June.

[6] Laura.Technology Review：I. M. Pei：A feeling for technology and art van Dam[DB]. ProQuest，1995-04，98（3）.

[7] Jonathan Glancey.Eyewitness Companions——Architecture[M].New York：DK Publishing Inc，2006.

[8] （美）菲利普·朱迪狄欧，珍妮特·亚当斯·斯特朗. 贝聿铭全集 [M]. 李佳洁，郑小东译. 北京：电子工业出版社，2012.

[9] （德）盖罗·冯·波姆. 与贝聿铭对话 [M]. 林兵译. 台北：联经出版事业股份有限公司，2003.

[10] （德）丹尼尔·波登，杰吉·埃尔扎诺斯基，科妮利亚·劳伦斯，丹尼尔·米勒，阿戴尔·史密斯，乔尼·泰勒. 世界经典建筑 [M].王珍瑛，江伟霞，赵晓萌译. 青岛：青岛出版社，2012.

[11] 大师系列丛书编辑部.普利兹克建筑大师思想精粹[M].武汉:华中科技大学出版社，2007.

[12] （美）马文·特拉亨伯格，伊莎贝尔·海曼. 西方建筑史——从远古到后现代 [M].王贵祥，青锋，周玉鹏，包志禹译. 原书第 2 版. 北京：机械工业出版社，2011.

（谢宝珍）

2 詹姆斯·斯特林（James Stirling）

詹姆斯·斯特林（James Stirling，1926~1992）著名英国建筑师，与建筑师诺曼·福斯特（Norman Foster）和理查德·罗杰斯（Richard Rogers）并称"英国建筑的三巨头"。

1926年，詹姆斯·斯特林（图2-1）[①]出生于英国苏格兰的格拉斯哥（Glasgow），次年随其双亲搬至利物浦（Liverpool）。斯特林最早在夸尔里班克高级中学（Quarry Bank High School）学习设计，而后在利物浦艺术中学短期学习过。斯特林真正的建筑教育是在1943~1945年两年的服兵役后进入利物浦大学（University of Liverpool）的学习。1949年斯特林曾经作为交换学生赴美，1950年从学校毕业取得建筑学位。

图2-1 詹姆斯·斯特林
（1926~1992）

斯特林与利昂斯（Lyons）、伊斯瑞尔（Israel）和埃利斯（Ellis）等人在伦敦合作多年。1956年，斯特林与詹姆斯·戈文（James Gowan）起成立了一家建筑师事务所，他们的合作关系一直保持到1963年。1956年，斯特林和戈文合作设计了汉姆居民楼（Ham Common Flats），这座建筑被认为是新野兽派（New Brutalist）[②]的代表作品之一，建筑师在短时间内名声大振。在1963年他完成了可称为其成名作的莱斯特大学工程馆。1964年，斯特林又设计了另一巨作——剑桥大学历史系图书馆（Cambridge University History Faculty Building）。莱斯特大学的工程馆和剑桥历史系图书馆在构思、材料、技术、色彩乃至窗洞的开法等方面都非常类似。

从1969年开始，斯特林对理性主义和新古典主义产生了兴趣。在实际的运用中，建筑师首先规划出一个基本对称的构图，然后由功能引出的非对称性打断和扰乱严整的对称性，这种趣味显现在圣安德鲁大学艺术中心（University of St Andrews，1969）的设计中，工程通过一座曲面墙把三栋现有的建筑拼贴在一

---

① 刘晓峰. 世界顶级建筑大师：詹姆斯·斯特林 [M]. 北京：中国三峡出版社，2006：1.
② "Brutalist"一词只是一种（又是传播最广的）被用来描绘那种流行的、坚定的，而不是玩世不恭的态度的方式，作为一个形容那个时代的有重要意义的英国建筑的术语。

起，斯特林的设计成功地将周围建筑所呈现出的历史文化有机地结合在了一起。

20世纪70年代是斯特林设计历程的分水岭。1971年，迈克尔·维尔福德（Michael Wilford）加入了斯特林事务所，事务所也由此改名为斯特林维尔福德联合事务所。斯特林在与维尔福德合作中受益丰富，事务所逐渐涉及一些大型的纪念性建筑工程，特别是博物馆设计。20世纪80年代，斯特林留下了一生中最重要的作品——斯图加特的新国立美术馆，他也因此获得1981年普利兹克奖（Pritzker Prize）。建筑各个细部颇有斯特林追随20世纪50、60年代高技派（High-Tech）的痕迹，而各种相异的成分相互碰撞，各种符号混杂并存，体现了后现代派追求的矛盾性和混杂性。

斯特林堪称那个时代的天才人物，斯特林奖[1]便是得名于他。在英国、德国和美国这三个国家，斯特林通过设计高质量的作品影响着建筑的发展。他是现代主义运动的领导者之一，促使了建筑风格向新的方向转变。这种新的风格既能让人辨认其历史根源，又能与其周围的建筑物产生密切的关系，成为了一种新的设计准则。这个新的设计准则的源泉就是斯特林的独创性。在旧"现代主义"中，整体和部分被分割开来；而今天，它使真正的古典主义和19世纪风格获得了令人吃惊的整合和变换。1980年他被授予美国建筑协会（AIA）金奖。

自阿道夫·路斯（Adolf Loos）、密斯及柯布西耶时代以来，"技术"的发展就不断印证建筑语言可以不再表征化，它只是解决人类衣食住行的一个机械盒子。作为现代主义的第二代继承者，斯特林早期几乎就是踩着柯布西耶的路径前行，斯特林除了继承柯布西耶20世纪60年代的"粗犷主义"语言外，对柯布西耶的标准化单元也极感兴趣，他早期设计过不少可标准化的中低收入单元集合住宅[2]。在这些单元集合住宅以及斯特林后来作品中明显体现的几点中，最重要的是涉及经济的三个观点：重新强调流线；材料的选择以及回避新的或不熟悉的结构技术，它们可能带来房屋造价提高的风险；这最后一点具有深远意义，它正指向了风靡21世纪前一段的建筑理论观点，即把强调新材料、新技术的重要性，作为有意义的现代风格发展的同义词的那种观点。

斯特林一生都在致力于使他的作品具有一种与其用途（使用性质）直接相关的特色，以至经常有人称斯特林是一个"常规的功能主义者"。1979年斯特林发表在《当代建筑师》的一篇文章中讲道："我觉得建筑物的形态应该显示出——或者应该说展示出——它自身的功能及其使用者在其中的生活方式，于是它们会显现出非常丰富的多样性，它们的形象是不可能简单地趋于相同的……在多年前为剑桥大学做的一项工程中，我们就有意让里面的人们能够辨认出古老庭院的基础、入口的门塔、回廊等；同时，中心建筑取代了传统的喷水池或学院成立者的雕像。我们以此手法希望学生和公众不要忘记过去的各种文化。能将各种功能性因素独特地融合在一起也许就是建筑中的'艺术'。……

---

[1] 斯特林奖为英国皇家建筑师学会始自1996年的一项年奖，表彰过去一年完成的最优秀的英国建筑。
[2] 施植明. 建筑桂冠：普里茨建筑大师 [M]. 北京：三联书店，2006：24.

对我来说，只有考虑建筑之间如何和谐共存才是至关重要的出发点。"①斯特林作为一位富于创造性的建筑师并不会因为工程的性质、规模大小而持重持轻、有所挑剔，他会在任何一项工作中努力探索并做出成绩。建筑本身往往就是他的"宣言"。斯特林在设计上调动了包括传统的、老的、新的，只要符合功能、造价和社会接受性等要求的一切可用的手段。

斯特林的作品总是紧跟时代的需求，清醒地循着社会的发展轨迹去冲锋陷阵。20 世纪 50 年代他在第二次世界大战后重建的欧洲，工业化住宅风靡的十几年中一展才华；20 世纪 60 年代他的卡姆登镇公寓（Flats at Camden Town，1964~1968）、女王学院（Queen College，Oxford，1966~1971）以及一系列的低造价住宅赢得了好评；即使在 20 世纪 70 年代以后，复兴建设进入高潮时，他又能使新旧、继承与创新、历史与环境获得了完美的整合。《当代建筑师》的一篇文章中对此是这样评价的："斯特林提出的是一个关于大自然人工化的概念。人文关怀重于一切技术上的、经济上的、美学上的原则。建筑需要一个全新的标准来衡量，而这对斯特林来说，就意味着在设计中要融洽地处理好自然的需要、传统、环境的现状和人们对使用功能的要求等因素的关系。"斯特林关于大自然人工化的概念奠定了他那"多变"的风格。这时期他的项目主要有：英国哈斯洛莫的奥利维提培训中心（Olivetti Training School，Haslemere，1969~1972）、柏林的科学中心（Wissenschaftszentrum Berlin，1979~1987）、美国康奈尔大学的艺术表演中心（Performing Arts Centre，Cornell University，1983~1988）、东京国际会议中心（Tokyo International Forum，1989）。

代表作品评析：

1. 莱斯特大学工程馆（Leicester University Engineering Building）

时间：1959~1963 年

地点：英格兰

建筑层数：10 层

莱斯特大学工程馆（图 2-2）②可称为斯特林的成名作。美国建筑评论家雷纳·班汉姆（Reyner Bamham）曾喻莱斯特大学工程馆为 20 世纪机械美学的最高峰。莱斯特大学工程馆的建筑用地是一个被遗弃的，被许多说不清的服务性建筑所包围的一小块地，惟一可以称得上特点的是从它的一面可以看到公园。这块地如此之小且形状复杂又难以布置（图 2-3）③，建筑师却能做出如此既富有

---

① 刘晓峰. 世界顶级建筑大师：詹姆斯·斯特林 [M]. 北京：中国三峡出版社，2006：2.
② 刘晓峰. 世界顶级建筑大师：詹姆斯·斯特林 [M]. 北京：中国三峡出版社，2006：24.
③ John Jacobus，Leon Krier，James Stirling.James Stirling：Buildings & Projects，1950—1974 [M].New York：Oxford University Press，1975：66.

图 2-2　莱斯特大学工程
馆实验楼及办公楼（左）
图 2-3　莱斯特大学工程
馆总平面图（右）

戏剧性，又合乎逻辑的设计。回想起来给人印象更深的是，事实上能从容、流畅地创造出如此优美、合理的惊人佳作的，在同时代人中，就只有伟大的智慧家如路易斯·康（Louis Kahn），或是随心所欲地集中复杂体积形式的人如保罗·鲁道夫（Paul Rudolph）才能做到。斯特林总是认为，不应该以结构体系来决定建筑的形式，进而，他总是坚持要努力跳出四方形的限制，并渴望利用任务书或场地去促使自己进行"非直线形"方案的探索。斯特林偏好"斜"与"45°"的运用，许多设计细部处理就因此运用而生。

　　莱斯特大学工程馆发怒似地向上竖起并跨越一条以公园为界的次要道路。建筑在手法上是综合的：它不满用地范围，在一侧形成一簇塔楼，通过采用一些通常用在工业建筑上的材料和配件，强调本身的机械感和材料以及高效性。选择材料时可能是从经济方面考虑的，但实际效果却相反，它看起来是如此高贵和丰富。[①]

　　工程馆包括了一个占据了几乎全部可用地段的大型单层重型机械厂房和一个高起的塔楼，其中有办公室、实验室、讲堂和楼电梯间。建筑师在设计中非常注意对交通流线的组织和处理（图 2-4）[②]，同时又尽量使结构紧凑。一条明显的坡道直通二层，两个出挑的全封闭讲堂压在坡道和平台的上方。从这个坡道并不能进门，真正的门处在建筑的东面。塔楼共有 10 层，玻璃的运用显得丰富多彩，大量的玻璃与砖体结构本身形成鲜明的对比，它们减轻了建筑的重量，同时也反衬出砖体结构的沉重感。建筑中沉重的砖体结构和尖锐的玻璃金属外形给人留下了深刻的印象。

① 窦以德等.国外著名建筑师丛书：詹姆斯·斯特林 [M]. 北京：中国建筑工业出版社，1996：22.
② 施植明.建筑桂冠：普里茨建筑大师 [M]. 北京：三联书店，2006：28.

图2-4 莱斯特大学工程馆鸟瞰图

2. 斯图加特的新国立美术馆（Staatsgalerie New Building，Stuttgart）

时间：1979~1984 年

地点：德国斯图加特

斯图加特国立美术馆(图 2-5)①坐落在德国斯图加特市中心边缘的一个坡地上，是当地名气最大的建筑物。国立美术馆分新旧两馆。老馆为古典建筑，建于 1838~1843 年，收藏有中世纪至 19 世纪德国、意大利、荷兰的艺术品及雕塑。而新馆建于 1979~1984 年，馆内主要收藏现当代作品，尤其是印象派和立体派的重要作品,收藏有毕加索各阶段的作品以及现代艺术家约瑟夫·波伊斯(Joseph Beuys）相当多的作品。

扩建的新馆是一个包括展览厅、报告厅、咖啡馆、剧场、音乐学校综合功能的建筑。由于原有画廊的建筑结构呈 H 形，并有一座面对主要大街的前庭院，所以扩建工程只能沿着城市高速公路荒凉的边缘地带进行。扩建的内容包括：为步行的游客在原有的建筑旁增加一个类似的庭院；重新构筑大门；增加一座露天的圆坛和围绕它的一个公共坡道。因而这座美术馆位于 U 形街廊中加以抬高的基座上，通过桥式连接与旧馆相通，后方是行政中心大楼 （图 2-6）②。

国立美术馆新馆建成之后引起了学术界的空前争论。习惯上为了使建筑带有纪念性，建筑师都会使用大尺度、轴线、中心对称这类常见的手法，但斯特林并不想把这个美术馆做得太具纪念性以取悦德意志的当权者，反而运用了一

① 王其钧．专家带你看建筑：欧洲著名建筑 [M].北京：机械工业出版社，2007：65.
② 刘晓峰．世界顶级建筑大师：詹姆斯·斯特林 [M].北京：中国三峡出版社，2006：63.

图 2-5 斯图加特国立美术馆效果图

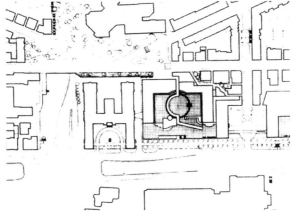

图 2-6 斯图加特国立美术馆老馆与新馆总平面图

种更为大众化和诙谐的方式去表达自己对美术馆建筑的理解。虽然整体上，斯图加特国立美术新馆建筑平面呈倒 U 形，一个巨大的下沉式平面广场设置在倒 U 形的中间，形似对称，以与老美术馆在类型上取得一致，使建筑整体散发着浓浓的古典气息。但是入口处（图 2-7）①曲折状的雨篷、涂上鲜艳颜色的换气管以及粗大的管状扶手等局部细节的处理又使这座建筑颇具戏谑的味道。建筑形式和装饰手法上也有大量的变异，由石块围成的圆形陈列庭院总使人联想到古罗马斗兽场，而展厅的屋檐内凹，似乎有埃及神庙的影子。古典和现代的完美结合使这座建筑被誉为"后现代主义建筑"的代表作。

美术馆的交通组织显示出了建筑师固有的特点。坡道式的出入口和扶梯形式在建筑内外都有运用，这种坡道形式不仅给建筑内外带来了变化，也缓和了单纯交通方式带来的枯燥感。

斯特林采用简单的立体主义外形，低矮的整体，使新建筑在视觉上超越旧建筑。细节上在门口以标准的古典主义的轮廓开口，形成一个古典的三角门楣，是利用古典符号达到后现代主义形式主张的典型例子。

---

① （英）乔纳森·格兰西 . 建筑的故事 [M]. 罗德胤，张澜译 . 北京：三联书店，2009：201.

图 2-7　斯图加特国立美术馆入口处

3. 克洛美术馆（Clore Gallery）

时间：1980~1986 年

地点：英国伦敦

克洛美术馆（图 2-8）[①]是泰特美术馆（Tate Gallery）开发亚历山德拉女皇医院用地来发展的第一个项目。医院建筑群内有重要价值的建筑需要予以保留，并且新的建筑要与它们形成统一的整体。在这项工程中要重点解决的设计难题是：如何在具有强烈历史痕迹的复杂地段环境中建造具有现代功能的建筑，换言之，就是建筑设计的"老、大、难"——新老结合，建筑的"继承与创新"的老问题。

为了避免对原建筑产生干扰，新馆的入口并没有设置在朝向河堤的一面。两条小路通向原泰特馆的主入口和侧翼——通过下沉式平台，保持了一种在新建筑入口与旧馆挑檐转角间的对话。保留下来的宿舍楼与处于其西南方的医学院形成一种平衡的关系，成为泰特美术馆的文脉背景，并且为新美术馆的入口处理提供了对称感。新馆上层设置的展厅与旧馆的展厅处于同一标高上，使公众来往于其间而不会感到变化，相同的手法也应用在斯图加特美术馆和萨克洛美术馆上。

然而，克洛美术馆拥有独立的个性，从米尔河畔通过泰特公园可以非常清楚地看见新建筑的姿态。这座 L 型新建筑（图 2-9）[②]的设计中有花架、荷花池、

① 窦以德，等 . 国外著名建筑师丛书：詹姆斯·斯特林 [M]. 北京：中国建筑工业出版社，1996：13.
② 窦以德，等 . 国外著名建筑师丛书：詹姆斯·斯特林 [M]. 北京：中国建筑工业出版社，1996：207.

图 2-8 克洛美术馆主展
室内景展出特纳的藏品(上
右)
图 2-9 克洛美术馆平面图
(下)
图 2-10 克洛美术馆入口
处及转角处（上左）

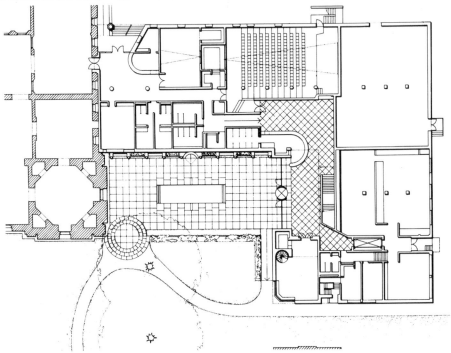

栽种植物的铺装平台以及带篷的座椅，就像一座花园式建筑（郊区别墅的一种
扩展）一样。为了显示断裂和过渡，斯特林采用了一些现代主义的构图技巧。
他以 1/4 节拍来结束填充的矩形壁心，转到下一个主旋律，或者他突然将其一
下子中断。

整个建筑中最不寻常，因此也是最有争议的一点就是转角的处理（图 2-10）[①]。
四个奇特的东西同时出现：窗轴突出在外面的滑稽的窗；填充砖墙升高向右形
成踏步；随之又突然跳过空间悬了起来，成了悬砖；玻璃墙为防止这些砖掉落
下来，退在线脚后，檐楣也突然改变了性质。凸窗是意在将观众引至可看到花
园和河面的一个去处。这种敞开的方式极为大胆和强烈，就好像——还有某些

---

① 刘晓峰 . 世界顶级建筑大师：詹姆斯·斯特林 [M]. 北京：中国三峡出版社，2006：78.

不足——但室内空间已经与室外空间融为一体。

　　斯特林可以把矩形墙体图案作为一种有序体系而不是物质体表现出来。如同在文艺复兴时期壁柱的运用，这种方形秩序，是概念的，而不是实体结构的，悬挑出去的图案清楚地表明了这一点。一个单一的外窗以及河面的景观，被用来使建筑从美学和建筑学的一贯性经验中解脱出来。折中主义的美正在于灵活、变化和深度，既可以与同一场地上的各种对立的建筑相呼应，又可以用不同功能来改变其特性，甚至总的基调，而且它可以和一种复杂的、文化的背景完全联系起来——这就是克洛美术馆。①

参考文献

[1] John Jacobus，Leon Krier，James Stirling.James Stirling：Buildings & Projects，1950~1974 [M].New York：Oxford University Press，1975.

[2] Michael Wilford，Thomas Muirhead.James Stirling：Michael Wilford and Associates：Buildings & Projects：1975~1992[M].Stuttgart：Verlag Gerd Hatje，1994.

[3] 窦以德，等.国外著名建筑师丛书：詹姆斯·斯特林[M].北京：中国建筑工业出版社，1996.

[4] 刘晓峰.世界顶级建筑大师：詹姆斯·斯特林[M].北京：中国三峡出版社，2006.

[5] 严坤.普利兹克建筑奖获得者专辑[M].北京：中国电力出版社，2005.

[6] 王其钧.专家带你看建筑：欧洲著名建筑[M].北京：机械工业出版社，2007.

[7] 陈桂英.世界建筑：No.9[M].台北：胡氏图书出版社，1983.

[8] 施植明.建筑桂冠：普里茨建筑大师[M].北京：三联书店，2006.

[9] （英）乔纳森·格兰西，建筑的故事[M].罗德胤，张澜译.北京：三联书店，2009.

（胡鑫玉）

---

① 刘晓峰.世界顶级建筑大师：詹姆斯·斯特林[M].北京：中国三峡出版社，2006：78 ~ 80.

3 沃纳·潘顿（Verner Panton）

一张椅子……必须是有活力的——而且得能让你坐得舒适。[①]

——沃纳·潘顿

图 3-1 沃纳·潘顿

沃纳·潘顿（Verner Panton）（图 3-1）[②]，1926 年 2 月 13 日出生于加姆托夫特（丹麦），1998 年 9 月 5 日卒于哥本哈根（丹麦）。潘顿是第三代家具设计大师中的翘楚，也是在 20 世纪里最具想象力及影响力的丹麦设计师，其丰富的想象力充分地体现在家具设计、室内设计、展览设计、灯具设计及纺织品设计等领域。潘顿在 1944~1947 年间在丹麦奥登赛的技术学院学习，1947~1951 年在丹麦皇家艺术学院（Royal Danish Academy of Art）修建筑学，其后在丹麦著名的建筑师和设计师安恩·雅各布森（Arne Jacobsen）的事务所工作，并参与了雅各布森的许多具开创性的设计，其中就包括他早期经典之作，即著名的"蚁椅"（Ant Chair，1951~1952）。

1955 年潘顿在巴塞尔建立了自己的设计事务所，开始了他作为一个独立设计师的生涯，并以他的创新建筑方案——包括 1955 年的"折叠楼"（Collapsible House）、1960 年的"纸板楼"（Cardboard House）和"塑料楼"（Plastic House）的建筑方案——而得到业界认可与赞誉。1958 年，他接受了首个重大设计项目，即重建和扩展位于丹麦菲英岛上的"Komigen 旅店"，潘顿为这个旅店作了大胆创新的全红色调的室内设计，并首次展示让他成为设计世界焦点的"锥形椅"（Cone Chair）。在 1959 年的丹麦贸易博览会上，潘顿以自己的作品诠释了他的设计理念，进行了一次彻底的反传统"宣言"，对空间进行了逆转倒置。在由潘顿设计的 1968 年的"视觉 0 号"（Visina 0）、1970 年的"视觉 Ⅱ号"（Visina

① Gertrud Hvidberg-Hansen，*Verner Panton：Fantasies in form*[DB/OL].Scandinavian Review；Winter 1998/1999：56.

② Charlotte，Peter Fiell.Scandinavian Design[M].Koln：TASCHEN GmbH，2002：508.

Ⅱ）与"微型整体空间"在德国的科隆国际家具博览会赢得无尽的风采，这组由大红色、玫瑰色、蓝色、紫色等单纯强烈色彩相结合，由奇异的波浪起伏座椅和躺椅构成的超现实主义的雕塑家具装置显示了潘顿非凡丰富的太空色彩空间想象力。

1960 年潘顿设计的"潘顿椅"（Panton Chair）为他带来了最大最持久的名誉，因为"潘顿椅"以单件材料一次性模压成型的制作方法是前无古人的，他完成了第一代大师密斯·凡·德·罗、第二代大师埃罗·沙里宁（Eero Saarinen）未达成的梦想。潘顿于 1959 年被伦敦皇家艺术协会授予"皇家工业设计师"的荣誉称号，而且于 1963 年和 1968 年在美国获得室内设计奖。如今，其所设计的系列家具仍然对现代的设计师有着重要的影响。

潘顿的设计方式并不是温和渐进的，而是革命性的突破。潘顿始终以极富革命性的精神来突破和发展现代家具，在他的设计生涯中，创造了很多的具有创新的、反叛的、勇敢的与富有情趣的设计，来营造出一个充满乐观主义精神的、未来主义梦幻色彩的生活空间，且创造出许多划时代的生活用具。我们可以从潘顿革命性的设计理念、创作语言和设计的生产工艺来得出以下结论：

第一，从潘顿的设计理念上说来：一方面潘顿虽身处在现代主义高涨的浪尖上，然而却没放逐于大众潮流中，屹然站在自己的立场与现代主义所推崇的那种理性与冷漠的设计理念相抗衡。他说："去鼓励人们去发挥他们的充满奇思妙想的小宇宙吧，让他们把自己的世界变得有活力。"[①]由此可见，潘顿并不是冷漠无趣的现代主义的同行者，而是一位自作乐趣的逆行倒施者。另一方面潘顿虽身处北欧的丹麦，但他却不是一位典型的北欧的设计师，潘顿是自始至终都是丹麦主体现代设计的"叛逆者"。潘顿的大部分作品都是在瑞士完成并生产的，其风格与丹麦设计的特征可以说是相去甚远，他的设计表现出来的更多是时尚与个性的风格，这与美国和意大利设计颇为相似。当其他北欧的设计师在追逐北欧传统的那种精制、手工制作的木头活的本土自然主义设计风格时，潘顿却另辟蹊径去试验各种大胆色彩的塑料、纺织品与铁线框制作成的座椅和超现实主义的灯具设计，与其他著名丹麦设计大师不同的是，潘顿特别敢于提出设计理念的革命，而非只是在改良丹麦原有的工艺传统。

第二，从潘顿的创作语言上说来：首先，从色彩的运用上来看，潘顿是一位作风大胆的色彩大师。他发展了"平行色彩"理论——通过几何图案，将色谱中相临近的颜色融为一体——这为他创造性将丰富的色彩融合在他的设计上打下了基础。而且潘顿在设计中的用色也是有讲究的，他深受俄罗斯画家瓦西里·康定斯基（Wassily Kandinsky）的影响，认为颜色的配置会引起灵魂的共鸣，于是潘顿充分利用更新更专门的颜色系统来配合他所设计的具有未来主义梦幻空间色彩的造型轮廓。其次，以材料的选择上来看，潘顿喜欢向新材料挑战。

① Gertrud Hvidberg-Hansen, *Verner Panton：Fantasies in form*[DB/OL].Scandinavian Review，Winter 1998/1999：54.

他喜爱用塑料、泡沫和合成材料来完成他那创新式的设计，他认为这些材料是科技发展的成果，时代应给予它们该有的尊重。而从20世纪50年代末起，潘顿就开始了各种材料包括对玻璃纤维增强塑料和化纤等新材料的试验研究，而且潘顿还利用新材料来设计灯具，例如1975年为瑞士Louis Poulson公司设计的有机玻璃VP球形吊灯（Vp-Globe）。在尹定邦的《设计学概论》中也曾提到："设计对于塑料等新材料的盲目崇拜随着人们的环保意识的提高已经日趋退隐。但是，潘顿的'新有机设计'因其在设计观念上的大胆探索和对人类前途所抱有的乐观态度仍然在设计史上留下了浓重的一笔。"[①]最后，从造型设计上来看，自包豪斯以来的国际主义风格一直主导着设计的潮流与时尚，其所崇尚的单调的直线与规则的造型将传统的曲线形态彻底颠覆，审美标准也向国际主义的方向倾斜。但就在国际主义占主流地位之时，潘顿椅却以优美、典雅、自由的曲线打动人心，这也让设计界开始重新审视曲线的美感。同时，潘顿开始发展他的极不寻常的"艺术切割家具"，即用奇异的不规则切割造型构成，用纯粹的抽象几何形体——立方体、球体、圆锥体做实验去构成系列座椅，他自己也以此在家具创新的道路上又迈出坚实的一步。

第三，从潘顿的设计的生产工艺来说，潘顿总是欣喜于新技术的发明，以最先进的技术来开展他那大胆、创新和富于想象力的设计，就如他利用最新式的模压技术制造出他那著名的"潘顿椅"那样。正如徐恒醇说的："如果说功能美展示了物质生产领域中美与善的关系，那么技术美则展示了物质生产领域中美与真的关系，它表明了人对客观规律的把握是产品审美创造的基础和前提，正是生产实践所取得的技术进步，使人超然于必然性而进入自由境界。因此技术美的本质在于它物化了主体的活动形态，体现了人对必然性的自由支配。"[②]正是新技术的出现才造就了新形式的设计产品，潘顿是洞察这一点的，他说："我个人是非常喜欢追求我现在所生活的时代所有的可能性的技术，来完成我椅子的设计。"[③]

潘顿是以革命式的严肃态度对待设计，以革新式的设计理念作为导航，以大胆的色彩挥洒、新型的材料装备、优美的造型基体和先进的生产工艺的支撑，来造就自己这个"叛逆者"的坚实地位。所有这些最后都集中表现出潘顿对发展着的社会和人类前途所抱有的积极乐观的心态。

潘顿的坐具设计作品有由Vitra公司出品的玻璃钢材质的潘顿锥形椅（Cone Chair，1958）和心椅（Heart Chair，1958）、锥形铁丝椅（Wire Cone Chair，1959~1960）、为Plus-linge设计的孔雀椅（Fauteuil Peacock，1960）和为Innovation公司设计的幽魂椅（Phantom Chair，1998）。他的灯具设计1970为瑞士Louis Poulson公司设计的双螺旋灯和著名的VP球形灯（Vp-Globe，

---

① 汤志坚. 世界经典产品设计 [M]. 长沙：湖南大学出版社，2010：213.

② 徐恒醇. 设计美学 [M]. 北京：清华大学出版社，2006：140.

③ Marlene Ott, *Progressive Design for a Progressive Journal*：*Verner Panton's Interiors for the Spiegel Building in Hamburg*[DB/OL].Studies in the Decorative Arts, Fall—Winter 2009—2010, P114.

1975）。而且他不仅是家具设计的佼佼者，还是室内设计的能手，在 20 世纪 60 年代里，他为阿斯托利亚餐厅和挪威的特隆赫姆饭店作了室内设计，而他为德国的明镜大厦（The Spiegel building）所作的充满奇思幻想的室内设计更是赢得大众的赞赏。

代表作品评析：

1. 潘顿椅（Panton Chair）

时间：1959~1960

　　潘顿椅，总高度为 84cm，座面最大高度 42cm，前后长度 52cm，左右宽度 47cm（图 3-2）[①]。潘顿椅自诞生之日起，就有着非凡的意义——新材料、新造型、新工艺都集于一身——这些都注定了其必定成为哗世经典之作（图 3-3）[②]。其材料之新在于潘顿椅所用的单件材料是塑料，这种材料在当时是非常新颖而罕于在家具中发现的，其工艺之新在于潘顿椅的整体为塑料一次性压模成型，这种一次性压模成形的家具曾是许多前辈无法企及的梦想；其造型之新在于潘顿椅给人最大的印象是整体的性感时尚的曲线与舒展的形式（图 3 4）[③]。

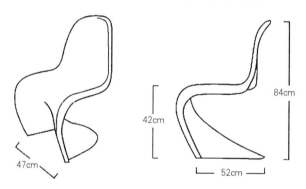

图 3-2　潘顿椅尺寸详图

　　潘顿椅的结构无疑是简洁得不能再简洁了，所有功能结构都融合在一块整体的塑料板的造型之中。尽管在这之前悬臂椅、Z 形椅的设计已经出现，但对于潘顿椅这样完全不靠附件固定或者支撑的椅子却是完全出乎意料的，以至于在视觉上让人觉得欠缺支撑力而无法就座。而事实却恰恰相反，潘顿椅对于人体就座时重心位置的考虑是经过深思熟虑的，即使不是坐在座面上，而是在向后翘起的椅背上面，椅了仍能保持良好的平衡，坡璃钢的高强度坚韧材料属性更为这样的结构提供稳实的基体支持。

---

① http：//www.flickr.com.

② Elizabeth Wilhide.Living With Modern Classics：The Chair[M].London：Ryland Peters & Small，2000：55.

③ Elizabeth Wilhide.Living With Modern Classics：The Chair[M].London：Ryland Peters & Small，2000：54.

图 3-3 潘顿椅灯光照耀下所呈现的雕塑的美感，加之色彩的鲜亮明快，无不让人感到心旷神怡（左）
图 3-4 潘顿椅侧视图，整体呈现的性感时尚的曲线与舒展的形式（右）

如果说潘顿椅那奇妙的结构令人拍手叫好的话，那么它的造型则让人赏心悦目。潘顿椅流畅的弧线犹如唐代长安城的舞优那优雅的缎带，在空中袅袅飘舞而被这位幻想家瞬间捕捉，而定型落地成这件优美的杰作。潘顿椅子的材质在灯光照耀下所呈现的光泽又为其平添了几分雕塑的美感，加之色彩的鲜亮明快，无不让人感到心旷神怡。

2. 月球吊灯（Moon Pendant）

时间：1960 年

潘顿的双手不但设计创造了许多奇妙有趣的家具，他所创作的灯具也非常富于奇想的。月球吊灯是潘顿在 1960 年为 Louis Poulsen 设计的一盏遮光吊灯，这盏吊灯是由绑在悬挂绳索上的一组 10 个可调白色或乳白色的，采用铝或丙烯酸塑料制成的环形同心带构成，这些同心带围绕一个金属中心枢轴贯串起来（图 3-5）[①]。其独创性在于这些同心带可以围绕中心移动，从而调试出明亮到昏暗等的不同阴暗效果。月球吊灯在其叶片打开时，角度、位置和疏密关系形成丰富的变化，再借助其灯光的照射以及在各个叶片之间的反射，形成富有韵味和韵律感的光影效果（图 3-6）[②]。

从名字与风格上来说，我们不难看出这款吊灯是属于太空时代的作品，吊灯外形上的环形带所展开不同的角度，形成不同透光面积和不同程度光线的明暗变化，恰似月球在月食时，月球的不同阶段阴晴圆缺的光影变化（图 3-7）[③]，潘顿所设计的吊灯的确是担得起"月球"的美名。而且其未来派的新颖外观和

---

① http://www.flickr.com.
② （英）萨利·霍本. 现代设计与收藏 [M]. 北京：中国建筑工业出版社，2006：152.
③ http://www.flickr.com.

超前的设计样式也让所有产品设计的热爱者为之神魂颠倒，其幻觉抽象运动中环形带的多元重叠，无形中透出运动力与韵律美。事实上，潘顿的这款灯具与意大利阿特米德公司生产的 Eclisse 台灯的设计有着异曲同工之妙，只不过是潘顿的月球吊灯更具有娱乐性，在随手拨动之间，光影随之而来的改变也改变着人们欣赏这盏吊灯的趣味，为平凡的生活空间增添景观般的格调。也许是北欧冬季变幻莫测的光影带给潘顿的设计以丰富灵感，使得设计师具有对灯光、明暗、色调及其变化的敏感触觉与高超的技巧把握。

图 3-5 丙烯酸塑料制成的月球吊灯（左）
图 3-6 铝材制成的月球吊灯（中）
图 3-7 黑暗中月球吊灯侧视图，恰似月球在月食时，不同阶段阴晴圆缺的光影变化（右）

3."Spectrum" 布料

时间：1969 年

潘顿可不仅很爱"玩"各种不同创意的家具设计，而且他还进行了许多布料图案的玩味设计，"Spectrum"布料图案（图 3-8）[①]设计则是其中的杰作，"Spectrum"布料是潘顿于 1969 年为瑞士的 Mira-X 公司设计的，具有抽象视幻艺术（OP Art）的设计风格，这也是其早年的金属网家具的基础上发展出来的结果。其利用抽象流畅的几何图案色的阴阳协调，强烈的红色与蓝色的强烈对比，造成各种形与色彩的骚动，给人以视觉错乱的印象（图 3-9）[②]。

在这幅作品中我们可以看出潜伏在设计师身上对于大胆而强烈色彩的钟爱，蓝色与红色可以说是色环中互为补色，潘顿充分利用对比鲜明颜色系统来配合他那简洁流畅的抽象图案给人以视觉冲击力。康定斯基对他的影响在这里可以寻觅其踪影，他所认为颜色的配置会引起灵魂的共鸣在这里也可窥一斑，冷暖两种不同感觉颜色的强烈碰撞给人以灵魂上的震撼是可想而知的。颤动的线条与颜色块面创造出动力运动的效果和画面内部的动力，创造强烈的画面效果，充分显示出设计师追求情感表达的抽象表现主义倾向。

---

① http：//www.flickr.com.

② Charlotte，Peter Fiell.Scandinavian Design[M].Koln：TASCHEN GmbH，2002：516.

图 3-8 "Spectrum" 布料
图案，具有抽象视幻艺术
的艺术风格（左）
图 3-9 "Spectrum" 布料
图案局部图（右）

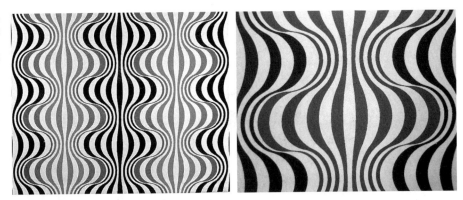

参考文献

[1] David Raizman.*History of Modern Design*[M]. New Jersey：Prentice Hall Inc.2004.

[2] Charlotte，Peter Fiell.*Scandinavian Design*[M].Koln：TASCHEN GmbH，2002.

[3] Judith Miller，Chairs[M].London：Conran Octopus，2009.

[4] Fremdkörper.*Modern Furniture：150 Years of Design*[M].Potsdam：Tandem Verlag GmbH，2009.

[5] Elizabeth Wilhide.*Living With Modern Classics：The Chair*[M].London：Ryland Peters & Small，2000.

[6] Charlotte，Peter Fiell.*Modern Chairs*[M].Koln：TASCHEN GmbH，2002.

[7] *Verner Panton*[DB/OL].Display & Design Ideas，2005-2.

[8] Jones Jonathan R.*Verner Panton*[DB/OL].Modern Painters，Autumn1999.

[9] Gertrud，Hvidberg-Hansen.*Verner Panton：Fantasies in form*[DB/OL].Scandinavian Review，Winter 1998/1999.

[10] Marlene Ott.*Progressive Design for a Progressive Journal：Verner Panton's Interiors for the Spiegel Building in Hamburg*[DB/OL].Studies in the Decorative Arts，Fall—Winter 2009~2010.

[11] 王受之 . 世界现代设计史 [M]. 北京：中国青年出版社，2002.

[12] 徐恒醇 . 设计美学 [M]. 北京：清华大学出版社，2006.

[13] （英）伦敦设计博物馆 .50 把改变世界的椅子 [M]. 周志译 . 北京：中信出版社，2010.

[14] （西班牙）比伊诺 . 名家名椅 [M]. 于历明译 . 北京：中国水利水电出版社，2007.

[15] 方海 .20 世纪西方家具设计流变 [M]. 北京：中国建筑工业出版社，2001.

[16] （英）保罗·罗杰斯 . 设计：50 位最有影响力的世界设计大师 [M]. 胡齐放译 . 杭州：浙江摄影出版社，2012.

[17] 汤志坚 . 世界经典产品设计 [M]. 长沙：湖南大学出版社，2010.

[18] 尹国均 . 后现代建筑的 N 个幻想 [M]. 重庆：西南师范大学出版社，2008.

[19] （英）萨利·霍本 . 现代设计与收藏 [M]. 陈玉洁，赫亮，吕威译 . 北京：中国建筑工业出版社，2006.

（肖允玲、林舒瑶）

4 弗兰克·盖里（Frank Gehry）

　　　如果非要说什么是对我建筑实践的最大贡献,我会说是"眼和手"之间的协作的成就。①

——弗兰克·盖里

　　弗兰克·盖里（Frank Gehry），全名弗兰克·欧文·盖里（图4-1）②，原名弗兰克·哥德伯格（Frank Goldberg）是20世纪末最富有个性魅力的美国建筑大师，被认为是世界上第一个解构主义的建筑设计师，是"圣莫尼卡学派"的精神导师和当代建筑"四教父"之一。盖里1929年2月28日生于加拿大多伦多的一个犹太人家庭，这种文化氛围对他日后的建筑设计之路有很大的影响。少年时代的盖里常与祖母玩堆砌和拆散木头的游戏，这唤起他对建筑朦胧的兴趣，如果说盖

图4-1　弗兰克·盖里

里的祖母是他建筑才能的启发者，那么他的母亲就是这种才能的培养者了，盖里的母亲经常拉着年少的盖里出入多伦多的美术馆，这为后来盖里把艺术语言融入到建筑中埋下了伏笔。

　　盖里的童年偶像是弗兰克·劳埃德·赖特（Frank Lloyd Wright），小小年纪的盖里被赖特大胆而赋予个性色彩的设计所吸引，这对盖里的建筑设计意识的形成有所影响。他在1949年~1951年在南加州大学进修并取得建筑学士学位，1957年在哈佛大学攻读城市规划。20世纪50年代晚期重回加利福尼亚，开始了他作为建筑师的生涯，在跟随佩雷拉（Pereira）、卢克曼（Luckman）、维克托·格鲁恩（Victor Gruen）等三位建筑师工作之后，已经具备丰富的实战经验的盖里在1962年在美国加利福尼亚的圣塔莫尼卡成立了弗兰克·盖里建筑事务所（Frank O. Gehry Associates），其20年间没有值

---

① 大师系列丛书编辑部. 普利茨克建筑大师思想精粹 [M]. 武汉：华中科技大学出版社，2007：206.
② http：//image.baidu.com.

得称道的成就，之后因为加强与艺术界的交流，在探求绘画、雕塑与建筑间相连之路的过程中，开始形成他独具特色的建筑语言，即评论家所描述的"建筑者的模式"。

1986 年明尼阿波利斯的沃克艺术中心（Walker Art Center）组织了盖里作品的第一次回顾展览。盖里分别在 1992 年获得沃尔夫基金会艺术奖（Wolf Prize in Art），1999 年获得美国建筑师学会金奖（AIA Gold Medal），2000 年获得英国皇家建筑师学会金奖（RIBA Gold Medal）和 2012 年美国建筑师学会授予他的 25 年成就奖（American Institute of Architects 25 Year Award）等重要大奖。

在盖里艺术探索过程中，他善于在现实世界中挖掘出潜在的形式，重新创造并转化为存在的符号。他善于在具象的三维形态上把握自己的构思，挖掘出丰富的建筑形态语言——这种在建筑实体上追求自由与个性的探索精神也成就了他关于建筑理论上的观点。

"我关于建筑的理论是这样的，我的想法是来源于艺术。"[①]盖里一直保持着他对于雕塑和绘画方面的敏感性，他认为丰富的艺术创作理念与创作方式是他建筑创意思考的重要养分。在建筑的创作方法上，盖里对现代绘画艺术有着浓郁的兴趣，画家们那种全新而奇特的创作理念对他产生极大的影响，"行动绘画派"的"自动构思"（Automatic）创作行为，在他的建筑实践中被发展成为"无意识"的建筑创作方式。而由于盛行于 20 世纪初的"立体画派"的充满力感和动态感艺术形态的影响，使盖里抛弃传统美学中的均衡稳定、和谐统一的建筑造型模式，开始追求建筑形式的动态效果以诠释建筑中活跃的生命力，和摆脱传统中的相互垂直的建筑形态法则，追求建筑上曲线的韵律感，而且"作为名词（Noun）的建筑在与动词（Verb）的建筑较量下相形见拙"[②]。在建筑的艺术效果追求上，盖里受到美国抽象表现主义绘画大师杰克森·波洛克（Jackson Pollock）的"未完成"的艺术表达方法的启发，这种表达方式孕育成盖里的"未完成"建筑语言形态，例如美国的西雅图体验音乐工程（Experience Music Project, Seattle, 1995~2000）所体现出的"未完成"的艺术效果。

"我不用那些温和的材料，那些优美的材料，它们看起来不真实，只会令我感到厌烦。"[③]在盖里看来，材料自有它不依赖于建筑整体属性的艺术内涵，每种材料都是有其个性的，因此盖里以非传统地运用传统的方式不断试验各种材料。盖里认为优雅端庄的材料并不现实且过于内敛持重，而采用突破陈规、惊世骇俗的建筑材料创作出来的建筑形态语言更加符合人们的心理需求和获得更大的视觉冲击力。在这种理念的指引下，盖里逐渐开始在建筑中运用一些

① 1998 年 12 月《Architectural Record》的主编 Robert Ivy 采访盖里时的记录。

② Boland Jr Richard J, Collopy Fred, Lyytinen Kalle, Youngjin Yoo. *Managing as Designing*: *Lessons for Organization Leaders from the Design Practice of Frank O. Gehry*[DB/OL]. Design Issues, Winter2008.

③ 刘松茯，李鸽. 弗兰克·盖里 [M]. 北京：中国建筑工业出版社，2007：153.

相对粗糙未经加工的或者另类的建筑材料，例如德国的 EMR 通信与技术中心（Communication and Technology Center，1992~1995）立面上使用的钢丝网和西班牙的毕尔巴鄂古根海姆博物馆（Guggenheim Museum Bilbao，1991~1997）特殊的钛金属皮肤异曲同工。

"我对把零碎的东西联系到一块的想法非常感兴趣，这与 20 年后的现在我所做的事也很相像。"① 这位大师逐步把解构主义的哲学观点植入到他的建筑作品中，反映出他对现代主义总体性的怀疑与否定和对于部件个体的兴趣，格式塔心理学还指出："部件的性质、数目和位置影响一种感觉的整体性……部件本身或多或少能成为整体，"② 在美国的洛约拉大学法学院（Loyola University Law School，1978~1991）的建筑设计中可窥一斑。"破碎"和"重构"是他在建筑创作中探寻新的美学领域的重要方法。"破碎"的方法是对典型和对存在的建筑符号的消解，是对规则的形态和传统的建筑创作理念作蒙太奇式（Montage）的破碎处理，强调事物的特殊性与偶然性。在"重构"这个过程中，盖里将这些"破碎"的元素以非逻辑、非理性和非秩序方法并置，在建筑艺术上展现出现代多元文化的并存与冲突的时代特征，彼得·埃森曼（Peter Aisenman）将这种处理手法所体现出来的美学特征称为"扰乱的完美"（Violate Perfection）③。

盖里大胆地把艺术家的气质、各种材料试验以及与解构主义理念相"结合"，恰与其所在时代的脉搏相契合——多元化的追求，艺术不再拥有一个统一的标准，而是自由的表达自己的观点和想法及使用手段，追求标新立异的心理——与时代并肩的同时升华成自己的建筑美学体系。当代建筑艺术应体现当今社会的时代特征，这样才能为建筑作品找到其位置而不至于失去其作为历史载体的功能，1989 年获得建筑界最高大奖——（第十一届）普利兹克建筑奖——正是这位大师时代性光环的显现。

1997 年落成的毕尔巴鄂古根海姆博物馆是盖里的巅峰之作，它以奇幻柔美的造型、游刃特异的结构和崭新的材料立刻博得举世瞩目。盖里还有其他著名的建筑，如在美国的加利福尼亚航天博物馆（California Aerospace Museum，1982~1984）、捷克布拉格的奈什奈尔—奈得兰登大楼（Nationale-Nederlanden Building，1992~1996）、法国巴黎的美国中心（The American Center，1988~1994）和美国洛杉矶的沃特·迪士尼音乐厅（Walt Disney Music Concert Hall，1989~2003）等。这些作品因在建筑艺术和视觉审美上鲜明地体现了时代文化多元构成而极具视觉冲击力，也正是这些作品使弗兰克·盖里成为当今国际上颇具争议的几位先锋派建筑师之一。

---

① 斯汤伐·弗兰克·盖里 [M]. 北京：中国轻工业出版社，2002：13.

② Robert Venturi. *Complexity and Contradiction in Architecture*[M].New York：The Museum of Modern Art，1992：88.

③ 刘松茯，李鸽·弗兰克·盖里 [M]. 北京：中国建筑工业出版社，2007：76.

代表作品评析：

1. 盖里住宅（Gehry House）

时间：1978~1979 年

地点：美国圣莫尼卡

盖里住宅（图 4-2）[1]、（图 4-3）[2]是盖里为建自己的住宅而购入了的一座建于 20 世纪 20 年代的粉红色双层郊区小木屋，经由盖里改造后成为解构主义的纲领性的建筑，是"一座令人厌烦却魅力十足的老房子"[3]，在盖里自宅的设计草图上可以看出其设计的初衷。盖里大刀阔斧地对这座荷兰式建筑的外貌进行改造，在建筑原有的外壳铺上瓦楞薄钢板、钢丝网、木夹板等粗糙廉价的材料，而且肆意地将这些未加工的材料暴露在建筑外面。该住宅看上去完全不像是一座建筑物，整体看上去支离破碎且毫无秩序可循，各个不同材质、不同形状的建筑部件的连接也处理得非常突然。厨房天窗的设计是让盖里最引以为傲的一笔（图 4-4）[4]，似乎完全没有经过丝毫的斟酌，但凭设计师的意思摆放。

图 4-2 盖里住宅，其外壳铺上瓦楞薄钢板、钢丝丝网、木夹板等粗糙廉价的材料等让人感到奇异

① Peter Gössel, Gabriele Leuthäuser.*Architecture in the 20th Century*[M]. KÖLN：TASCHENZ, 2005：508.

② Frank O.Gehry, Jean-Louis Cohen, Beatriz Colomina, Mildred Friedman, William Mitchell, Fiona Ragheb. *Frank Gehry，Architect*（Guggenheim Museum Publications）[M].New York：Harry N.Abrams, 2001.

③ Peter Gössel, Gabriele Leuthäuser.*Architecture in the 20th Century*[M]. KÖLN：TASCHENZ, 2005：508.

④ http：//www.flickr.com.

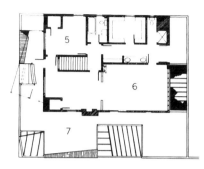

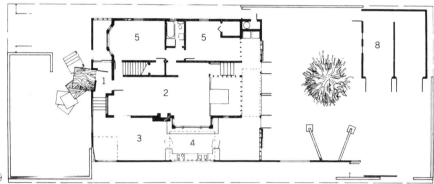

图 4-3 盖里住宅一层、二层平面图，图标数字分别指：1 入口，2 居住区，3 餐厅，4 厨房，5 卧室，6 主人卧室套间，7 天台，8 停车场

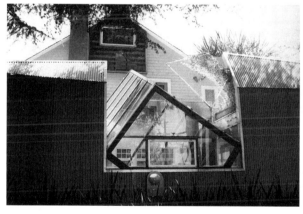

图 4-4 厨房的室内图，室内保持着原有空间，其解构的思想并未沿引到室内（右）
图 4-5 厨房的天窗，钢框玻璃立方体厨房的窗感觉像是被人随意翻倒（左）

　　盖里虽在建筑的外表进行了荒诞而不荒谬的改造，却仍保留着原有住宅的家庭内涵（图 4-5）[1]，设计师的用意是想让这座建筑成为一件找回的东西（Objet Retrouv）[2]。

　　盖里住宅可以说是融入了盖里对于现代建筑的理想和态度改建而成的。盖里将建筑的整体作破碎处理后重新组合，形成破碎的空间和形态，具有鲜明的个性色彩，是一座解说解构主义的建筑。而且该住宅看起来像是"未完成的建筑"，这种"未完成的建筑"正是盖里所追求的"完成的建筑"，他说："我对于'未完成的'东西非常感兴趣……我们都比较喜欢建筑在完成之前的那个过程。"[3]

① Nomi Stungo. *Frank Gehry*[M].London：Carlton Books，1999.

② 巴伯尔斯凯 .20 世纪建筑 [M]. 济南：山东美术出版社，2003：91.

③ Hartoonian Gevork.*Frank Gehry：roofing，wrapping，and wrapping the roof*[DB/OL]. Journal of Architecture，Spring2002：1-31.

盖里认为建造的过程本身就是一种艺术形式，在他看来"未完成的建筑"之所以要让它"未完成"是为了要把它的"过程"呈现给大众，有这个"过程"存在意味着活力的存在和发展，是建筑生命力跳动的迹象，住宅东入口处的几步像是临时搭建起来的台阶给这种"未完成"的建筑姿态以很好的阐述。

盖里住宅是一座部件与整体、粗糙与时尚、新与旧达到二元平衡的建筑，其新异的建筑形态鼓舞着新一代的建筑设计师。[①]因为圣莫尼卡住宅创新设计，由此而名声大噪的盖里，足迹也开始从一个区域扩展至全世界，开始他世界性的建筑设计之旅。

2. 奥运村的鱼形雕塑 （Vila Olympic Fish Sculpture）

时间：1992 年

地点：西班牙巴塞罗那

前面已经提到过盖里是在一个犹太家庭里长大的，盖里虽然积极吸取各地文化，如他移居美国时被美国的大众文化所吸引那样，但是归根结底他的本民族文化对他来说是最亲切、最纯粹的。由于犹太的习俗，盖里自小便与鱼打交道，因此盖里在童年便与"鱼"结下了不解之缘，盖里也曾说："这对于我来说是最完美的符号。"[②]在 20 世纪 80 年代初期，盖里继续追求自由曲线的表达，虽然他还不知道如何用在建筑上。盖里偶然用玻璃做模型来表达鱼鳞，发现了层层相叠的美感，于是盖里正式进入了"鱼"的时期。在这位"渔夫"的许多建筑家具以及珠宝设计中也能看到鱼儿游晃的影子，其中最著名是在 1992 年为西班牙巴塞罗那奥运村中设计的巨型地标（图 4-6）[③]——54m 长，约 12 层楼高的冲孔金属鱼雕塑——这位因所设计的建筑带雕塑的气质而被称为"建筑界的雕塑大师"也的确设计过几座实在的雕塑作品。这鱼形雕塑选用由金铜色的不锈钢作为材料，再加上不锈钢板上的冲孔工艺和抽象鱼样线条，从远处看犹如一条由木条编织而成的鱼（图 4-7）[④]。这条"鱼"是处在宾馆塔楼与海滩之间，阳光透过鱼身上的冲孔洒落在塔楼和街道上，鱼与塔楼、鱼与地上的行人通过这束阳光有了某种微妙的联系。

这个鱼形雕塑所寄托的不仅仅是盖里的民族情怀，也融入了现代科学技术的内涵。从这个工程开始，盖里发掘使用法国航发公司（Dassault Systems）所研发的 CATIA 软件绘制设计图（图 4-8）[⑤]，软件技术的使用让盖里千奇百怪的设想设计得以实现，从这个点上也说明了盖里的看法——现代建筑的创作应该

① Herbert Muschamp. *The Gehry House：A Brash Landmark Grows Up*[DB/OL].New York Times，1993-10-7：1.

② Hartoonian Gevork. *Frank Gehry：roofing，wrapping，and wrapping the roof* [DB]. Journal of Architecture 2002.

③ http：//www.flickr.com.

④ http：//www.flickr.com.

⑤ Frank O.Gehry，Jean-Louis Cohen，Beatriz Colomina，Mildred Friedman，William J.Mitchell，Fiona Ragheb. *Frank Gehry，Architect*（Guggenheim Museum Publications）[M].New York：Harry N.Abrams，2001：140.

图 4-6 从西面所看到的鱼形雕塑处在宾馆塔楼与海滩之间，像一只浮游在天空的鱼

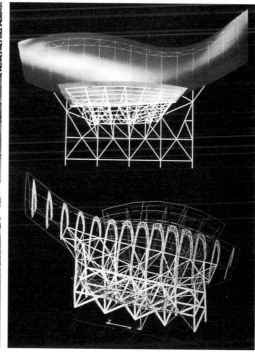

图 4-7 鱼形雕塑局部，不锈钢板上的冲孔工艺（左）
图 4-8 利用软件所绘制的鱼形雕塑设计图样，制作的准确而又真实（右）

与现代的产物（即科学技术）并肩而行。

　　这条在阳光下金鳞闪亮，在天空下自由遨游的"鱼"所代表的已经不是其字面上的意义了，这位"渔夫"已经赋予了它别样的意味，他在它身上倾注了独特的鲜明的民族文化基调和科学技术的涵养，也正是这形式符号表达了个体对社会、对世界的影响，它是盖里的一种个人文化气质的释放。

3. 交叉格扶手椅（Cross-check Armchair）

时间：1991 年

盖里对于各种材料痴迷与实验的范围可不仅仅局限在建筑上，在 20 世纪 80 年代末他重新加入家具制作行业，这位老顽童从不停歇地去发掘新材料和新方法，这回他相中了层压胶合板薄条，当起"编织工"编织起质轻优美的交叉格扶手椅（图 4-9[①]、图 4-10）[②]。他对于家具的设计赋予了很大的创作热情，他想要设计出一款质轻优美的椅子以抵抗支撑力与外观之间的分歧，他说："我不仅是为了在四个脚，一个坐部上装饰一个表皮。"[③]

这张有着顺滑流线的交叉格扶手椅是由盖里发现的"新星"——层压胶合板薄条——编织而成的，编织成篱笆似胶合板薄条的椅背和编织成格子似的椅座（图 4-11）[④]构成了这件有弹性且柔和的家具。从外观上看椅子着实令人堪忧，椅子好像不太牢固，编织椅子的材料似乎娇弱无力，蜿蜒之姿给人以华而不实之错觉，看似以微风之势便能吹到。然而编织这把椅子使用的木条（宽 50mm，厚 2mm）是由 6~8 块硬质的白色枫木板，结实而能承重且不失"小家碧玉"之范，木条的衔接处使用了新研制的尿素胶粘热固性组装胶，这样一来椅子结构就更加结实，感觉更加轻便和流畅，像是缎带做成的椅子——他在家

图 4-9　交叉格扶手椅(左)
图 4-10　交叉格扶手椅的
　　　　尺寸图（右）

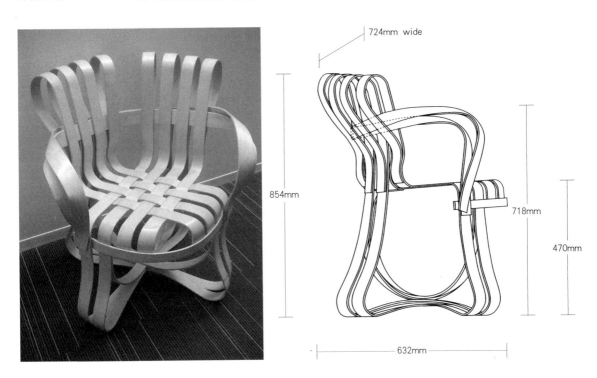

① http：//www.flickr.com.
② Mel Byars.*The Best：Tables'Chairs'Lights*[M].Hove：RotoVision SA，2001：162.
③ Casey C.M.Mathewson. *Frank O.Gehry，1969~today，21Works*[M].Berlin：FEIERABEND，2006：241.
④ http：//www.flickr.com.

图 4-11 编织的像格子似的椅座

具上的设计也不忘追求曲线符号的情感表达。他对这椅子的设计灵感源于他童年记忆中的苹果箱，这是深深扎根于盖里的回忆，吸取他那丰富的想象力作为养分，而从他那触摸过多种材料的手掌上茁壮而长的缎带似的椅子。

这张轻便而自然的椅子设计，是融入了时代文化的心理需求和盖里个人的艺术的追求，同时也说明盖里不但是建筑界的大师级人物，而且也是家居设计的佼佼者。

参考文献

[1] David Raizman. *History of Modern Design*[M]. New Jersey：Prentice Hall Inc，2004.

[2] Laszlo Taschen.*Modern Architecture A-Z*[M].Koln：TASCHEN，2010.

[3] Peter Gössel，Gabriele Leuthäuser.*Architecture in the 20th Century*[M]. KÖLN：TASCHEN，2005.

[4] Robert Venturi.*Complexity and Contradiction in Architecture*[M].New York：The Museum of Modern Art Papers on Architecture，1992.

[5] Mel Byars. *The Best：Tables'Chairs'Lights*[M]. Hove：Roto Vision SA，2001.

[6] Frank O.Gehry，Jean Louis Cohen，Beatriz Colomina，Mildred Friedman，William Mitchell，Fiona Ragheb. *Frank Gehry，Architect*（Guggenheim Museum Publications）[M].New York：Harry N.Abrams，2001.

[7] Casey C.M.Mathewson.*Frank O.Gehry，1969-today，21Works*[M]. Berlin：FEIERABEND，2006.

[8] Herbert Muschamp.*The Gehry House：A Brash Landmark Grows Up*[DB/OL]. New York Times，1993-10-7.

[9] Hartoonian Gevork.*Frank Gehry：roofing，wrapping，and wrapping the roof*[DB/OL]. Journal of Architecture，Spring2002.

[10] Boland Jr Richard J，Collopy Fred，Lyytinen Kalle，Youngjin Yoo.*Managing as Designing：Lessons for Organization Leaders from the Design Practice of Frank O. Gehry*[DB/OL]. Design Issues，Winter2008.

[11] 王受之 . 世界现代设计史 [M]. 北京：中国青年出版社，2002.

[12]（意）马泰欧·西罗·巴伯尔斯凯 .20 世纪建筑 [M]. 魏怡译 . 济南：山东美术出版社，2003.

[13] 耿晓杰，张帆 . 百年家具经典 [M]. 北京：中国水利水电出版社，2006.

[14]（英）琼斯，卡尼夫 . 现代建筑的演变 1945~1990 年 [M]. 王正，郭莴译 . 北京：中国建筑工业出版社，2008.

[15] 大师系列丛书编辑部 . 弗兰克·盖里的作品与思想 [M]. 北京：中国电力出版社，2005.

[16]（英）内奥米·斯汤戈 . 弗兰克·盖里 [M]. 陈望译 . 北京：中国轻工业出版社，2002.

[17] 大师系列丛书编辑部 . 普利茨克建筑大师思想精粹 [M]. 武汉：华中科技大学出版社，2007.

[18]（英）德里克·艾弗里 . 现代建筑 [M]. 严华，陈万蓉译 . 北京：中国建筑工业出版社，2008.

[19] 刘松茯，李鸽 . 弗兰克·盖里 [M]. 北京：中国建筑工业出版社，2007.

[20] 王云龙 . 美国建筑协会（AIA）金奖获得者专辑 [M]. 北京：中国电力出版社，2006.

（肖允玲）

5 乔·科伦波（Joe Colombo）

乔·科伦波（图 5-1）[1]是 20 世纪 60 年代意大利著名的工业设计师。他喜爱拍照，常常坐在自己设计的作品上，面带着微笑，吸着烟斗，生活十分惬意。

1930 年科伦波出生在米兰，小时候他就立志要重建人们的居住环境和生活方式。1949 年曾在布莱拉美术学院学习绘画，1945 年在米兰理工学院学习建筑。1951 年他参加了由塞尔吉奥·维·安格洛（Sergio D'Angelo）和昂立克·巴耶（Enrico Baj）发起的意大利艺术运动"核能运动"（Movimento Nucleare）。在之后的四年中，乔·科伦波作

图 5-1 乔·科伦波（1930~1971）

为一名抽象表现主义的画家和雕刻家表现十分活跃，并和其他成员一起在米兰、都灵、韦尔维耶、威尼斯和布鲁塞尔举办展览。

1955 年科伦波加入到艺术概念集团（Art Concept Group），在这里他放弃了绘画开始转向设计工作。在 1954 年第十届米兰三年展中，他设计的室内座椅 TVS（Transient Voltage Suppressor，即瞬态抑制二极管），具有神殿般的庄重色彩，从而使他脱颖而出。1959 年，科伦波开始接管家族企业，正是在这段期间，他开始了解、熟识，并尝试使用各种新构造和生产技术。1962 年科伦波创办自己的设计事务所，开始发展自己的室内和建筑设计事业，大部分是住所和滑雪场的设计。

1962 年与兄弟吉安尼（Gianni）一起，科伦波设计了棱形灯具"Acrilica 灯"。他为卡特尔公司进行的第一个设计是"4801 号"椅，这把椅子由三块胶合板组成。这是他之后设计的"4860 号"塑料椅的雏形，"4860 号"椅是第一把可以供成年人坐的塑料质（ABS）[2]椅。

1963 年为了大批量生产，他开始转向工业设计领域，他设计的大部分产

---

[1] http://eyeplug.net/magazine/?p=1737.

[2] "ABS"（Acrylonitrile Butadiene Styrene）：为丙烯腈 A、丁二烯 B 和苯乙烯 S 三种单体共聚而成的聚合物，简称 ABS。ABS 工程塑料具有广泛的用途，由于其具有韧、刚、硬的优点，应用范围已远远超过 PS（聚苯乙烯，英文名称为 Polystyrene），成为一种独立的塑料品种。ABS 既可用于普通塑料又可用于工程塑料。参考来源：互动百科 http://www.hudong.com/wiki/ABS%5B%E5%A1%91%E6%96%99%5D

品都可以自由组装。另外，通过使用新材料和新生产技术，科伦波在家具、灯具、玻璃制品、门把手、管道、闹钟和手表上进行了一些设计革新。1969 年他设计了一款"Trisystem"专业相机、1970 年设计了"Candy"空调机和为意大利航空公司设计的整套餐具和一台符合人体工学、可调节的印刷台。

在他的事业之初，科伦波对人居环境就很感兴趣，1963 年模块化的储物柜设计就是最好的例子。对人居环境的关注在他的设计中体现在：附加居住空间系统的设计"Additional Living System"（1967~1968）、"Tube"椅子的设计（1969~1970）和"Mult"多功能椅（1970），这些产品都可以随意组装，并可以任由你变换各种不同的坐姿。这些设计体现了科伦波的设计落脚点，即弹性、有机、多样化和可变性。

他创造了一系列居住机器（machines for living）作为未来的生活栖息地——多功能的移动装置，比如家居设计总成（Total Furnishing）、敞篷式床（Cabriolet-Bed）、和迷你厨房（Mini-Kitchen）等。他带有前瞻性的设计理念使得综合的居住小空间更为完整。他未来派的 Visiona-Livingroo 设计，在 1969 年 Visiona-Exhibition 中参与展出。它是由类似马贝拉的（Barbella-like）空间组成，在这里，家具成为房间结构的组成元素，传统的家具被功能性的元素所取代，例如 Night-Cell、Central-Living 和厨房储存箱一样，形成了一个动态的、多功能的居住空间。

1969 年继系列塑料家具总成之后，科伦波为他自己设计了鼓式居室（Roto-living）和敞篷床（Cabriolet-Bed）系列，并于 1972 年在纽约现代艺术博物馆中展出，题为："意大利——新的家庭面貌"（The Domestic Landscape），它在仅仅 28m² 内呈现了一个完整的"living-machine"，里面包含有：厨房、衣柜、浴室和可调节的床。他的设计是在关注人类的生活习惯与生存状态，而不是单纯地关注产品的造型与功能。

"庞大视听系统的非凡发展展示了这种可能性……距离将不再如此重要，'大都市'也不再是评判的准则。家具陈设将会消失……栖息地将无处不在……现在，如果要说什么是人类生存所必需的——唯一的条件就是可操作性和灵活性……我们将创造一个适合人类生存的系统，这个系统能够适用于任何情况下的空间和时间……"①

科伦波广泛进行家具设计，其中有代表性的是：艾尔达扶手椅（The Elda Chair，1963）、布瑞里欧椅（The Brillio Chair，1971）、"Topo"灯（The Topo Lamp，1970）、1969~1970 年设计的"管状"椅、可拆卸牌桌、为 O-Luce 公司设计的灯具、家具、塑料储藏车和一个完整的带轮的小厨房，以及为卡特尔公司设计的"4801 号"和"4860 号"椅子。

他一生成就显著，获得殊荣无数：1964 年在米兰第十三届三年展上凭借"Acrylic 灯"（O-Luce 制造）获金奖，"迷你厨房"（Boffi 制造）和"Combicenter"

---

① http：//www.joecolombo.com/index2.htm.

（Bernini 制造）分别获银奖，以及另外一件作品"Shell 灯"参加展览；在 1964 年凭借为撒丁岛的一家旅馆的装修荣获 IN-Arch 奖；1967~1968 年，他获得 ADI（Associazione per il Designo Industriale）奖；1968 年凭借"Coupe 灯"（O-Luce 制造）获美国年度国际设计大奖及美国学院优秀设计师；"Universal"椅（Kartell 制造）获 TECNHOTEL 最高奖金；1970 年，"Candyzionatore"的设计获得意大利金圆规（Compasso d'Oro）奖和 ADI 奖；1970 年凭借"Spring 灯"（O-Luce 制造）获美国年度国际设计大奖及美国学院优秀设计师；1971 年凭借"BOBY 车"（Bieffe 制造）获得 S．M．A．U 最高奖金。[①]

他参加过无数的展览，1954 年的第十届米兰三年展、1964 年的第十三届米兰三年展、1967 年的纽约工艺美术博物馆展、1969 年的科伦波家具展、1970 年的美国伊利诺伊州"27 位全球设计师展"、1971 年的米兰"开放空间住宅"展。他的作品大多被世界各大博物馆展出或收藏。

他对意大利家具设计业产生的影响是巨大的。在 20 世纪 60 年代，他的设计思想和理念在通过与卡特尔（Kartell）、扎诺塔（Zanotta）、欧鲁斯（Oluce）、波菲（Boffi）、阿尔弗列克斯（Arflex）和阿莱西（Alessi）等公司批量生产的合作中得以实现。意大利著名的设计评论家埃米利奥·阿姆巴兹（Emilio Ambasz）这样评价科伦波："尽管科伦波以前设计的作品在意大利和国内外都获得了赞扬，但更重要的是在他生命的最后 10 年却尤为关注与人类生活习惯相关的问题。他在生态学与人类环境改造学上的探索使得他越来越把个人的习惯当作是一个微观的世界，通过程序系统的创造使微观世界与宏观世界的结构相同，进而使微观世界成为未来可达到的宏观世界的一个起点。"[②]

在他生命的第 41 个年头，科伦波走完了他灿烂辉煌的生命旅程，在他短暂的设计生涯中，成就卓著、硕果累累。

第二次世界大战后，意大利急需重建家园，20 世纪 40、50 年代，由于美国在经济上的援助和工业生产模式的引入以及一大批意大利新一代设计师的出现，迅速推动了意大利社会、经济和设计艺术的发展。1954 年意大利的文艺复兴（La Rinascente）百货公司设立"金圆规"奖，极大程度地激发了设计师们的积极性。[③]

意大利设计师们勇于创新和突破，他们的设计具有浓厚的意大利文化特色，再加上受国际设计风格的影响，因此，意大利的设计呈现出既有国际主义简单实用和意大利文化特色相结合的现代主义设计风格，又具有意大利特征的高贵品质的豪华型风格，同时又具有探索味很浓的前卫设计风格。[④]

受美国家具设计师依姆斯（Eames）等人设计的影响，意大利家具行业也开始引进新技术，新材料。另外，塑料的不断开发应用，其有弹性、可收缩、

---

① http：//contemporary.artron.net/show_news：hp.pnewid=173262.
② http：//www.hudong.com/wiki/%E8%AE%A9%C2%B7%E7%A7%91%E9%9A%86%E5%8D%9A.
③ 艾红华．西方设计史 [M]．2 版．北京：中国建筑工业出版社，2010：98-99.
④ 同上 p99.

轻便结实、易成形的特性得到设计师们的广泛认可，因而被广泛运用到设计当中。而在其中以科伦波最为典型。[①]

代表作品评析：

1. 迷你厨房——带小脚轮的整体厨房（Minikitchen——monobloc Kitchen on Castors）

时间：1963 年
制造商：波菲·斯巴（Boffi Spa），意大利
尺寸是：90cm×75cm×75cm

图 5-2 1963 年乔·科伦波设计的迷你厨房

20 世纪整个 60 年代，意大利家具设计师们都在为居住空间的弹性和有机性而不断创新，科伦波的设计称为"家居设计总成"（Total Furnishing Units）。

这款小型厨房手推车（图 5-2）[②]是科伦波为制造商保罗·波菲（Paolo Boffi）设计的。这款迷你厨房为 Boffi 公司在 1964 年举办的米兰三年展中摘得金奖。当大多数工业产品面临淘汰时，科伦波超前的设计作品却依然如此受大众欢迎、功能性极好。[③]

迷你厨房可供 6 人使用，只有半立方米的体积，是电动的，由木头、钢材和塑料制成。[④]它是一款具有厨房功能的手推车，虽然体积非常小，但却能同时容纳刀架系列、小冰箱、抽屉、储藏间、小型橱柜、小型家电插座、大切菜板和可推拉式台面。它娇小的体积和良好的功能性，非常节省空间，适用于小空间。

如今，科伦波在 1963 年设计的迷你厨房又重新生产投入市场。在原有设计的基础上，只进行了些微小改变，那就是材料的使用，重新投入生产的迷你厨房大部分使用可丽耐（Corian）人造大理石（图 5-3）[⑤]，白色的部分即是大理石，厚度为 12mm，厨房内部装有触摸控制板的陶瓷玻璃灶台以及容积为 50L 的迷你冰箱、切菜板是结实的柚木制成、底座的轮子是具有锁定功能的 360° 万向转轮[⑥]，新的样式在外形上与影印机有些相似，厨房内部的设计仍保持着科伦波原有的功能性设计理念，稍大一些的规格为 96cm×107cm×65cm，由 Boffi Spa 生产。[⑦]

---

① 艾红华. 西方设计史 [M]. 2 版. 北京：中国建筑工业出版社，2010：98-101.
② http://dolcn.com/d/museum/20020403223809.html.
③ Small But Mighty[J/DB].Interior Design.2007，3：282.
④ http://www.joecolombo.com/inddes_index.htm.
⑤ http://www.luminaire.com/catalog/1491/
⑥ Mini kitchen.Joe Colombo. 参考来源：http://www.luminaire.com/catalog/1491/
⑦ http://been-seen.com/travel-blog/cool-stuff/the-mini-kitchen.

2. 艾尔达扶手椅（"Elda" Armchair）

时间：1963 年设计，1965 年产出

制造商：Comfort，意大利

尺寸：92.5cm×97cm×96cm

"工业设计师的任务是制造出有用的、令人愉悦的东西。"这是英国设计师米什·布莱克（Misha Black）1962 年提出来的。他认为设计师"应当在设计中表达出这个社会中富有生气和蓬勃向上的方面。"[①]他认为设计的产品应当是功能性良好、高水平、具有欣赏价值的物品。

在 20 世纪 60 年代，作为意大利工业设计以前卫、创新示人的科伦波设计的家具富有很强的雕塑感，在设计材料的使用上他十分大胆、勇于创新。他相信通过功能将会改变人们生活的方式和居住环境，他把自己称为"未来环境的创造者"。

这把扶手椅（图 5-4）[②]以科伦波的妻子 Elda 的名字命名，又因其椅子靠背的造型酷似大肠又称之为大肠椅，这是他早期设计的具有代表性的家具作品之一，主要适合摆放在客厅、卧室、书房和办公室等场所。

这款椅子（图 5-5）被认为是第一把由塑料铸模（玻璃纤维 fiberglass）制成的扶手椅，尺寸较大，通过圆形底座承重，椅身是由舒适的工业皮革软垫包裹而成，坐上去非常舒适且保留一定的私密性[③]。底部 360°可自由旋转的轮子确保了它可以随意灵活移动，和管道椅子一样，"Elda"扶手椅很快成为科伦波的标签。[④]

① 曹小欧. 国外后现代设计 [M]. 南京：江苏美术出版社，2002：62.

② http：//www.mid20thkiosk.com/b/attach/1/4203619312.jpg.

③ http：//www.joecolombo.com/inddes_index.htm.

④ http：//www.designboom.com/history/joecolombo_elda.html.

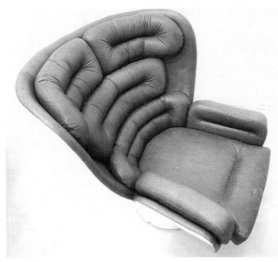

图 5-4　Elda 椅子正面（上）
图 5-5　Elda 椅侧面（中）
图 5-6　Elda 椅俯视图（下）

该扶手椅完全符合设计美学的要求，非常舒适、有弹性（图 5-6）[1]。并因其独特的艺术韵味，这款扶手椅的模型被展示在美国纽约的现代艺术博物馆和法国巴黎的卢浮宫。

3. 起居床（Living Bed）

时间：1971 年设计，2006 年生产
制造商：贝尔尼尼（BERNINI），意大利
尺寸：191cm×224cm×141cm

1964 年科伦波设计了个人集装箱式的公寓，一个漂亮的工程旅行箱展示了所有的现代化设备。1970 年，他将这些设计思想融入到米兰公寓的设计中，定制的座椅、可调制的墙面、可滑动的屏风组成了一个自然流畅的有机生活空间，屋内布局可以自由调节，弹性和有机性充分展现。

科伦波将可调节的、灵活的居住方式和对更小空间的需求理念相结合设计了这款起居床——"Living Bed"（图 5-7）[2]，它是由可倾斜的床头和平坦的床面组接而成，通过床头和床面相接的轮子可自由改变床头的倾斜角度，床头可以向下合上（图 5-8）[3]，既可以被用来当座椅、沙发，也可以做舞台和游戏场。[4] 床尾的长板凳底部装有可滑动的轮子，方便移动。另外，床上的垫子同样可任意造型，折叠与平放尽可随心所欲。

这个床的原型是科伦波 1971 年在意大利都灵举行的国际家居与现代生活展（La mia casa）中展出的 "Cabriolet Bed"。设计的灵感来源于敞篷车，它较适合在相对小的居住空间使用，迎合了年轻人的口味，极具现代家居的味道。[5]

意大利贝尔尼尼（Bernini）公司于 2006 年根据科伦波的设计改版生产了这款起居床，并且在意大利米兰国际家具展中展出。这款床在

---

[1] http：//www.mid20thkiosk.com/b/attach/1/1070601964.jpg.
[2] http：//www.joecolombo.com/princ/industrial%20design%20images/LivingBed_03.htm.
[3] http：//www.joecolombo.com/princ/industrial%20design%20images/LivingBed_04.htm.
[4] http：//www.joecolombo.com/inddes_index.htm.
[5] http：//www.atcasa.cn/products/detail/712.html.

图 5-7 Living Bed，科伦波，1971 年

图 5-8 翻折后的 Living Bed

操作上非常灵活，物体坚固、优雅、舒适，适用于在各种环境下使用。[①]

参考文献

[1] Small But Mighty[J/DB].Interior Design，2007-03.

[2] Callum Lumsden[J/DB].Design Week，2011.

[3] Complete Imagination for Total Living [J/DB] .Building Design，2007-1-12.

[4] Pilar Viladas.Everything But The Kitchen Sink[J].New York Times Magazine，2006.

[5] News in Pictures：Mini kitchen launch[J/DB].Design Week，Art，Architecture，2006，21（39）：10.

[6] Joe Colombo——Elda Chair，1963[J/OL]. DMY，Designboom.

[7] 文红华.西方设计史 [M].北京：中国建筑工业出版社，2010.

[8] 曹小欧.国外后现代设计 [M].南京：江苏美术出版社，2002.

[9] 朱和平.世界现代设计史 [M].合肥：合肥工业大学出版社，2004.

[10] 潘鲁生，董占军.现代设计艺术史 [M].北京：高等教育出版社，2008.

（闫丽萍）

---

① http：//www.atcasa.cn/products/detail/712.html.

6 阿尔多·罗西（Aldo Rossi）

　　阿尔多·罗西（Aldo Rossi，1931~1997）1931 年 5 月 3 日出生在意大利的米兰。父亲在米兰经营一家由祖父传下来的家族产业——自行车工厂。第二次世界大战期间，罗西在科摩湖畔（Lake Como）的神父学校就读，这段经历赋予罗西的宗教气质构造了他以后在建筑方面的理论洞察和思想体系。第二次世界大战结束后他进入米兰工艺学院（the Polytechnic University in Milan），并在 1959 年获得了建筑学学位，9 年后成为该校的教授。

　　早在 1955 年罗西就开始为罗杰斯（N.E.Rogers）领导的期刊杂志 Casabella-Continuita 撰稿，他从米兰工艺学院毕业后在该杂志做了 5 年的编辑工作。罗西因为工作的关系接触到很多如彼得·贝伦斯（Behrens）、勒·柯布西耶（Le Corbusier）和詹尼特（Pierre Jeanneret）等一大批有影响力的建筑师和新的建筑理念，他们提出的时代对建筑的新问题，如：城市的改建、现代住房问题和最低标准住房的问题对罗西的影响非常大，奠定了罗西的职业基础，在罗西以后无论是理论作品还是建筑作品都把这些问题考虑其中。罗西在 20 世纪 60 年代在《Casabella-Continuita》杂志发表了自己很多的理论作品，对城市建设的研究有很大的影响，他将现象学的原理和方法论用于城市建筑，在建筑设计中倡导运用类型学，要求建筑师在设计中回到建筑的原形去。

　　罗西一直笔耕不辍，用自己的声音描述着建筑。在 1966 年出版的《城市建筑》（The Architecture of the City）一书中，致力于建筑类型和城市形态学的研究，他将建筑和城市紧紧联系起来，把他在 Casabella 几年的工作做了提炼。罗西主要是处理城市的现实问题：构成城市的物质的实体，以及它们的个性和它们的发展。[1]他认为："城市本身就是市民们的集体记忆，而且城市和记忆一样，与物体和场所相联。城市是集体记忆的场所。"[2]他认为在他所有城市研究的方法中，比较的方法是最重要的。从罗西的研究中知道："住宅和纪念物是城市中两个主要的经久实体"。[3]他把集合意义上的住房作为经久的实体，认为研究

---

① 刘先觉. 现代建筑理论——建筑结合人文科学自然科学与技术科学的新成就 [M]. 第二版. 北京：中国建筑工业出版社，2008：311.

② （意）阿尔多·罗西. 城市建筑学（The Architecture of the City）[M]. 黄士钧译. 北京：中国建筑工业出版社，2006：130.

③ （意）阿尔多·罗西. 城市建筑学（The Architecture of the City）[M]. 黄士钧译. 北京：中国建筑工业出版社，2006：8.

住房是研究城市的最好方法之一，反之亦然。①罗西将类型学 (typical)②方法用于建筑学，认为古往今来，建筑中划分为种种具有典型性质的类型，他们有着各自的特征。他说："类型就是建筑的思想，他最接近建筑的本质。尽管有变化，类型总是把对'情感和理智'的影响作为建筑和城市的原则。"③类型学是经久的元素，它在建筑形式的构成中发挥自身的作用。除了类型学，他还把城市地理学、经济学，以及尤其是历史学提供的更为复杂的理性主义科学方法运用在城市与建筑的研究，开创意大利理性主义运动。提出了相似性的原则，在他的观念里出现"类似性城市"④的主张。罗西所确立的建筑理论是从对城市和建筑问题的考察中得来的。一方面是从意大利特殊的历史文化和社会制度的角度，另一方面则是从更为广泛本质的人类文化角度来构筑。罗西一直在从事重建建筑坚实基础的工作，试图在建筑理论的探索和构造中发现永恒的内在因素，这形成了他的理性思想。⑤《城市建筑》一方面论述一种科学的理论，另一方面又奇特地预示了他后来的作品。

罗西是一个多产的建筑师，在自己的建筑创作中爱用精确简单的几何形体，露出建筑物的原始材料。1972 年罗西在米兰成立他的建筑事务所，他的主要建筑作品有：圣卡罗公墓 (San Cataldo Cemetery，1971~1978)、布隆尼中学 (School in Broni，1979~1982)、威尼斯水上剧院 (Teatro del Mondo，1979~1980)、佩鲁贾社区中心 (Centro Direzionale Commerciale Fontivegge，Perugia，1982~1988)、礼葬小礼拜堂 (Funerary Chapel，Giussano，1983~1987)、多里购物中心 (Centro Torri Department Store，Parma，1985~1988)、广场饭店 (Palazzo Hotel，Fukuoka，1987~1989)、博戈里科市政厅 (New Town Hall，Borgoricco，1983~1990)、拉维莱特公寓 (Wohnanlage La Villette，Paris，1986~1991)、现代艺术中心 (Center for Contemporary Art，1988~1991)、灯塔剧院 (Lighthouse Theatre，Lake Ontario，1988)、林奈机场 (Linante Airport，Milan，1991~1999)、迪斯尼办公建筑 (Disney Office Complex in Disneyland，Orlando，1991~1994) 等。

罗西热衷教育，在美国和欧洲一些大学执教和讲学，如威尼斯建筑学院、耶鲁大学等，给学子们教授建筑知识和经验。罗西在理论、绘画、建筑和产品设计都取得了不同寻常的壮举，在国际上享有很高的声誉。1990 年，罗西获

---

① (意)阿尔多·罗西. 城市建筑学(The Architecture of the City)[M]. 黄士钧译. 北京：中国建筑工业出版社，2006：72.
② 由 19 世纪法国巴黎美院常务理事德·昆西 (Q.D.Quiney) 提出：'类型'这词不是指被精确复制或模仿的形象，也不是一种作为原型规则的元素。从实际制作的角度来看，原型是一种被依样复制的物体；而类型正好相反，人们可以根据它去构想出完全不同的作品。罗西探索的类型学就是生活。
③ (意)阿尔多·罗西. 城市建筑学(The Architecture of the City)[M]. 黄士钧译. 北京：中国建筑工业出版社，2006：43.
④ 从荣格"类推思维"的概念衍化而来，将顺序的时间叠合在一起，将不同历史时期的对象放在一起，使其在一个画面中出现，罗西类似性城市是记忆的文本与理性的抽象操作相结合的产物。
⑤ 刘先觉. 现代建筑理论——建筑结合人文科学自然科学与技术科学的新成就 [M]. 第二版. 北京：中国建筑工业出版社，2008：312.

得了普利兹克建筑奖。他的获奖感言用淳朴的话语感染着一代代建筑学习者，他说："我不是沉迷于建筑，但是我一直试图以一种真实的方式来做建筑，就像其他那些真实表现他们专业的人一样，就像那些建造出教堂、工厂、桥梁以及这个时代伟大建筑的泥瓦匠或者工人一样。"

代表作品评析：

1. 加拉拉特西公寓（Callaratese Housing）

时间：1967~1973 年

地点：意大利米兰

加拉拉特西公寓(图 6-1)①是罗西接到的第一项大型设计项目，一座位于米兰市郊的低造价住宅，建成后引起人们的广泛关注。罗西把著作《城市建筑》中建筑类型学的观点运用在加拉拉特西公寓建造，表现他在住宅类型学中的选择，通过个体空间和集体空间之间等级化联系表达出所具有的坚实社会基础。②

这座建筑是由卡罗·艾莫尼诺（Carlo Aymonino）设计的一个更大的住宅联合体（图 6-2)③的一部分。罗西设计理念来源于柱廊或走廊，这种柱廊或走廊的原型来自于罗西对意大利城市建筑的研究，罗西在《城市建筑学》一书中提出："城市本身就是市民们的集体记忆，而且城市和记忆一样，与物体和场所相联系。"④罗西把与人们的城市生活经验相联系的元素加入到设计里面，以此激发人们对传统米兰公寓的联想和记忆，在传统的公寓中，走廊代表着"一种

图 6-1 加拉拉特西公寓立面图示（左）
图 6-2 卡罗·艾莫尼诺设计的加拉拉特西混合住宅群（1967~1972）（右）

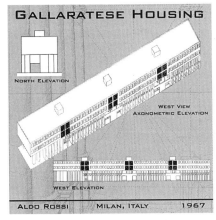

---

① http://th08.deviantart.net/fs21/PRE/i/2009/269/7/2/Gallaratese_Housing_by_Dark_Agent.jpg.

② （英）琼斯，卡尼夫. 现代建筑的演变 1945-1990 年 [M]. 王正，郭菂译. 北京：中国建筑工业出版社，2008：213.

③ http://24.media.tumblr.com/tumblr_m4c8aidpR11rrw5kjo1_500.jpg.

④ （意）阿尔多·罗西. 城市建筑学(The Architecture of the City)[M]. 黄士钧译. 北京：中国建筑工业出版社，2006：130.

浸透了日常琐事、家庭隐私和各种人际关系的生活方式。"①罗西用建筑的原型揭示物体永恒关注的主题，标示建筑物的意义。

整个建筑沿着水平的走道展开，由一个182m长、12m宽的街区组成，底层是开放式的门廊（图6-3），东南侧以方柱为界，西南侧以3m深的龙骨为界；在间隔处，容纳楼梯通道和通往上部房间的电梯的建筑结构代替了龙骨。在靠近两幢楼之间的孔隙处，四根巨大的直径为1.8m的混凝土浇灌成的圆立柱排成两排，代替了龙骨和方柱，同时对窄条形方柱形成的韵律起到调节作用。所有这些圆柱沿着街区以3.5m的横向间隔一字排开，柱子纵向间隔为1.8m，前后宽8m。

每隔16个壁柱有一个楼梯单元，最初的一段从高于底层的三步台阶开始。从柱廊和室外都可以到达楼梯。除了向柱廊敞开的商店和交易区，底层凸起的部分有一样的特征。楼梯单元直接通向室外的走廊，走廊为一条连续的1.85m宽的走道，并在整个长向上开出1.5m宽的方形墙洞。房间是沿着外部的走廊安排，其中浴室和厨房都在1.7m高处朝着走廊开窗。与楼梯相对的走廊区域也通往室外。不过是以2.8m宽的巨大方形窗洞的方式，这些窗洞覆盖着依附于斜向铁棒上的被拉伸的金属网。拟建的房间大部分是由附带厨房和浴室的两个房间组成，每个房间在正面有一个或两个阳台。②对于罗西来说，这种不懈的重复使用支柱和方形开窗创造了一个日常生活易于接受的建筑形式③（图6-4）④。

罗西将伦巴第（Lombardy）传统的建筑形式运用在加拉特西公寓的设计，城市人造物反映出城市的构成、历史、艺术和存在，它有记忆的功能，类型体现了一个集体意志，城市环境中建立一个共同的记忆中。运用以前的建筑原型去设计，让建筑和城市的类型结合在一起，构造某种相似性，使建筑具有生命力。体验过去的形式，其实是吸取历史的精华，"历史不是过去，而是另一种

图6-3 加拉特西公寓柱廊（左）
图6-4 加拉特西公寓内部（右）

① 刘先觉.现代建筑理论——建筑结合人文科学自然科学与技术科学的新成就[M].第二版.北京：中国建筑工业出版社，2008：352.
② 大师系列丛书编辑部.阿尔多·罗西的作品与思想[M].北京：中国电力出版社，2005：92.
③ （英）理查德·威斯顿.建筑大师经典作品解读平面，立面，剖面[M].牛海英，张雪珊译.大连：大连理工大学出版社，2006：158.
④ http://farm3.staticflickr.com/2565/3932371513_85ef20ec05_z.jpg.

更强大的存在"（History is not the Past but Another Mightier Presence）①。历史是一座博物馆，给罗西提供源源不断的养分，对类型学的研究和实践一直贯穿在罗西以后的建筑中。

2. 新卡洛·菲利斯剧院（Nuovo Teatro Carlo Felice）

时间：1983~1991 年
地点：意大利热那亚（Genoa）

图6-5 罗西设计的卡洛·菲利斯剧院（局部）

每个人都有心中最喜爱的东西，罗西也不例外，他对戏剧有着极大的兴趣。他说过："在我所有的建筑中，剧院总是让我陶醉。"②在继1979年设计了威尼斯水上剧院后，罗西在意大利的热那亚设计建造卡洛·菲利斯剧院（图6-5）③。

热那亚是欧洲最伟大的"都城"之一，一个独立于任何其他民族或地方语言的城市，在欧洲占有重要的位置。许多世界级别的重要比赛设在热那亚进行，如巴格尼尼小提琴大赛等。热那亚的经济、文化、旅游等都得到快速发展，随着经济的发展热那亚的世界地位不断提高，修建大型的戏剧观演建筑成为迫切。

热那亚市政歌剧院在第二次世界大战中变成废墟，面临重建。热那亚向社会公开征集设计方案，罗西的设计在众多方案中脱颖而出，罗西在他的方案中融入对人文的关怀，关注市民的感受和意识，立足于欧洲的文化基础之上，用崭新的、发展的角度触及城市的未来，赢得热那亚的认可。

新卡洛·菲利斯（Nuovo Carlo Felice）剧院在遗址上重新建造，罗西非常强调它的历史延续性，遵循一定的建筑类型。这些类型不是任意的类型，而是与老的巴拉比诺（Barabino）剧场保留下来的造型物质有关的类型的延续。（图6-6、图6-7）对类型的延续并不是说依葫芦画瓢重建，而是根据它的历史思想来作新的设计。罗西从材料中寻找新剧院的风格，这座建筑的美丽和重要性体现在大理石的石材中，以当代文化为中心，着重强调石材的力量，暗示卡洛·菲利斯剧院作为这座城市的地标作用，致力将它建造成具有前瞻性的作品。

重建剧院外观将是这个方案的出发点，这是最重要的一环。罗西新设计方

---

① History is not the Past but Another Mightier Presence：the founding of the institute for the History and Theory of Architecture（gta）at the Eidgenö ssische Technische Hochschule（ETH）Zürich and its effects on Swiss Architecture，Hanisch，Ruth，Spier，Steven.Journal of architecture，2009，14（3）.

② 大师系列丛书编辑部 . 阿尔多·罗西的作品与思想 [M]. 北京：中国电力出版社，2005：2.

③ http：//upload.wikimedia.org/wikipedia/commons/d/d4/CarloFeliceGe.JPG.

图6-6　卡洛·菲利斯剧院重建全景（包括巴拉比诺剧场、尖塔、广场喷泉等），建筑整体有机组合，十分和谐

图6-7　新旧卡洛·菲利斯剧院相互映衬

案与现代科技相结合，运用采光井给底层的公共展厅提供日间照明，锥形的采光井穿过休息厅和办公室，使其得到最大的应用，最后，在屋脊上形成一个尖细的玻璃塔刺穿剧院的屋面。夜间，尖塔会成一个发光体，像灯塔般为人们指引航线。与尖塔相对立的是新的塔楼，在罗西的作品中，塔楼似乎是他钟爱的元素，在多里购物中心和很多设计运用。新塔楼的位置是延续以前不变，不过比以前大了很多，用以容纳新增加的技术设备和适应未来设备的变动。主音乐厅（图6-8、图6-9）[①]内两侧的设计与室外是相互渗透的，大理石的墙面和带阳

---

① http：//upload.wikimedia.org/wikipedia/commons/5/5d/Teatro_Carlo_Felice_-_Genoa%2C_Italy.JPG.

图6-8 卡洛·菲利斯剧院重建观众厅，罗西注重建筑内外的结合，把属于城市的元素带进观众厅（左）

图6-9 大理石的墙面和带阳台的窗户的城市景观被罗西引入音乐厅（右）

台的窗户的城市景观被引入音乐厅，罗西把城市的形式体现在室内，整合建筑和城市是密不可分的统一性，赋予建筑本身新的活力。

罗西在思索怎么去表现这一建筑，如何能让它成为城市的象征？他在回答美国《进步建筑》杂志的采访时说："我认为热那亚和摩德纳都十分接近城市建筑的观点。"①罗西注重对城市的古老部分与新建筑一起进行创作，旨在建造卡洛·菲利斯剧院时首先要保存好老的巴拉比诺剧场并创造一个新的城市空间，而不是一座纪念碑。

3. 博尼方丹博物馆（Bonanefanten Museum，Maastricht）

时间：1990~1994年

地点：荷兰马斯特里赫特（Maastricht，the Netherlands）

罗西认为"住宅"和"纪念物"是城市中两个主要的持久物，博物馆在罗西看来意义非凡，它是具有历史价值的建筑物，是城市主要的建筑体，城市的纪念物。从这个意义上看，纪念物永远是主要元素。②确定了建筑的类型后，它怎样影响个人和集体呢？每一座博物馆，记载着的是每个"个人"的故事。象征着的是每种邪恶与纯洁，表达着的是任何属于人的东西，都被限制和约束在一座大理石的纪念碑一样狭窄的尺寸里。博尼方丹博物馆（图6-10）③作为一个纪念物存在城市中，它用建筑本身来解释建筑。

这座博物馆再一次体现了罗西的那种简洁而又不是散文式的建筑设计风格。博物馆坐落在流经荷兰马斯特里赫特市中心的马士河畔，罗西以一种具体的类型来描述城市的纪念性主题。整个建筑体量像一个规规矩矩的"E"

① （美）泽瓦·弗雷曼.阿尔多·罗西谈建筑 [J].常钟隽译.新建筑（New Architecture），1992（2）：41.
② （意）阿尔多·罗西著.城市建筑学（The Architecture of the City）[M].黄士钧译.北京：中国建筑工业出版社，2006：86.
③ （意）路易吉·戈佐拉，多米齐娅·曼多莱希，（中）刘临安.意大利当地百名建筑师作品选（100 Italian Architects and Their Works）[M].北京：中国建筑工业出版社，2002：27.

图 6-10 博尼方丹博物馆全景

图 6-11 博尼方丹博物馆建筑体量像一个规规矩矩的"E"字形

字形（图 6-11）①，建筑物的形体罗西采用一些有力的工业元素：包锌板的穹顶塔楼、烟囱式的圆立柱，来对这座以前作为制陶工厂的城市记，对历史文化的追溯。

　　罗西的设计是对老荷兰的记忆，包锌太穹顶的类型可以从荷兰 17 世纪风景画家雅各布·凡·雷斯达尔的作品《埃克河边的磨坊》找到，带有风车的磨坊在埃克河对面美丽的景色中升起，位于河岸的大穹顶勾起人们对尖顶教堂和风车的记忆。金属穹顶是这座建筑的一个特色，它位于入口门厅和中央梯道的中轴线上，统辖建筑构成的各个体部，同时，接近顶部有一个望景台，在这里

① （意）路易吉·戈佐拉，多米齐娅·曼多莱希，（中）刘临安. 意大利当地百名建筑师作品选（100 Italian Architects and Their Works）[M]. 北京：中国建筑工业出版社，2002：27.

图6-12 博尼方丹博物馆中央入口的套筒式设计（左）

图6-13 博物馆内进入主场馆的楼梯（右）

参观者或许能深刻体会到建筑师所称的"建筑片断的统一"[①]。墙体上有一些方格玻璃窗，打断了大穹顶严谨的秩序，增加了它整体趣味性。

中央入口的设计是一架形象逼真的望远镜造型，这个充满阳光和白云的不可名状的大尺度空间是门厅，一个很特殊的套筒式的形状（图6-12）[②]。这是一种"阳光房"（Lichtraum）的典型范例，可以在苏黎世的"阳光室"（Lichthof）找到先例，是一种由西班牙卡斯提尔（Castilian）风格与殖民式的最主要的结合。门厅是一个通高的空间，涂上蓝宝石的颜色，这些颜色和光线打破了那些本来建造它们的材质和肌理。通过一条陡峻的梯道才能到达参观的起点，这是最能体现建筑师个性的地方。罗西通过他独创的颇有见地的引导方式展现这座博物馆所具有的舞台场景。同时，也出现这样的疑问："博物馆是全部集纳我们生活纪念品的地方，还是部分展现我们生活纪念品的地方？"[③]

室内陡峭的主楼梯（图6-13）[④]和两侧高耸的砖墙同样沿袭了老荷兰传统风格的台阶设计，也让人联想到莎士比亚笔下的小酒店和康拉德（Conrad）所描写的南方大海中沉没的北方船只的残骸。设计师试图体现这个世界的本质，似乎想表达在我们的知识中除了几何体之外就只有这样的残骸。[⑤]

博物馆穹隆之所显得宏大，有两个主要的原因：一是它具有与最纯粹的建

---

① （意）路易吉·戈佐拉，多米齐娅·曼多莱希，（中）刘临安. 意大利当地百名建筑师作品选（100 Italian Architects and Their Works）[M]. 北京：中国建筑工业出版社，2002：27.

② http://peter.bourgon.org/postmodernism/img/rossi-bonnefanten-museum.jpg.

③ （意）路易吉·戈佐拉，多米齐娅·曼多莱希，（中）刘临安. 意大利当地百名建筑师作品选（100 Italian Architects and Their Works）[M]. 北京：中国建筑工业出版社，2002：27.

④ 同上.

⑤ 大师系列丛书编辑部. 普利茨克建筑奖获得者专辑 [M]. 武汉：华中科技大学出版社，2007：164.

筑传统的联系，由都灵的亚历山德罗·安东内利（Alessandro Antonelli）拓展出的形式；二是代表了尼德兰，那个矗立在河与海之间，作为一个荷兰地域中崇高的象征的城市。^①

假如我们再巡视一圈，会发现博物馆是一个整体，可能是一个被遗忘的整体。由我们生活的片断、艺术的片断和古老的欧洲重新组成。罗西透过一种简单、简化的形式来唤起某种意义的多样性——一种浓缩了的梦幻的形象，如其所是，而不是一种如梦的片断。^②

罗西从历史和现实生活中研究类型学，为人们建造一种纪念碑似的永恒事物，将建筑形式和内容结合在一起，揭示主体与客体历史适应的过程，成为建筑思想主动性和实用性。

参考文献

[1] Biography *Aldo Rossi*[DB].Colunbia Electronic Encyclopedia，6th Edition，2011-11-1.

[2] A Cult Hero Gets His Due The bold，austere architecture of Italy's Aldo Rossi wins the prestigious Pritzker Prize[DB].Andersen，Kurt，Time，1990-4-30，135（18）.

[3] Architecture：The Familiar in Architecture[DB].Marche，J.L.Journalof American and Comparative Cultures，2002，25（3/4）.

[4] Architecture："Aldo Rossi." [DB]. Ghirardo，Diane，2001-11，90：72.

[5] K.W.Smithies.Principles of Design in Architecture[M].New York：Van Nostrand Reinhold Company Ltd.，1981.

[6] That Obscure Object of Desire：Autobiography and Repetition in the Work of Aldo Rossi.Lobsinger[DB].Mary Louise，Grey Room，2002（8）.

[7] Book Review：The Project of Autonomy：Politics and Architecture Within and Against Capitalism，Pier Vittorio Aureli[DB].New York：The Temple Hoyne Buell Center for the Study of American Architecture at Columbia University and Princeton Architectural Press，2008. Day，Gail. Historical Matrialism，2010，18（4）.

[8] Moneo，Libeskind and a question of influence[DB].Peckham，Andrew Journal of architecture，2008-9，13（1）.

[9] The New Urban Scale in Italy[DB].Lobsinger，Mary Louise Journal of architectural Education，2006-9，59（3）.

[10] Peter Gossel，Gabriele Leuthauser. Architecture in the 20th Century（Volume2）[M]. Koln：Taschen GmbH，2005.

[11] Perrchance to dream of wharf wonders[DB].Building Design，2010-9-3（1930）.

---

① 大师系列丛书编辑部.阿尔多·罗西的作品与思想 [M]. 北京：中国电力出版社，2005：73-74.
② （美）马文·特拉亨伯格（Marvin trachenberg），伊莎贝尔·海曼（Isabelle Hyman）. 西方建筑史——从远古到后现代 [M]. 第 2 版. 王贵祥，青锋，周玉鹏，包志禹译. 北京：机械工业出版社，2011：584.

[12]（意）阿尔多·罗西.城市建筑学 [M].黄士钧译.北京：中国建筑工业出版社，2006.

[13]（美）马文·特拉亨伯格，伊莎贝尔·海曼.西方建筑史——从远古到后现代 [M].第 2 版.王贵祥，青祥，周玉鹏，包志禹译.北京：机械工业出版社，2011.

[14] 刘先觉.现代建筑理论——建筑结合人文科学自然科学与技术科学的新成就 [M].第二版.北京：中国建筑工业出版社，2008.

（谢宝珍、艾红华）

7 福田繁雄（Shigeo Fukuda）

福田繁雄（Shigeo Fukuda，1932~2009）是世界著名的平面设计大师，他与德国岗特·兰堡（Gunter Rambow）、美国西摩·切瓦斯特（Seymour Chwast）并称为"世界三大平面设计师"，也被西方设计界誉为"平面设计教父"。他是日本继龟仓雄策（Yusaku Kamekura）、早川良雄（Hayakawa Yoshio）等平面设计师之后的第二代平面设计大师。

福田繁雄从小就很喜欢漫画，并立志成为一名漫画家，但当时日本的学校还没开设漫画专业，他最终选择了图形设计作为自己的专业学习方向；1956年福田繁雄毕业于东京国家艺术大学设计系图案科，并到味之素公司（Ajinomoto）广告部门工作；1958年，福田繁雄离职参加了朋友河野鹰思（Takashi Kono）所创立的公司，之后开始了自由创业。

在学习工作实践过程中，福田繁雄逐渐发展出了自己的独特设计理念和作品风格。1966年，福田繁雄在布鲁塞尔国际平面设计双年展上获得了第一个国际大奖，开始逐步确立"福田式"的设计风格；1967年，35岁的福田繁雄在美国纽约IBM画廊首次举办个人展，随后其作品在欧洲、美国及日本等地广为展出；而后福田繁雄陆续获得波兰华沙国际海报双年展金赏奖（1972年）、Hdocaust国际会议海报比赛最优秀赏奖（1987年）、联合国教科文组织国际海报最高赏奖（1995年）、日本通产大臣设计功劳奖（1997年）等多项大奖。1982年，50岁的福田繁雄应美国耶鲁大学的邀请，担任客座讲师。同时，福田还是日本平面设计师协会（JAGDA）副会长、国际平面设计师联盟（TADC）委员、国际平面设计师联盟（GAI）会员、英国皇家艺术协会（RDI）会员。

第二次世界大战后因日本受到军事制裁，政府将重心转移到了国内民生和经济建设上来，设计也由战时的不受重视逐渐开始迎来发展转机，日本政府鼓励产品生产和发展设计技术，并凭借与美国、德国的关系，通过邀请知名设计家来日讲座和举办设计展览等方式，努力学习西方现代设计，包豪斯的相关设计理念也在此时得到了传播。日本本土的文化精神（如禅宗精神和日本民族重视细节、重视自然、讲究朴素等）和西方的设计理念（如美国的消费主义观、德国的理性主义观）相融合，并最终形成了日本设计重简约、重实用的特色。因此福田繁雄在扎根深厚的东方文化背景的基础上，也对西方设计方法、理念等有着较深刻的理解，这也是他的作品能被世界各国人们接受的原因之一。

福田繁雄的作品涵盖范围广泛，包括招贴、书籍装帧、插图插画、标志设计、建筑设计、壁画版画、工艺美术、雕塑雕刻、玩具设计、景观造型等，不过令他闻名世界的还是他的招贴设计作品。

福田繁雄的设计作品紧贴主题，设计理念独具匠心；形式简单凝练，色彩单纯明快、对比性强，有着强烈的视觉冲击力，能够紧紧地抓住观者视线；设计符号国际化，同时采用一些"福田式"的图形符号，独具个人风格却也能被全世界的人们接受和喜爱；富于浓郁的幽默感，能巧妙地表现出画面的主题和作品深度；设计作品主要源自于图形，以创意图形作载体，与其他设计载体（如雕塑雕刻、粘贴等）相结合，并结合时间、空间、材料等因素完成设计；将图底关系、异质同构、矛盾空间等视错觉原理"糅合"进自己的作品表达中，以此创作出了一系列兼具艺术性与精神性的作品。

福田繁雄对日本的设计影响较大，他之后的日本设计家们对他的设计进行了有选择的学习，一些设计师沿着他的设计之路结合日本文化特色继续推进日本设计，也有一些设计师批判性地对之进行学习，如在国际设计大赛中获奖无数的日本设计师斋藤城，试图改变福田繁雄内容大于形式的观点，创作出了各种不同表现形式的作品，但再也没有一位日本设计师如福田繁雄先生一样，在世界范围内受到如此之高的评价和赞誉。

代表作品评析：

1.《UCC 咖啡馆》

时间：1984 年

《UCC 咖啡馆》（图 7-1）[①]是同名招贴作品的其中一幅，画面色彩单纯，用了黑色、白色、橙色，图形由八个物体组成的同心圆构成，运用了图底关系原理。画面构成乍看很简单，但其实不然，占据画面图形大部分面积的是十八只向外的着黑色衣物的手臂握着咖啡杯，杯子用白色表现，杯中的咖啡颜色用黑色进行表达，外围手臂之间的背景、图形的圆心部位是向内伸出的十八只握着白色咖啡杯的手臂，图底之间较难确认明确，给观众的观看设置了难度，也因此增加了画面的趣味性。

图底关系，也被称为正负形、反转现象或视觉双关原理，它是格式塔心理学[②]提出的从视觉思维角度探讨绘画艺术的一种原理。最早将图底关系应用于视觉领域研究的是鲁宾，他提出了图形和背景（Figure and Ground）的区别，阿恩海姆、考夫卡从各自角度对图底关系进行了补充研究。"'图形'与'基底'

---

① （日）福田繁雄．福田繁雄：设计创想·图形意味 [M]．李红贵译．成都：四川美术出版社，2004：9.

② 格式塔心理学是西方现代心理学的主要流派之一，也被称为完形心理学，它源于 1921 年的德国，强调经验和行为的整体性，反对当时流行的构造主义元素学说和行为主义"刺激——反应"公式，认为整体不等于部分之和，意识不等于感觉元素的集合，行为不等于放射性的循环。代表人物有惠特海默（M．Wertheimer，1880～1943）、考夫卡（K．Koff ka，1886～1941）、苛勒（W．Kohler，1887～1967）、勒温（K.Lewin，1890～1947）

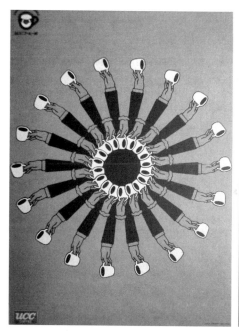

图 7-1 招贴画《UCC 咖啡馆》, 1984 年（左）
图 7-2 《故宫西洋钟表展》, 1990 年（右）

之间的关系，实际上就是指一个封闭的式样与另一个和它同质的非封闭的背景之间的关系。"[①]

图底关系的确认受到了图形本身这种客观元素和观者这种主观元素的制约。"凡是被封闭的面，都容易被看成'图'，而封闭这个面的另一个面总是被看成'基底'"。[②]面积较小、相对较封闭的面容易被认为是"图"，看上去连续的、没有边界的、轮廓线十分简单的大面积通常被认为是"底"；相对较规律的图形易被认为是"图"，反之为"底"；在知觉上有意义的图形易被认为是"图"，反之为"底"；内部区域质地密集坚硬的图形常被看成是"图"，反之者为"底"；凸起的图形更容易被看成"图"，凹进部分容易被看成"底"；光波较长的色彩（如红色）区域更容易被看成"图"，光谱上光波较短的色彩（如蓝色）区域容易被看成"底"；在知觉上较优美者一般易被确认为"图"，而相反者易被确认为"底"。

"图""底"关系主要分为几类：一是稳定的图底关系；二是图底居于同等地位，图底能同时吸引我们的视线并相继占据主导；三是图底关系的多义性，图底相互交错，使得观众很难辨别出画面占主导地位的"图"，对观众辨别能力是一种挑战，也增加了画面的趣味性。福田繁雄先生的作品就很好地利用了图底关系的多义性来设计自己的作品。[③]

福田繁雄运用了图底关系的作品还有很多，如 1990 年创作的《故宫西洋钟表展》（图 7-2）[④]，画面采用了黄、紫两种色彩，画面仍然以圆形构成主体图形，画面中组成圆形的是十二个着中国传统服装、梳着长辫右手向斜

① （美）鲁道夫·阿恩海姆. 艺术与视知觉 [M]. 滕守尧，朱疆源译. 成都：四川人民出版社，1998：308.
② 同上 .p302。
③ 冯维玲. 浅析图——底关系在平面设计中的运用 [J]. 商业文化，2011：223.
④ （日）福田繁雄. 福田繁雄：设计创想·图形意味 [M]. 李红贵译. 成都：四川美术出版社，2004：27.

上方举起的黄色小人，代表的是钟表的 12 个指针，画面的图形在这里还没有结束，因为在圆心部位的紫色背景部位又出现了另外 12 个图形，这个图形是外围中国人的头胸部部位的缩小版，他们的手指和头的方向朝向了圆心部位。通过图底关系原理，虽然只是简单地色彩却造就了内容丰富、耐人寻味的画面。

2.《市民第九交响乐》（其中一幅）

时间：1994 年

在《市民第九交响乐》（图 7-3）[①]中，主要采用了黑白两色，福田用贝多芬头像作为基本形态，用各种运动状态的人置换了贝多芬的头发，虽然从整体上看，基本的人物形象并没有变，但细节及内涵却发生了很大的变化。音乐本身带给人的无限的感受和回味，在画面中得到了很好的诠释，这对音乐作品本身也进行了新的阐释。这种表现方式被称为"异质同构"。

异质同构理论是格式塔心理学中的一个重要概念。格式塔心理学认为虽然物理世界和心理世界的质料不完全相同，但世界万物包括人的心理世界都表现出一种力的结构，力的样式被称为"场"。当物理世界和人的心理世界的力的结构达到同形契合或事物的力的式样相同时，就可达到"异质同构"。

由格式塔心理学动力场论引申出了艺术设计中的的图形的创意方式——"异质同构"。

艺术设计中的"异质同构"指的是"用一种元素的形去破坏或者去嫁接另一种元素，使两者之间产生冲突和连接，而产生新的视觉形态，削弱形的作用而强调意的存在。"[②]其中的"质"指的是性质、结构和质感。简单说来，就是把不同的视觉形象加以结合，生成另外一个全新的图形形式，进而产生出一种全新的视觉效果和意义。

福田繁雄善于将异质同构的理念运用于自己的设计作品中，主要采用了置换的表现形式。福田繁雄通常会选择一个简单而常见的图形，并根据自己的创意选择一些元素对这个图形进行部分置换，虽然最后只是简单地改变了其中的一部分，但新形成的图形却有了新的寓意和深度。因为都选取了同样的基本图形来进行变换，所以一般都以系列作品的形式出现，且整体风格仍趋于一致。

类似的代表作品还有《F》海报系列（此处选择其中一幅，福田繁雄设计馆展，2002）（图 7-4）[③]。在《F》海报系列中，福田繁雄以自己名字的首字母"F"为基本型，根据主题内容用正反倒置的人物、动物、地图、线描握手图、几何图形等对字母轮廓内部进行了填充，字母本身也有二维、三维的表现，运用了矛盾空间、图底反转等视错觉原理和手法。

---

① （日）福田繁雄.福田繁雄：设计创想·图形意味 [M].李红贵译.成都：四川美术出版社，2004：92.
② 朱淑姣，吴卫.同质异构和异质同构在图形创意中的符号学解析 [J].河南商业高等专科学校学报，2008：109.
③ （日）福田繁雄.福田繁雄：设计创想·图形意味 [M].李红贵译.成都：四川美术出版社，2004：84.

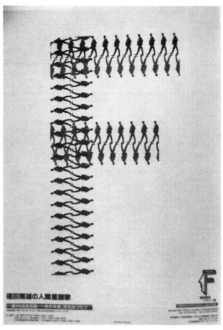

图 7-3 《市民第九交响乐》系列中的一幅，1994年（左）

图 7-4 《F》海报系列中的一幅，福田繁雄设计馆展，2002年（右）

3.《国际插图双年展》

时间：1986 年

《国际插图双年展》（图 7-5）[①]表现了一个矛盾空间，画面表现的是房屋的一个转角部分，画面中的人物鞋子丢在地上，主角却像站在地面一样站在了竖直的墙面上，弯下腰观看墙面上的窗口，被他观看的画面也不是一般的画面，而是又一幅上述画面的缩写，同样画面中的主角又在看另一个空间，又是另一个缩写版，二度缩写版的主角看的空间是第三个缩写版。这幅画面表现出了一个平面立体混淆的空间，同时空间中又有另外空间的本身也是不存在的空间。画面同样色彩简单，基本只运用了黑白两色。

矛盾空间，是指在二维的平面上表现出三维的空间，但这个三维的立体效果又是不合常理的、让人觉得模棱两可的，因此而导致了空间的混乱状态，也使得画面中产生了介于二维与三维空间中的另一个空间。

福田繁雄是"玩弄"矛盾空间的高手，他善于利用二维与三维之间的这种模糊界限为自己的构思寻找表现的方式，从而使自己的构思与表现进行了完美的结合，也使自己的作品表现出了一种梦幻的空间感，引起了观者的好奇心。

类似的代表作品还有 1987 年的《福田繁雄展》（图 7-6）[②]，画面表现了四个相连的立方体柱子，但柱子的下部结构的奇异感迷惑住了观者的眼睛，画面中着蓝色、红色裙子的两位女孩的迈入也增强了这种奇异感的效果。

① （日）福田繁雄 . 福田繁雄：设计创想·图形意味 [M]. 李红贵译 . 成都：四川美术出版社，2004：13.
② 同上：15。

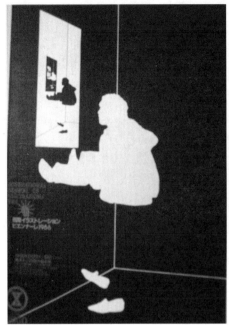
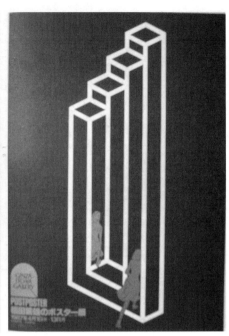

图 7-5 《国际插图双年展》，1986 年（左）
图 7-6 《福田繁雄展》，1987 年（右）

4.《福田在波兰》（FUKUDA IN POLAND）

时间：1995 年

福田繁雄的作品有着自己鲜明的个性，他的作品也带有很多特有的视觉符号。福田繁雄在创作设计作品时，用这些特色符号按照不同场合、不同要求加

图 7-7 《福 田 在 波 兰》(Fukuda in Poland)，1995 年

入其他元素，这些特色符号的加入使得福田繁雄的作品形成了自己特有的个性和独特的视觉语言。

《福田在波兰》（图 7-7）[①]表现了一个男人的衬衣领和领带，画面图形简单，色彩单纯，只用了黑、绿两色，让人忍俊不禁的是男人的领带，是由一只穿皮鞋的男人腿和一只穿高跟鞋的女人腿缠绕而成。

腿的图形在福田繁雄的作品中出现较多。海报设计"1979 福田繁雄插图作品展"中用了正负形的方法描绘舞蹈中的男性和女性的腿，一上一下具有错视的特征。在海报作品"1981 费加罗的婚礼"中，用到了缠绕着的男人腿和女人腿，组成一个音符表现

① （日）福田繁雄. 福田繁雄：设计创想·图形意味 [M]. 李红贵译. 成都：四川美术出版社，2004：52.

了婚礼的欢乐气氛和新人甜蜜的爱情。福田繁雄每次为别人签名留念时，也总是会将自己的名字和一对反转的男女各一条腿的形象连接在一起。

此外，经常出现在福田繁雄作品中的还有 F 形，翻卷着的纸、手、硬边地球，能源，植物等图形符号，这些个性化符号成了福田繁雄作品的特色，充实了福田先生的作品，使之变得更丰富、更有个性了。

5.《视觉游戏》

时间：1985 年

《视觉游戏》（图7-8）[①]用红、绿、黑、白四色表现了一个拉长的弯曲的小狗玩皮球，球和狗一起组成了一个大大的问号，作品也用到了视错觉原理，画面上部狗的背部拉伸到下部时，却成了小狗的腿，在观众还未留神之际就已经将小狗的身体悄然地翻转了。画面充满了诙谐的意味，调皮的小狗为了玩球，甚至将自己的身体翻转拉长到不正常比例也在所不惜。

设计作品是直接面向大众的，在设计作品体现出的诙谐和幽默感无疑是吸引观众的一个重要原因，让大众有兴趣的正是"与日常见闻有所不同的、能引起好奇心的、富有刺激性的

图 7-8　《视觉游戏》，1985 年

不寻常的事"[②]。设计作品中的诙谐和幽默感体现出来的不仅仅是生理的愉悦，它还包含着设计师本人的人生态度和价值信念。福田繁雄是个个性幽默的人，他认为，作品应该要主动去发现与表现趣味："人们都拥有'喜怒哀乐'的感情，我们要将其中的'乐'时常保持在心中，不管多么负面的信息也好，都要尽可能透过开朗、有趣的手法去创作，去花心思好好思考。"[③]

田中一光先生也曾评价说："福田繁雄的创作没有苦涩，也没有徒劳的曲折。基调幽默，充满着嬉嬉之感……"[④]福田繁雄类似的作品还有《地球日快乐》（1982）、《1945 年的胜利》（1975）等。

福田繁雄总是将自身的幽默感与形式简单而意味深长的画面结合到一起。他的设计作品诙谐，但主题却是严肃的，画面中常常还充满着很多的奇思妙想。让人笑过之后，最终领悟到深层次的哲理。

① （日）福田繁雄．福田繁雄：设计创想·图形意味 [M]．李红贵译．成都：四川美术出版社，2004：11.
② 皮埃尔·布厄迪尔，汉斯·哈克．自由交流 [M]．北京：三联书店，1996：21.
③ （日）福田繁雄．福田繁雄：设计创想·图形意味 [M]．李红贵译．成都：四川美术出版社，2004：103.
④ （日）佐山一郎．设计大师的对话——日本二十五位一线专家的真知灼见 [M]．上海：人民美术出版社，2006.

参考文献

[1] （日）福田繁雄.福田繁雄:设计创想·图形意味[M].李红贵译.成都:四川美术出版社，2004.

[2] 广州美术学院设计分院.你好再见：福田繁雄广州美术学院讲学实录[M].广州：岭南美术出版社，2002.

[3] （美）鲁道夫·阿恩海姆.艺术与视知觉[M].孟沛欣译.长沙：湖南美术出版社，2008.

[4] （美）库尔特·考夫卡.格式塔心理学原理[M].李维译.北京：北京大学出版社，2010.

[5] 张玉华.视错觉的研究及应用[D].济南：山东建筑大学，2010.

[6] 陈帅.福田繁雄招贴方法研究[D].济南：山东大学，2010.

（蒲艳）

8 理查德·罗杰斯（Richard Rogers）

"罗杰斯选取恰当的建筑材料，通过纯熟的建筑技巧，将他对建筑的喜爱之情表达出来。他精湛的技巧不仅使建筑成为一件艺术精品，更重要的是，这种做法可以使建筑更科学、更经济地发挥效能，为当代建筑的健康发展提供了一个方向。"[1]这是普利兹克建筑奖（Pritzker Architecture Prize）评委会对 2007 年获奖者英国建筑师理查德·罗杰斯（Richard Rogers）（图 8-1）[2]工作表现的中肯评价。

理查德·罗杰斯于 1933 年出生于意大利佛罗伦萨，他的家庭是迁居于意大利的英国贵族。多位家族成员的影响及理性与艺术结合的家庭氛围潜移默化地熏陶了罗杰斯的艺术素养，使其在日后的事业中受益匪浅。他先后在伦敦 AA 建筑学院（Architectural Association School of Architecture）和美国耶鲁大学（Yale University USA）学习建筑，这期间的学习直接影响了他的建筑理念。1962 年学成归国，开始了他的建筑生涯。经过四人工作室时期（Team 4）、夫妻工作室时期、与伦佐·皮亚诺（Renzo Piano）合作时期，直至罗杰斯合伙人事务所时期，推出的许多优秀作品因实用性及适应性而引人注目，并逐步形成了稳定的个人风格。1977 年与意大利建筑师伦佐·皮亚诺共同设计的巴黎蓬皮杜中心（Centre Pompidou，France，Paris，1971~1977）以结构、技术和运动三者结合的高姿态挑衅了传统的建筑理念，被标榜上"高技派"（High-Tech）[3]大师称号的罗杰斯自此闻名于世。但是罗杰斯仅以高科技为工具，他的作品更多地体现了高技派观念与可持续发展目标二者之间的结合，他一直关注不断进步的新技术、新工艺，又考虑到新材料的循环利用性，以减少能源消耗和环境污染，在对环境文化问题上更多地表现出"人文主义者"的精神。

图 8-1　理查德·罗杰斯（1933~　），英国建筑师，出生于意大利佛罗伦萨，2007 年获普利兹克建筑大奖

---

① http：//www.pritzkerprize.com/full_new_site/rogers/mediareleases/07_media_kit_3-19：df.

② http：//www.pritzkerprize.com/laureates/2007.

③ 高技派（High-Tech）亦称"重技派"。突出当代工业技术成就，并在建筑形体和室内环境设计中加以炫耀，崇尚"机械美"，在室内暴露梁板、网架等结构构件以及风管、线缆等各种设备和管道，强调工艺技术与时代感。

首先，他的建筑作品合理利用科技创造出精致绝伦的艺术形象。他说："诱惑对于任何东西都是很重要的：细节的诱惑是感官上的，是建筑中诗意的一部分，是在建筑中听到的音乐。"[1]他追求各项技术材料和设备不加遮掩的以极端化方式进行自我表现，超越它们本身的现实内涵，具备审美符号的诱惑力形象。充分袒露的管道设备、表皮材料的光影变化、夸张拉伸的杆件、五彩缤纷的色彩构成、异乎常规尺度的铆接节点等技术构件形象，通过精致缜密的工艺技巧，塑造成具有灵活性、持续性、可变性的拼装式"弹性结构"（Elasticity Structural）[2]建筑。这些饱含天然视觉表现力的建筑细部的诱惑配合生动活泼的建筑形象，在满足当今人们求新逐异的审美心理下，也唤起了人们关注到技术工艺本身所具有的艺术之美。

其次，他以智能技术为支点使建筑返归于自然体系的精神诉求之中。罗杰斯认为，灵活、持久、节能才是建筑设计最基本的态度。建筑物需利用可持续性的生态化智能技术，尽量减少对含碳燃料的消耗，使用可再生的资源。他通过智能表皮、建筑结构形式及构成的综合作用创造开放的交互式空间，实现建筑与社会、自然和心灵的融合共生，满足人们物质与精神上的双重需求。罗杰斯偏爱于利用弹性结构的灵活拼装性来延长建筑的生命力，还善于运用如镀膜玻璃、感光百叶、感光铝板等最具表现光的微妙变化的光敏材料构件，并设计自动控温的"热敏反应智能系统"，安置在接受日光最多的位置，使自然采光最大化，强化自然通风，控制太阳热的吸收和损失，达到技术与资源的和谐。智能外墙系统采用对外界温度、光照条件和用户需要随机反应的仿生墙，透明与半透明材质的相互作用，使建筑产生虚幻莫测的视觉美感。在以材质柔和的本色基础上，他又有意地采用纯度极高、表现力极强的红、黄、蓝三原色和粉红、翠绿等高亮度的颜色作为建筑外露设备或部分墙面的色彩，与各种绿色植物要素合乎适宜地穿插布置在建筑各体量当中，引发人们强烈的情感共鸣和审美享受。

再者，英国人特有的经验主义哲学意蕴渗透在罗杰斯理性的建筑审美观之中，使其在技术审美基础上的实际创作中传达深厚的时代文化精神，同时还兼有明晰的地域风貌和城市内质。他提出"紧凑型城市"[3]的理念，主张城市应尽可能地进行高密集化和多变化多功能性设计，发展小型、简洁、合理的建筑，制定出科学的、可持续的城市发展计划。他力求将创造性的思维和最尖端的建筑技术复归于地方传统历史文化的底蕴之中，萃取持续的生命力与人文气息，提炼出个性的艺术化建筑形象以颠覆总体均质化的区域面貌，激活与拓展街区空间形式和景观层次的同时，提升并逾越整个城市的历史文化内涵，真诚地为

---

① 大师系列丛书编辑部. 大师系列第二辑：理查德·罗杰斯的作品与思想 [M]. 北京：中国电力出版社，2005：16.

② 弹性结构，即指运用当下先进的技术成果和构造技术创造出一种舱体式的预制单元，这些单元之间大多是铆接的，能够比较便捷地在施工现场组装和拆卸。

③ 紧凑型城市（Compact City）：一个密集而多样变化的城市中，经济和社会活动互相重叠，社区以邻里作为聚集的中心。

人们营造一个充满魅力的现代人文城市。

罗杰斯的建筑作品以前瞻性的姿态将作为手段的技术工艺升华为智能化的艺术技术。参差多态的作品中体现出来的技术审美内容，正是以新材料、新能源技术为主的后工业化社会技术模式在建筑界的具体体现，深邃的技术美学精神结合文化内涵流露出的人性之美，为当代建筑界的技术表达提供了一种可行性选择。

代表作品评析：

1. 伦敦劳埃德大厦（Lloyds Building）

时间：1978~1986 年

地点：英国伦敦

1977 年罗杰斯成立了理查德·罗杰斯合伙人事务所后，他的建筑事业进入又一个转折点。继巴黎蓬皮杜艺术中心之后再次因劳埃德保险公司办公楼内外反转的形象（图 8-2、图 8-3）[①]引起了褒贬不一的争论。但作为罗杰斯表现主义风格的标志性建筑，这种向内集中的内部结构十分符合保险公司本质上的私密性，它因此被认为是 20 世纪末最伟大的建筑作品之一。

劳埃德大厦处于陈旧的商业中心与鳞次栉比的现代高楼之间的不规则交接点上，以钢铁阶梯盘旋在建筑外面的怪异造型打破了周围传统街区的平静和谐，采用逐层退缩的形式与周围地区的建筑相互协调，为伦敦的天际线增添了戏剧性的一笔。劳埃德大厦为玻璃钢骨结构，罗杰斯运用了"弹性结构"，将服务空间与被服务空间分离，在不规则的基地中配置简单的长方形平面规

图 8-2　劳埃德大厦结构轴测图（1978~1986），坐落于英国伦敦（London），获1987 年金融时报"建筑工作"奖、混凝土协会表彰、年度伦敦市民信任奖、国际建筑师协会奖、1988年 PA 建筑设计与结构创新奖、1989 年埃泰尼公司第八届国际建筑奖（左）

图 8-3　劳埃德大厦剖面图（右）

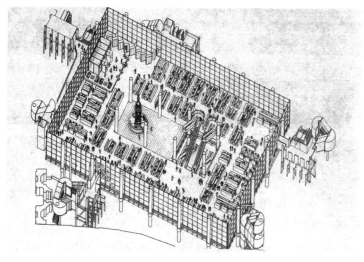

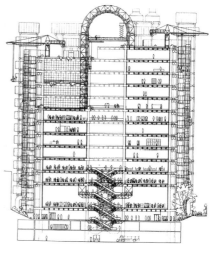

---

① http://www.greatbuildings.com/buildings/Lloyds_Building.html.

则主体空间，用楼梯、电梯及各种管线设备等固定设施作为服务空间去填充剩余的边缘空间，并布置在主楼的外侧，形成6座不锈钢插入式舱体塔楼，以实现土地使用效率的最大化，尽量避免对环境造成的冲击。整个建筑物犹如在框架之中，其灵活性和伸缩性，既利于拆修整换，又创造了完整的更大的内部使用空间。

大量外露的钢铁、设备管道、玻璃使得窗户、墙面和女儿墙等传统建筑立面构成因素全部消失了（图8-4）[①]。入口处的雨篷及各设备管道表皮材质的纹理极其显明，每一根管线上分段焊接的技术工艺痕迹以粗野的、未经雕琢的方式暴露在人们的视野之中，将工艺手段的艺术之美淋漓尽致地展现了出来。中央挑高的中庭结合拱形的屋顶设计，交易大厅中裸露的巨大钢筋混凝土梁柱及顶棚，储存夜晚的冷量而吸收白天的热量，实现与周围温度的平衡。全部覆面的玻璃格窗使建筑看上去像是一个晶莹剔透的水晶体，不仅让室内随光线的强度自动调节控制还能增加自然采光量，还改变玻璃单一的功能使其具有外墙一样挡风遮雨的坚固作用。整个建筑形象时而若隐若现、虚实相生，时而又清晰可见、轮廓分明，有出其不意的效果。空调系统的高质量与建筑的自然通风系统设计从整体上降低了建筑的能耗。

罗杰斯在分析劳埃德大厦的创作理念时说："人们可以通过建筑的每个部分去认知它的制造、建成、维护和最后的拆迁过程，认知建筑的怎样、为什么和什么的问题。"[②]劳埃德大厦强调的是一种建筑创作中不断变化、延伸的艺术过程，在一定程度上反映着罗杰斯在构造细节上的智慧及技术上的精美。钢化玻璃与精密的不锈钢板材能产生柔和的漫射光，钢结构的轻捷灵巧加精致布局的节点构造，突破了凝固式的审美方式，无穷尽的过程性顺应了人们期待变化不定、随时性的审美理念，成为代表当时社会发展为主的装饰性建筑物，为现代建筑的持续性开辟了方向（图8-5）[③]。

图8-4　劳埃德大厦外部
（左）
图8-5　劳埃德大厦内的
混凝土结构（右）

① http：//www.rsh-p.com/work/all_projects/lloyd_s_of_london/completed.
② 王冬．劳埃德大厦：一个矛盾的现象——对劳埃德大厦的建筑评论 [J]．华中建筑，1998（16）.
③ 大师系列丛书编辑部．大师系列第二辑——理查德·罗杰斯的作品与思想 [M]．北京：中国电力出版社，2005：59.

2. 伦敦第四频道电视台总部（Channel 4 Television Headquarters）

时间：1990~1994 年

地点：英国伦敦

海德格尔在《人，诗意地安居》一书中说过："那让我们安居的诗的创造，就是一种建筑。"[①]20 世纪 90 年代，罗杰斯开始以城市公共空间为出发点，从技术至上时期转变为用科学的技术形式为人们营造一个诗意化、人性化的生活空间。他力图将自然植物要素引入建筑的内部空间、形体和周围环境中，以此调动并活跃空间情趣。英国伦敦的第四频道电视台总部大楼很好地体现了罗杰斯用技术实现人与自然亲和的新思想。

第四频道电视台总部大楼（图 8-6）[②]位于赫斯菲里路（Horseferry Road）上一个多功能发展用地的转角处。建筑面积约有 15000 平方米，包括总部大楼、广播套间、演播室、一个地下停车场及花园广场的景观设计。因总部大楼位于西、北两面，居住区则沿着其他两面，建筑面对着一个街道的转角，入口有一个开阔的空间（图 8-7）[③]。罗杰斯按几何学特征将大楼分成三个部分，主入口部分和伸向两侧的四层翼楼，左方依次叠放四个会议室，右方是电梯、锅炉烟道和制冷机机房，顶端安装着传送天线。在连接处，他设计了与立方体衔接的椭

图 8-6 第四频道电视台总部大楼（1990~1994），坐落于英国伦敦（London），获 1995 年皇家美术委员会大奖，英国皇家建筑师学会国内建筑奖，1996 年英国 BBC 建筑设计大赛最终方案奖（左）

图 8-7 第四频道电视台总部入口部分（右）

① 海德格尔. 人，诗意地安居 [M]. 郜元宝译. 桂林：广西师范大学出版社，2007：71.

② http：//www.rsh-p.com/render.aspx?siteID=1&navIDs=1，4，1617&filter=24.

③ http：//www.rsh-p.com/rshp_home.

圆形插入式舱体塔楼，塔楼通过主体部分的分点铆接及纵向各舱体直接用大螺栓的连接，形成一个通过线面构件搭配的混凝土框架结构，钢结构主要采用棕红色。这种合理利用建筑资源的集约型布局设计，既造就了整个大楼的灵活性，又能大大提高建筑的使用效率和视觉吸引力。入口处由几根纤细的钢杆支撑起长椭圆形的半透明感光玻璃制成的篷顶，轻透精巧的艺术形象营造了一种动态的光影美，配合曲面玻璃幕墙成为整个大厦的一大亮点，吸引着人们的视线经阶梯斜道向大厦内部延伸。

在建筑物密集区域地带，大楼主体运用大玻璃和玻璃砖将虚幻美发挥到了极致，创造了一个既安全透明又宽敞明亮的空间，轻的网筛遮光板被应用到办公室窗户的底层外立面，以减少强光并达到节约能源的标准。中央围绕成的半开敞式花园如同一个避风港，罗杰斯在其中精心设置了大片的树木、地被植物、雕塑等，花园的绿色景观设计与建筑的布局相呼应。他还在建筑的四层上设计了一个可以俯瞰整个花园美丽景色的曲线形咖啡厅，它与花园正面相对，完全敞开，空间设计上摆脱了传统咖啡厅模式，在继承中蕴含着新意。宜人的环境和动态的建筑形象，可以有效缓解工作者的精神压力，这种人性化的建筑设计为这个总部大楼增添了不少魅力，从精神层面丰富了城市文化的内容，让城市充满灵动的活力。

3. 欧洲人权法院（European Court of Human Rights）

时间：1989~1995 年

地点：法国斯特拉斯堡（Strasbourg）

基于 1950 年"欧洲保障人权和基本自由公约"而创设的欧洲人权法院，20 世纪 80 年代废弃了其原来的总部，计划在斯特拉斯堡（Strasbourg）建造一座位于西欧中心的总部大楼。罗杰斯受委托对其进行设计，以此代表欧盟在人权上的态度。法院事物的本性暗示着该建筑应该是一个表达人民意愿与意志的媒介，仁善的同时保持着适当的尊严，因此罗杰斯拟建造一个地标性建筑而不是一座纪念碑。

建筑场地位于法国斯特拉斯堡的一条主要河流岸边，远离城市中心。出于法庭及委员会两个主要功能的需要，整个建筑因地制宜设计了一个如同首尾衔接的大船（图 8-8、图 8-9）[①]，依靠在风景秀丽的弯曲河岸旁。法院和委员会两个主要部门，占据了两个饰面不锈钢板的圆，位于建筑的前部，与之衔接的是一个透明的钢框架与玻璃幕墙构建的门庭，可以欣赏到不同角度的河景。这三部分在平面上是大小不同的圆相交形状，独具意味。建筑尾部被分成两部分，包括办公室和行政部门以及法官内庭。这种设计方案利用独立管理达到功能分布清楚明晰。除了石砌圆形大厅的主要公共空间使用经济型热交换系统的空调

---

① 大师系列丛书编辑部.大师系列第二辑——理查德·罗杰斯的作品与思想[M].北京：中国电力出版社，2005：63，67.

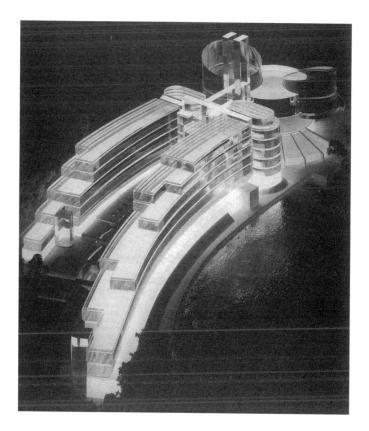

图 8-8 欧洲人权法院模型效果图（1989~1995），坐落于法国斯特拉斯堡 (Strasbourg)

设备，其余部分都依靠自然通风和艺术天窗采光。

　　建筑内部弯曲的楼梯悬挂于空中，看起来优雅轻盈，罗杰斯采用了金属预制板踏步、弧形钢管扶手、光亮如镜的玻璃栏板，以精准的构造工艺将它们铆接在一起，形成了一个个缜密风格的构件单元，那些斑斓、醒目的红蓝色彩的构成散发着蒙德里安式（Mondrian）的理性气质。暴露在外的硕大圆形屋顶结构（图 8-10）[①]，借助浓艳的红色及严谨的工艺构成建筑艺术形象的活跃要素。总之，罗杰斯将精密的工艺技巧变成艺术展示的目的，不仅给人们带来丰富的视觉感受和情感体验，更以其强烈的视觉诱惑力传达给人沉稳、冷静的审美愉悦。

　　为营造一座拥有人文气息，给人以安全感的建筑，罗杰斯极其重视建筑的质量以及建筑与周围自然环境的和谐统一。他有意地将自然元素引入到建筑各部分之中。在建筑主体两侧立面的不锈钢表皮和遮阳板的外墙上，移植了一簇簇绿色植物爬藤倒泻而下，作为建筑立面的构成元素，为冷寂的建筑技术形象增添了人性的柔美和大自然的清新嫣然。行政部分设置了栽培箱，使得建筑与景观相融合，其中的水景还能对内部空间起到降温作用。该建筑整体的设计让人们感悟到建筑技术与自然的和谐共生，透射出了当今社会所倡导的人、技术、自然协调发展的生态观念。这不仅是罗杰斯建筑设计生涯中的一个重要里程碑，也是树立欧洲新形象的标志性建筑之一。

---

① http：//www.rsh-p.com/work/all_projects/european_court_of_human_rights.

图 8-9 欧洲人权法院立面
景观（左）
图 8-10 欧洲人权法院法
院建筑内部（右）

参考文献

[1] Kenneth Powell.Richard Rogers complete works volume [M]. London：Phaidon Press LTD，2006.

[2] 大师系列丛书编辑部 . 大师系列第二辑——理查德·罗杰斯的作品与思想 [M]. 北京：中国电力出版社，2005.

[3] 王冬 . 劳埃德大厦：一个矛盾的现象——对劳埃德大厦的建筑评论 [J]. 华中建筑，1998（16）.

[4] （德)海德格尔 . 人，诗意地安居 [M]. 第二版 . 郜元宝译 . 桂林：广西师范大学出版社，2007.

[5] 刘松茯，程世卓 . 普利茨克建筑获奖者建筑师系列——理查德·罗杰斯 [M]. 北京：中国建筑工业出版社，2008.

[6] （英）理查德·罗杰斯，菲利普·古姆齐德简 . 小小地球上的城市 [M]. 仲德崑译 . 北京：中国建筑工业出版社，2004.

网络资源

[1] http：//www.pritzkerprize.com/full_new_site/rogers/mediareleases/07_media_kit_3-19.pdf.

[2] http：//www.rsh-p.com/render.aspx?siteID=1&navIDs=1，2.

[3] http：//www.greatbuildings.com/buildings/Lloyds_Building.html.

[4] http：//www.pritzkerprize.com/laureates/2007.

（唐倍）

9 玛丽官（Mary Quant）

1934 年 2 月 11 日玛丽官（Mary Quant）（图 9-1）[①]出生在英国威尔士的一个教师家庭。第二次世界大战爆发后，玛丽官举家迁往英国东海岸躲避战争，由于居无定所，她几乎没有机会上学，为了维持生计，她和弟弟甚至做起向游客兜售帆船驾驶技巧的生意。原本充满欢笑的童年被战争打断，却也培养出玛丽官天生乐观坚强的性格。1940 年，玛丽官因出麻疹卧床在家，为打发闲暇时光，她用指甲刀将床单剪成一条漂亮的裙子，初步展露设计天分。1951 年玛丽官中学毕业，尽管父母强烈反对，她仍然坚持选择伦敦金饰学院（Gold Smith's College），并将艺术作为日

图 9-1　玛丽官（Mary Quant）

后的职业。毕业后，加入帽商埃里克的工作室，专门负责为青年人设计时装。在潜心研究青年群体需求后，她发现了一直被忽视的"青年消费市场"。1955 年，21 岁的玛丽官和丈夫亚历山大·普伦凯特·格林（Alexander Plunket Greene）在伦敦切尔西区著名的国王大道创立第一家"巴萨（Bazaar）"精品店，服务对象正是前卫的青年一代。店内不仅提供流行时装，另有许多潮流饰物供搭配。当时的切尔西是新兴中产阶级的聚集地，朝气蓬勃的年轻人期望打破旧式观念，玛丽官就采用花点、方格组合和条纹绘制出简洁的设计，晚上请裁缝做好，第二天便把成品拿到店内售卖，及时推陈出新的时装受到中产阶级青年的追捧，大量订单纷至沓来。1961 年玛丽官在伦敦骑士桥（Knights Bridge）地区开设第二家"巴萨"店，开始尝试批量销售时装，获得了丰厚的经济收益。

20 世纪 60 年代中期，玛丽官推出以迷你裙为标志的"切尔西女孩"（Chelsea Girl）样式风靡英伦。她将裙子从膝盖以下提升得越来越短，最终成为迷你裙。清新活力的迷你裙赢得了年轻女孩的青睐，玛丽官被誉为"迷你裙之母"。1963 年，玛丽官成立"活力公司"，采用黑白雏菊图案作品牌标识，以年轻、标新立异的风尚来满足青年人的渴望。1965 年，玛丽官应邀访问美国，受到美国年轻人的狂热欢迎，推动了迷你裙在全世界范围迅速流行。

---

① http://www.chrisbeetlesfinephotographs.com/gallery/photographs/mary-quant-1963.html.

　　玛丽官不仅仅是一位时装设计师，还是一位彩妆大师，更是一位成功的商人。

　　首先，她是大批量成衣生产的先锋，而不是束之高阁的高级时装定制师。在玛丽官开拓分店业务期间，大量订单让她尝试采用新的销售方式来缓解生产压力，即批发她的个人设计作品。1963 年，玛丽官还成立了一个核心小组专门负责大批量服装生产。虽然玛丽官在商界资历仅算得上是业余，但她在服装设计、店面展示、时装销售等方面却拥有惊人的天赋，例如从 20 世纪 50 年代起，她已经建立起一套完整的销售渠道；她摒弃传统服装发布会上沉闷约束的氛围，让身穿时装的模特儿在爵士乐的萦绕中自由回荡在店内，此举立即吸引住少女们的目光。在充实有效的财力支持下，玛丽官以打破常规的天性从时装零售业的结构变化中获益。

　　其次，她是多才多艺的弄潮儿，敢于尝试商业化品牌运作和管理。长期以来，时装设计师总是禁锢在规则里设计服装，并未重视与时装搭配的彩妆，令那些身着鲜亮时装的模特总找不到足以匹配时装的妆容色调，1966 年玛丽官立即决定开发化妆品牌（图 9-2）[①]，用来搭配自家时装，正好符合她强调"整体面貌"（Total Look）的时尚设计理念。玛丽官是 20 世纪整个 60 年代时装设计界的风向标，却在 20 世纪 70 年代急流勇退。20 世纪 70 年代末，她出售了时装业务，将精力全部投入到其更感兴趣的化妆品事业中。如今，尽管玛丽官时装已被纷至而来的后继者抢去精彩，但"黑白小雏菊"商标仍然在日本青年消费市场上举足轻重。

　　最后，她是一位沉稳大气的开拓者。玛丽官常被人认为是迷你超短裙的发明者，而实际上法国设计师安德烈·库雷热（Andre Courreges）才是第一个将裙摆提高到膝上的设计师，只是玛丽官对迷你裙的诠释比原作更为大胆，并将之推广到全世界范围。对于迷你裙首创人的问题，玛丽官从未自诩是迷你裙的

图 9-2　Mary Quant 化妆品服饰店

① http：//draffinbears.blogspot.com.au/2011/02/window-shopping-in-london.html.

开启者，仅把自己看做是这股迷你裙潮流中的一员。她堪称是其中最勇敢的弄潮儿。

玛丽官是 20 世纪 60 年代最典型的时装设计师。她不走寻常路，令人惊叹；她奇思妙想，令人着迷。她质疑规则，不妄言却善动脑，在时尚潮流里，她注定是先锋，而我们是追随者。

代表作品评析：

1. 迷你裙

西奥多·阿多诺在《美学理论》中提出，时尚是一种将艺术多样的幻影同产生它的特殊的历史条件联系在一起的他律的原则，表明了处于生产条件之下的艺术作品的含义属于其历史时期。[①] 20 世纪 60 年代西方是大动荡和大变革的世界，由于大部分青年都是在 20 世纪 40 年代"婴儿潮"中出生的年轻一代，相比父辈经历过战争洗礼和经济萧条冲刷，他们在富足和平的环境中成长，良好的教育背景使他们善于思考，社会物质产品的丰富令他们花钱如流水，消费和享乐成为人生的主题。在这种社会背景下，年轻人藐视一切传统，反抗所有成规，拒绝一切战争，崇尚政治、文化、心灵的自由。年轻人们喜欢新异的服装和喧闹的摇滚乐，并以此发泄着内心的狂热，多样化逐渐成为 20 世纪 60 年代流行服饰的特点。此时英国崛起的亚文化团体"摩登派"（Mods）更是创造了一种表面上保守却具颠覆性的文化。由于大多数"摩登派"来自于工人阶级家庭，在生活中受到很多限制，他们希望创造一种幻想的生活来获得解放，即"风格就是主旨，瞬间就是一切"。简洁流畅的线条、造型瘦小的夹克、尖头皮鞋成为摩登派标志，一辆意大利韦士柏（Vespa）或蓝美达（Lambretta）牌摩托车更是"摩登派"男性的身份象征。不过，这种极端的时尚大多集中表现于男性身上，"摩登派"女性却成为时尚中被忽略的一群，她们仍然是蓄着长发，穿着紧身裙和黑白丝袜四处摇荡。毫无疑问，年轻女性急需新形象来表达自由精神。

事实上，第二次世界大战后的英国家庭仍然是传统家长制管理。不过，恢复重建工作对劳动力的大量需求让女性空前拥有更多接触社会的机会，虽然年轻女性们只能从事行政工作，与男性同事同工不同酬，但是她们终于有机会摆脱家族掌控，自由支配个人开支。如此一来，年轻女性成为消费品市场的重要组成部分。同时，新法案颁布减弱了政府对性自由和堕胎的监管，口服避孕药进入消费市场，性解放运动席卷整个社会。毫不夸张地说，20 世纪 60 年代的女性强烈希望打破传统限制，更执着于挑战男性权威和追求自由。[②]

国王大道精品店内的玛丽官默默注视着一切，她以年轻的街头风格为灵感，

① 杨道圣. 服装美学 [M]. 重庆：西南师范大学出版社，2003：86.
② August，Andrew. Gender and 1960s Youth Culture：The Rolling Stones and the New Woman[J]. Contemporary British History，2009-03，23（1）：79-100.

图9-3 崔姬（Twiggy）演绎穿迷你裙的"切尔西女孩"（Chelsea Girl）风格（左）

图9-4 上窄下宽的A形迷你裙手绘图（中）

图9-5 不同风格的迷你裙手绘图（右）

让当红模特崔姬（Twiggy）演绎出穿迷你裙的"切尔西女孩"（Chelsea Girl）风格（图9-3）[1]，穿着色彩鲜艳的迷你裙的崔姬，露出笔直的大腿，看似有点笨拙，略带少年的纯真，完全没有S形曲线，这些都与传统女性审美观背道而驰。崔姬被女性推崇为反叛精神的代表，迷你裙成为年轻女性宣示自由和反叛的外在表现。迷你裙裙身采用A型设计，形态上窄下宽（图9-4）[2]彰显年轻气态，呈现出端庄文雅的形象气质。宽阔的裙摆使下面伸展出来的腿部显得更加细长，况且模糊的腰线位置绝对不会让腿部看上去短小。根据裙身造型的不同，有的能展现时尚干练，有的则能塑造无比可爱的形象（图9-5）[3]。[4]不过，在迷你裙长度的考量上，玛丽官不断挑战着人们的承受极限，从膝盖以上10cm的迷你裙到大腿中部的超短裙，最终变成包住臀部的热裤，令女性的魅力长腿一览无遗。至此，迷你裙成为摩登派女性（图9-6）[5]经典装束之一。

人们普遍认同利西波斯（Lysippos）八头身的比例，人的头部是在人体中起着决定性作用，从身体纵向来看，腿部越长，越容易符合八头身的标准。长腿便是拉长人体比例的关键。迷你裙的突出特点就在于对裙摆的改动，最大限度将人体腿部拉长。20世纪50年代流行的腰身窄小、长裙宽大的成熟"新面貌"（New Look），

图9-6 街头的摩登派（Mods）青年与身着迷你裙的姑娘们

---

① http：//www.59rz.com/fs/UploadFiles_4689/200904/200946161053704.jpg.

② http：//huntgatherfashion.com/tag/mary-quant/.

③ http：//huntgatherfashion.com/tag/mary-quant/.

④ （韩）崔京源．优雅夏奈尔　经典纪梵希：跟大师学风格与搭配 [M]．徐伟译．北京：中国纺织出版社，2011：227．

⑤ http：//p1.yokacdn.com/pic/cr/2011/0516/1468363334.jpg.

到 20 世纪 60 年代已被穿迷你裙的天真儿童面貌取代了，裸露出大腿线条成为年轻女性对自由诉求。1966 年，玛丽官因设计迷你裙被英国女王授予爵士爵位，迷你裙的设计受到官方肯定，进一步扩大了迷你裙的轰动效应。

此外，玛丽官一直强调时装的整体性，除了为女孩们设计出迷你裙，她还为女孩们推荐著名发型师维达·沙宣（Vidal Sassoon）设计的"波波头"（Sassoon Bob）与迷你裙搭配，不仅蓬松立体的塑造衬托出女性精灵般的五官，看来轻松写意又时髦。玛丽官本人也是波波头的忠实支持者。这样，简洁的波波头、舒适迷你裙、高跟鞋成了玛丽官赋予 20 世纪 60 年代女孩们的新形象。

2. 首次将 PVC 面料引入时装设计

20 世纪 60 年代人类成功实践一系列太空计划，不仅对当时全球政治和经济局势产生影响，而且也引发了时尚界领域的思考。正如同安妮·霍兰德在《性别与服饰》一书中"把时装看做是一种本质上属于艺术表现形式的东西，它和其他艺术表现形式一样与社会密不可分，也同样对生活有时负有义务和责任。"[①]玛丽官最先尝试将柔韧性和延展性的 PVC（聚氯乙烯）材质用于时装设计中。

图 9-7 "湿系列"中 PVC 面料的外套

聚氯乙烯（也称 PVC）是塑料的一种，自 19 世纪 70 年代被合成出来，直到 20 世纪 20 年代美国才第一次将聚氯乙烯用于商业生产，其制作工艺成熟、造价低廉、质地轻薄、色彩鲜艳等特点，使 PVC 广泛运用于制作各种包装袋、运动产品和特殊防护设备。自从人类采用压延法将聚氯乙烯薄膜压制在基布上制成人造革后，PVC 面料在高级时装设计领域的使用成为可能。1963 年，玛丽官第一次去巴黎举办时装发布会，一组惊世骇俗的"湿系列"（图 9-7）[②]正是玛丽官对 PVC 的试验成果，这是一种对未来感的全新诠释。外表看来光亮湿滑的 PVC 外套，没有织物面料贴身感，代之以宽松舒适的衣着环境，让女性感到自由畅快，又增添一番别样的性感和未知的神秘感。

"我们往往看到人们审美观点主动要求变革，而不是被动地回应已经出现的观点。人们想改变服装样式来满足他们的审美需求，从而获得精神上的满足，而不必有那些

---

① 杨道圣. 服装美学 [M]. 重庆：西南师范大学出版社，2003：40.

② http://sweetjanespopboutique.blogspot.com.au/2012/03/21-shop-vogue-october-1965-mary.html.

理性的或者是其他方面的负担和累赘。"①自玛丽官首次采用 PVC 材料后，20 世纪 60 年代的时装设计师争先以 PVC 材料为载体，爆发人们对太空理想的强烈追求，各种太空感时装层出不穷。一度有过飞行员经历的法国设计师安德烈·库雷热仍对宇宙深怀眷恋。1965 年，他开创颇具未来主义的"宇宙时代面貌"（Space Age Look），采用代表太空的银色，大量尝试新颖 PVC、树脂等合成面料，PVC 材质的糖果色 Go-Go 短靴（Go-Go Boots）至今仍然是潮流坐标之一。法国设计师皮尔·卡丹（Pierre Cardin）更为张扬，他用巨大的拉链和 PVC 合成面料构成修身迷你连衣裙，搭配上连身彩色丝袜，甚至还模仿宇航员的头盔，将特定形状的帽檐加载到头盔型的帽子上，给人一种前所未有的神秘感和未来感。此外，20 世纪 60 年代后期，玛丽官以非凡的灵感在设计中率先采用塑料的白色雏菊。当时的嬉皮士运动者崇尚非传统生活方式，排斥消费主义，呼吁"爱与和平"，他们喜爱将塑料花戴在头上，以此寓意对和平的诉求。在著名的嬉皮士组织"花朵力量运动（Flower Power Movement)"中，玛丽官的白色雏菊甚至成为了他们的行动标志。

　　玛丽官是将 PVC 材料引入时装的第一人。她对 PVC 材料进行二次加工和再创造，将现代艺术概念融入服装材料中，为现代服装设计提供了广阔空间，然而她的影响远不如此。现代社会中，塑料为工业发展和人类日常生活带来诸多便利，同时也产生了"白色污染"危机。在环保已成为现代社会共识的大背景下，20 世纪末的人们通过融化塑料瓶提炼出 PVC 原料，制作出夹克衫、毛衣等时装，真正做到和谐循环生产。玛丽官在 20 世纪 60 年代也许预见了"湿系列"PVC 时装对时尚界带来的冲击和灵感，想必她一定未曾预料这一创举给人类社会发展带来的深远影响。因此，玛丽官值得为世人铭记。

参考文献

[1] August，Andrew. Gender and 1960s Youth Culture：The Rolling Stones and the New Woman[J]. Contemporary British History，2009-03，23（1）：79-100.

[2] Buckley，Cheryl. Designing Modern Britain[M].London：Reaktion Books，2007：124-159.

[3] 王革辉. 服装材料学 [M]. 北京：中国纺织出版社，2006.

[4] 杨道圣. 服装美学 [M]. 重庆：西南师范大学出版社，2003.

[5] （韩）崔京源. 优雅夏奈尔，经典纪梵希：跟大师学风格与搭配 [M]. 徐伟译. 北京：中国纺织出版社，2011.

[6] 王受之. 世界服装史 [M]. 北京：中国青年出版社，2002.

（王腾飞）

① 杨道圣. 服装美学 [M]. 重庆：西南师范大学出版社，2003：40.

10 理查德·迈耶（Richard Meier）

1935 年，美国建筑师理查德·迈耶（Richard Meier，1934~）（图 10-1）[①]出生在美国新泽西州东北部的纽华克（Newark）。从纽约州的康奈尔大学毕业后，他在纽约 S.O.M 建筑事务所供职，后辗转到马歇尔·布劳耶（Marcel Breuer）事务所学习和工作。工作之余，迈耶喜欢创作绘画作品，他信奉抽象

图 10-1 理查德·迈耶

且偏爱表现主义画作与抽象拼贴画。1963 年，纽约现代艺术博物馆展览的勒·柯布西耶（Le Corbusier）的作品深深打动了迈耶，他开始从这位心仪的大师身上寻找灵感，在与勒·柯布西耶和以有机设计闻名的芬兰建筑大师阿尔瓦·阿尔托（Alvar Aalto）的交往中，迈耶成立了自己的工作室，早期作品主要体现出了柯布西耶的风格，之后他逐渐从柯布西耶风格中抽取了几何体，再结合自身对纯白灰泥的钟爱，成功探索出一种新的个人风格，被人们称之为"白色派"。还与风格近似的纽约另外四位青年建筑师迈克尔·格雷夫斯（Micheal Graves）、查尔斯·加斯米（Charles Gwathmey）、彼得·埃森曼（Peter Eisenman）及约翰·海扎克（John Hejduk）组成"纽约五人组（New York Five）"。至此，迈耶声名鹊起。

不过，由于个人发展方向的差异性，白色派其他成员逐渐放弃了对白色的继续探索，仅有迈耶一人坚守着，他总是热衷在建筑外部采用白色材料，以期与周边绿色自然景观相映成趣，令观者倍感轻松惬意。在建筑内部，设置垂直空间与天然光线配合产生和谐的光影效果，并对几何空间重新排列组合创造出新的建筑秩序。20 世纪 60 年代当迈耶设计的史密斯住宅获得巨大成功后，世界各地的项目委任书纷至沓来。执着是迈耶性格的重要标签。如同 1984 年普利兹克建筑奖评委会给迈耶的颁奖词中写到的那样："我们一致向理查德·迈耶一心一意追求现代建筑本质的精神表示敬意。在寻求纯粹的建筑和尝试光与空间和谐平衡的实验方面，他取得了重大的成就，创造出了属于他自己的充满活力而新颖独特的建筑。"[②]如今，迈耶的作品早已遍布巴黎、海牙、罗马、纽约、法兰克福、深圳等多个城市，迈耶已经成为享誉世界的建筑大师。

---

① http://hi.baidu.com/whhwsj/item/c51920d52494971621e250d2.

② 大师系列丛书编辑部. 理查德·迈耶的作品与思想 [M]. 北京：中国电力出版社，2005：36.

　　迈耶是现代建筑中白色派教父。白色是迈耶钟爱的唯一颜色。"对我来说，白色其实是最奇妙的颜色，它可以反射并加强彩虹中的所有彩度的感觉。自然中的颜色不断变化，因此白色绝不仅仅是白色，它会随着光线，以及天空、云彩、太阳和月亮等变化的事物而不断改变自己。"①对比那些色彩缤纷的墙和令人眼花缭乱的装饰，迈耶固执地使用单纯的白色，看起来颇似对那种粗制滥造、以次充好、浮躁的建筑环境予以有力回击，它并没有过多用语言堆砌来批判，而是通过让人们处于一个宁静空间中而有时间审查和思考过往一切，人们称它为"阳春白雪"。在迈耶的职业生涯中一次次地重复着同样的白色主题，即使，当纽约五人组各奔东西，迈耶仍然坚持按照自己最初的梦想工作着。当现代主义遭受时代考验时，迈耶的建筑因色彩纯洁和简约毫无意外地与现代主义相连，而在相当长的时间里他避免不了外界的鄙视和怀疑。然而，面对诱惑和阻碍，迈耶却能泰然处之，最终获得成功。纯净是迈耶建筑的魅力所在，但单调绝不属于他的风格，其独创能力还展现在家具、玻璃器皿、时钟、瓷器、框架以及烛台等的设计方面，他是一位富有表现力的设计家。

　　迈耶还热衷于光与影的游戏，善于在不同的空间里与光影捉迷藏。对于弯曲的地貌，他也能长袖善舞地巧妙构建建筑的布局，营造出"疏影横斜水清浅，暗香浮动月黄昏"的斑驳意境，这显然与密斯·凡·德·罗用钢结构和透明玻璃构成的冷峻感截然不同。

代表作品评析：

1. 史密斯住宅（Smith House）

　　时间：1965~1967 年

　　地点：美国康涅狄格州的达里恩（Darien，Connecticut，USA）

　　建筑类型：住宅

　　史密斯住宅（图 10-2）②位于美国康涅狄格州边陲地带的达里恩海滨，由于远离市中心，此处是一片尚未被工业化侵蚀的绿洲，四周天然的茂盛植被与毗邻长岛湾的壮丽海景如画般动人，白色住宅隐藏于林中，零星的白若隐若现于绿色自然中，引导着满怀期待的人们到达目的地。迈耶因地制宜确定了住宅的轴线关系：从浓密的树林和道路的延伸指示中进入，首先映入眼帘的是位于道路末端的车库，右转 45°角后，整幢住宅建筑才完整呈现于眼前，而主立面直接面向沙滩与大海。清晰的形式逻辑关系体现出迈耶追求的简约纯净的现代主义精神。一条长坡道从丛林引向住宅，入口切入住宅实体部分，并与住宅内部的水平走廊连接，水平走廊和两个成对角线布局的楼梯有机结合在一起，强化

---

① 大师系列丛书编辑部. 理查德·迈耶的作品与思想 [M]. 北京：中国电力出版社，2005：37.
② 大师系列丛书编辑部. 理查德·迈耶的作品与思想 [M]. 北京：中国电力出版社，2005：42.

了住宅私密空间与公共空间两部分的层次感与通畅感（图 10-3）[1]。

外围探秘令人满怀欣喜，住宅内部设计给人一种出人意料地豁然开朗。透过客厅的大片玻璃墙，美景尽收眼底。基于功能主义设计理念，迈耶划分出开敞的家庭公共空间和封闭的私密个人生活空间。整幢房子共有三层（图 10-4）[2]：底层作公共空间使用，设有餐厅、厨房、洗衣间和佣人房；第二层是家庭成员用作交流

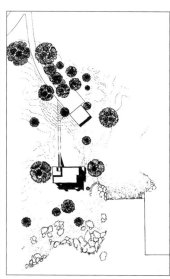

图 10-2 史密斯住宅
全景（左）
图 10-3 住宅位置平
面图（右）

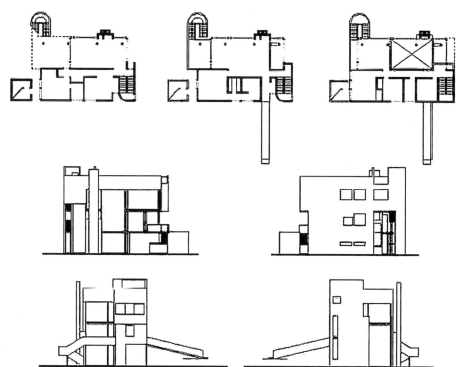

图 10-4 住宅平面立面图

① 大师系列丛书编辑部 . 理查德·迈耶的作品与思想 [M]. 北京：中国电力出版社，2005：43.
② 同上：44-45.

图 10-5 住宅室内光影效果

与待客的地方，设有主卧室和上下两层贯通客厅；顶层则是小孩房、客房与书房。整栋建筑从功能布局上将公共空间与私密空间分开，使每个家庭成员均有各自的天地。

史密斯住宅采用了大量玻璃结构，并用木边框划分了玻璃的区域，将三层的玻璃窗有机灵活地组合为一体。一方面，落地式窗呈现出良好的采光效果和开阔的视野（图10-5)①，木边框的选用也与周边自然环境相协调。另一方面，室内木边框与玻璃的运用，使封闭空间与开敞空间形成对比，虚实结合，在建筑平面与立面都产生一种空间上的对话。清晨初升的阳光准确地射入卧室，午后轻柔的光线投入起居空间里，让人不免赞叹建筑师的独具匠心。这些都来源于设计师对与特殊颜色与材料无关的光与影非常着迷。大片的玻璃幕墙与白色的实墙面相互交错使用，并结合大量结构框架和遮阳构造而创造的建筑形式极富层次感。当光线弥漫到每个角落，人们能清晰感受到最纯粹的自然。

2. 道格拉斯住宅（Douglas House）

时间：1971~1973 年

地点：美国密歇根州的哈伯斯普陵（Harbor Springs，Michigan，USA）

建筑类型：住宅

道格拉斯住宅位于美国密歇根州，西面朝向密歇根湖，东侧与乡村道路相接，整个基地地势相当陡峭，坡面从道路以西向密歇根湖倾斜而下。陡峭的山壁上长满了密实的针叶林（图 10-6)②，在绿树掩映下的道格拉斯住宅与清澈的湖水和湛蓝的天空交相呼应，虽为人造，却宛若天成。室外的楼梯、高耸的烟囱、横向的顶、透明的玻璃窗（图 10-7)③共同营造出住宅的清新脱俗，轻盈的楼、纤细的栏杆构筑起它的一尘不染。

由于基地的陡峭斜坡地形，住宅只能将入口设在顶层平面，采用了直接横越正面顶部的引桥形式(图 10-8)④。从公路望向住宅仅能看到住宅顶楼部分，只有穿过引桥才能完全看清楚五层高的住宅。硕大的房子仿佛是一艘游艇，设

---

① 大师系列丛书编辑部. 理查德·迈耶的作品与思想 [M]. 北京：中国电力出版社，2005：55.

② 同上：47.

③ 同上：51.

④ 同上：46.

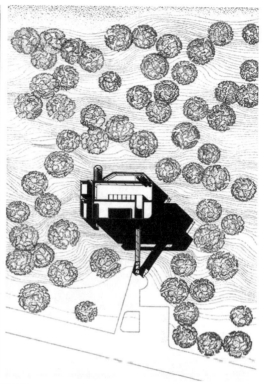

计师迈耶刻意安排的屋顶平台，造型犹如游艇上的甲板，令居住者能感到遨游于密西根湖上的畅快。

　　审视住宅内部（图10-9）[1]，贯穿于整个居室的光井将住宅中的私密空间与公共空间明确分割开来，借由起居室的挑空，而使整个视线能在楼层之间游走。日光首先从入口层照入，通过二层高的起居室，再通过地板上柔和的曲线形的

图10-6　道格拉斯住宅周围环境（上左）
图10-7　住宅建筑平面图（上右）
图10-8　住宅入口的斜坡通道（下左）
图10-9　道格拉斯住宅室内结构（下右）

① 大师系列丛书编辑部．理查德·迈耶的作品与思想 [M]．北京：中国电力出版社，2005：49.

图 10-10　大面积玻璃框架

开口，而后投射在餐厅层，通过运用光井把靠湖一侧的房间空间全部联结起来，进一步增加了住宅整体上的垂直划分感。顺楼梯而下，到达宽阔的起居室，此处除了可以款待访客，还能在悠闲的下午茶时间欣赏玻璃窗外美景，体悟生活的宁静。而一楼部分则作为餐厅、厨房等服务性空间。迈耶一向注重光影的变化，靠湖一侧的玻璃墙在室内空间的造型上起到重要作用，通过不等分的玻璃框架让室内空间产生丰富的光影变化，忽而畅俯湖面，忽而围抱湖水，风景如画。

此外，迈耶在设计中还强调立体主义构图。一座以金属栏杆扶手构成的悬臂式的楼梯清楚连接了起居室和餐厅层的户外平台，形成了一套流畅的垂直动线系统。而住宅外观上的一个金属烟囱则明确建筑垂直向度的方向感，加上由楼板和玻璃框架（图 10-10）[1]所分割的水平轴线，整幢房子的外观立面显得流畅而完整。对空间、格局以及光线等方面游刃有余地控制，迈耶创造出全新的现代化模式的建筑。

3. 罗马千禧教堂（Jubilee Church）

　　时间：1996~2003 年

　　地点：意大利罗马（Rome，Italy）

　　建筑类型：教会建筑

　　罗马千禧教堂是为了迎接千禧年庆典而建造的。在广邀安藤忠雄（Tadao Ando）、彼得·艾森曼（Peter Eisenman）、弗兰克·盖里（Frank Owen Gehry）等著名建筑大师参与设计竞赛后，1996 年迈耶的设计中标，于 1998 年开始施工，最终在 2003 年 10 月正式揭幕。千禧教堂距离罗马市中心约 10 千米，地理位置相对偏远，附近是一片中产阶级居民住宅楼以及一座公共花园。整个建筑包括教堂和社区中心，两者之间用四层高的中庭连接。

　　千禧教堂在平面布局上的区域划分清晰明确（图 10-11）[2]。它的南面是教堂中殿所在的区域，北面是非宗教区，东面是步行道，西面是停车区。教堂东面铺砌了一片延伸至居住区中心的空地，这样为公众集聚提供了开阔的广场。东面的庭院下沉了整整一层高度，为社区中心提供充足的采光和自如的交通，一条通向停

① 大师系列丛书编辑部 . 理查德·迈耶的作品与思想 [M]. 北京：中国电力出版社，2005：48.

② 同上：93.

车区铺地的步行道，将教堂的西庭院和教堂后面的冥想庭分开。千禧教堂的中殿平面是由三面方形和一面弧形平面组合而成，其非对称平面形式完全不同于此前任何教堂的中殿平面形式，用连续三条弧组成两组狭长的弧形平面，且与主教堂中殿平面在形式上既有联系又有区别。教堂中殿内部空间是连绵不绝的复合非对称空间，类似于直角梯形体，不过斜边还是弧面。这类由边缘空间至中殿空间依次升高（图10-12）[①]，仿佛引导人们仰视天国的雄伟建筑，符合基督教堂空间的一贯特性（图10-13）[②]。

"迈耶在设计时常用的一种设计手法便是'剥洋葱设计手法'。其诠释为因洋葱的内部具有丰富的层次，因此剥离时能充分体现出其结构特征，因此剥离时能充分体现出结构特征，即多重叠置的设计手法。"[③]千禧教堂的三片弧形墙正是如此（图10-14）[④]。这三座墙是用三百多片预先铸好的灰白色混凝土板所制成的（图10-15）[⑤]，从空间上来说，这些墙以极简的方式强调了中殿的优势地位，并从内部分隔出礼拜室的区域，同时垂直悬挑的墙体直接担当起教堂承重的角色，那高耸入云的线条则展示出神秘的哥特风。天主教会甚至视这三座墙为圣父、圣子、圣灵三位一体的象征，虽然迈耶本人予以否认。由于教堂室内没有任何调节温度的设备，只能靠三片弧墙抵挡地中海强烈的阳光，不过光线经过弧墙的反射，显得格外静谧和洒脱，反而令弧结构的意义远超过造型美。

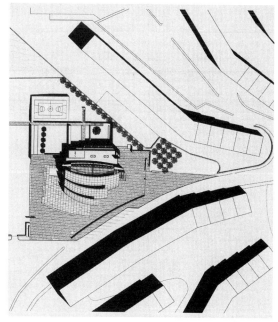

图10-11 场地分析

图10-12 千禧教堂内部（左）

图10-13 建筑由边缘至中殿空间依次升高（右）

① http：//features.cgsociety.org/newgallerycrits/g06/295306/295306_1196111998_large.jpg.

② http：//zfconnor.i.sohu.com/blog/view/29243019.htm.

③ 朱钰. 从千禧教堂看理查德·迈耶的建筑设计手法 [J]. 北京：中国市场，2011（41）.

④ 大师系列丛书编辑部. 理查德·迈耶的作品与思想 [M]. 北京：中国电力出版社，2005：96.

⑤ 同上：91.

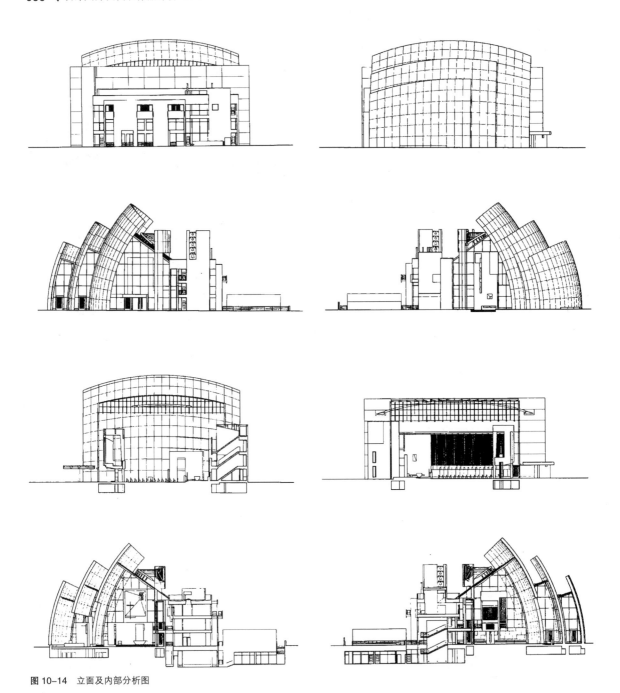

图 10-14　立面及内部分析图

　　罗马千禧教堂摆脱了以往基督教堂的繁复形象，整体造型前卫时尚，成为 21 世纪基督教堂新形象的典型代表作。白色的教堂表面在任何时候都是一个闪光的物体，即使在夜晚和灰色的天空下也是如此（图 10-16）[1]，也堪称"白色派"现代主义建筑的经典之作。

---

① http://jipin.kaixin001.com/p/1397011745274301.

图 10-15 教堂外三座曲面墙（左）
图 10-16 千禧教堂夜晚时分的光彩（右）

参考文献

[1] 刘先觉. 现代建筑理论 [M]. 北京：中国建筑工业出版社，1999.

[2] 郑东军，黄华. 建筑设计与流派 [M]. 天津：天津大学出版社，2002.

[3] 王受之. 世界现代建筑史 [M]. 北京：中国建筑工业出版社，1999.

[4] （美）托伯特·哈姆林. 建筑形式美的原则 [M]. 北京：中国建筑工业出版社，1982.

[5] 罗小未. 外国近现代建筑史 [M]. 北京：中国建筑工业出版社，2004.

[6] 大师系列丛书编辑部. 理查德·迈耶的作品与思想 [M]. 北京：中国电力出版社，2005.

[7] （美）罗杰·H·克拉克，迈克尔·波斯. 世界建筑大师名作图析 [M]. 北京：中国建筑工业出版社，2006.

（王腾飞、丁文洁）

11 诺曼·福斯特（Norman Foster）

图 11-1 诺曼·福斯特

诺曼·福斯特（Norman Foster）（图 11-1）[①]被誉为"高技派"（High-tech）的代表人物，他是当代国际上最杰出的建筑大师之一。因其建筑方面的杰出成就，在四十多年的建筑设计生涯中他几乎获得了建筑界所有重要的奖项和荣誉。迄今为止，他已经获得 280 多项奖励，并在 50 多次国内国际的设计竞赛中胜出，他是第 21 届普利兹克建筑大奖得主。

诺曼·福斯特 1935 年在英国曼彻斯特出生，1961 年自曼彻斯特大学建筑与城市规划学院毕业后，获得耶鲁大学亨利奖学金，后取得建筑学硕士学位。1967 年福斯特成立了自己的事务所，至今其工程遍及全球。他的代表作品有：香港汇丰银行总部大厦（HSBC Building in Hong Kong）、伦敦斯坦斯泰德机场（Terminal building at London Stansted Airport）、法国加里艺术中心（Carre d'Art）、西班牙毕尔巴鄂地铁站（Metro of Bilbao）、法兰克福商业银行大楼、大英博物馆大展苑改造、德国议会大楼穹顶（Reichstag dome）、大伦敦府楼、伦敦圣玛丽斧街 30 号（30 St Mary Axe）、北京首都国际机场 T3 航站楼等。

诺曼·福斯特代表着一种潮流，也就是人们习惯称之为的"高技"，即 21世纪的现代主义和国际主义。他所做的建筑，就如同现代建筑大师们早期所进行的已成为第一机器时代作品的设计一样，乃是第二机器时代的作品。在杂乱的 20 世纪 60 年代，他也曾经历初始成长期。那时对年轻的福斯特影响最大的不是那些脱离实际应用的现代建筑师，而是那些基于对社会价值和人本主义的理解与科学技术的采用而表现出另一种观点的现代主义建筑大师们。福斯特的作品往往被不加区分地贴上"高技"的标签，但实际上福斯特的许多做法表明他对"高技"这一称谓毫无兴趣，他所强调的应该说是"适用技术"。[②]

高技术的建筑往往给人脱离传统，冰冷面孔的印象。而他是尊重传统的，

---

① （英）马丁·波利. 国外建筑与设计系列——诺曼·福斯特：世界性的建筑 [M]. 刘亦昕译. 北京：中国建筑工业出版社，2004：6.

② Norman Foster.Lecture at the Joslyn Art Museum.Omaha，Nebraska.July 6.1993.

对技术的运用也非常"适度",他用玻璃和钢材去适应传统,他追求的是神似,而不是形似。在技术和传统之间找到了一个结合点。特别强调人类与自然的共同存在,而不是互相抵触,强调要从过去的文化形态中吸取教训,提倡那些适合人类生活形态需要的建筑方式。他认为建筑应该给人一种强调的感觉,一种戏剧性的效果,给人带来宁静。

福斯特的主要建筑设计理念:

(1) 重视"高技"。福斯特对技术十分重视,他执着地在他的大量设计作品中实践着,采用新技术、新材料于工程中,并将他的观点表述出来。他一直认为:"技术是人类文明的一部分,反技术如同向建筑及文明本身宣战一样站不住脚。"[1]在福斯特这一代大师手里,更新、更高的技术就成为一种手段,一种更为先进的新观念,通过它们去创造和实现人类与自然和谐的生活环境。他曾说:"高技术不是其本身的目的,他是实现社会目标和更加广泛的可能性的一种手段。高技术同样关注砖瓦砂石乃至木材和手工活。"[2]

(2) 生态思想。充分利用自然采光;充分利用自然通风;空中花园;建筑遮阳;高效节能的外窗和幕墙系统;地下蓄水层的循环利用。

(3) 尊重历史文脉。既不向传统妥协、简单地模仿其风格或形式,又不过分张扬、漠视城市文脉;既自然融洽地根植于当地的环境,又恰如其分地展示了自我的时代风采,为城市空间的交响曲增添了新的华彩乐章。

(4) "弹性空间"。如同柯布西耶的第一代"居住机器"一样,柯布西耶对自由平面的阐述是,要完美地适应他们预订的功能。福斯特的主张,可称"可变机器"或"弹性空间",也就是所设计的建筑必须是可变的且能适应将来发展的。最常见的是采用先进工程技术的大跨结构、不封闭的空间和无障碍的巨大区域。这样使用者可以按照其意愿安排,甚至可以适应预想计划之外的情况。福斯特提出"弹性空间"是生态建筑的重要内容之一。

代表作品评析:

1. 香港汇丰银行总部大厦 (HSBC Main Building)

第4代香港汇丰总行大厦(图11-2)[3]是由福斯特设计,从构思到落成花费6年时间(1979~1986年)。整座建筑物高180m,共有46层楼面及4层地库,使用了30000吨钢及4500吨铝建成,整项工程以避免影响港铁港岛线(第2期)为原则。

整个设计的特色在于内部并无任何支撑结构,可自由拆卸。所有支撑结构均设于建筑物外部,使楼面实用空间更大。而且玻璃幕墙的设计,能够善用天

① Norman Foster.Architecture and Sustaina bility, 2003:http://www.fosterandparmers.com/Dara/Essays.aspx.P2.
② Norman Foster.Architecture and Sustaina bility, 2003:http://www.fosterandparmers.com/Dara/Essays.aspx.P2.
③ (英)马丁·波利.国外建筑与设计系列——诺曼·福斯特:世界性的建筑[M].刘亦昕译.北京:中国建筑工业出版社,2004:74.

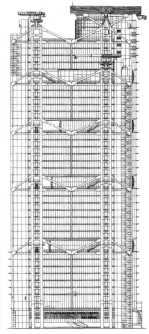
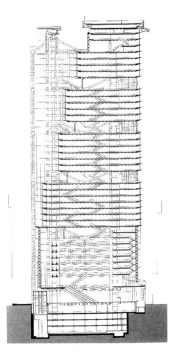

图 11-2　香港汇丰银行总
部大楼（左）
图 11-3　香港汇丰银行总
部大楼正立面图（中）
图 11-4　香港汇丰银行总
部大楼东西向剖面图（右）

然光；地下大堂门向着正南正北，冬夏都能保持大堂凉爽。加上其设计灵活，可按实际需要轻易进行扩建工程而不影响原有楼层。楼内还有一部文件运输带，可每天自由传送数吨重的文件（图 11-3）[①]。

　　建筑重点是"衣架计划"[②]的设计方案。整个地上建筑用 4 个构架支撑，每个构架包含 2 根桅杆，分别在 5 个楼层支撑悬吊式桁架。桁架所形成的双高度空间，成为每一个楼层的焦点，同时还包含了流通和社交的空间。每根桅杆是由 4 根钢管组合而成，在每层楼使用矩形托梁相互连接。这种布局使桅杆达到最大承载力，同时把桅杆的平面面积降到最小。既然从大楼的外侧可以看见构架，设计团队自然想干脆把基本结构暴露出来。不过基于耐久性和抵抗力的需要，还是必须加上一层保护，因此自然得做某种形式的覆面（图 11-4）[③]。

　　过去的高层建筑都把管道、电梯、卫生间等安排在中心位置，而福斯特在香港汇丰银行，则把这些设施放到了建筑的两侧，使内部成为一个大空间，不但能灵活地使用，还可将太阳能从顶部引入，并予以重新利用；在结构和空间组织上，建筑被划分成小尺度的"村落"（图 11-5）[④]；大视野平面可以让人毫无障碍地观察到所有职员；多级自动扶梯连接起多层的银行大厅空间；以及在大厦底层，设计开放的公共"广场"等等。这一切的革新，都使香港汇丰银行总部新楼成为了最著名的高层办公建筑之一。香港汇丰银行合理利用材料，顺应

① 严坤.普利兹克建筑奖获得者专辑 [M]. 北京：中国电力出版社，2005：303.

② Norman Foster.Bulldings and Projects 1982-1989.Wtermark Publlcations（UK）Limited，1996.p103.p82.

③ （英）理查德·威斯顿.建筑大师经典作品解读——平面·立面·剖面 [M]. 大连：大连理工出版社，2006：185.

④ 严坤.普利兹克建筑奖获得者专辑 [M]. 北京：中国电力出版社，2005：304.

图 11-5　香港汇丰银行总部大楼单开间剖面图

结构规律并兼顾到建筑的人性和美感。在这一作品中，福斯特同样地走在"生态建筑"和"智能建筑"开拓者的前列。香港汇丰银行的成功设计，体现了这样的一句至理名言："凡是技术达到最充分发挥的地方，它必然达到艺术的境地。"①

2. 法国加里艺术中心（Carre d'Art）

时间：1984~1993 年

地点：法国尼姆（Nimes）

福斯特设计的法国尼姆加里当代艺术中心（图 11-6）②，可以说最好地展示了他编织演绎空间的能力，在原有建筑基础之上规划创造形成了一个三元矩阵。福斯特将周围的城市生活纳入了他的垂直建筑空间之中，在小范围内，尼姆的加里艺术中心透露了福斯特希望赋予建筑结构一系列城市化功能的动机，他力图在建筑物中为数以万计的人们提供大厦内部的都市生活空间。

加里艺术中心的建设用地条件十分特殊，这块地正对着建于公元 3 世纪的罗马神庙（Maison Carree）（图 11-7）③，这是一座受到严格保护的文化遗址。所以加里艺术中心的设计在满足业主要求的同时还要考虑到对神庙周围景观的影响，以及古城尼姆的传统形态和当地气候。

如何处理好新旧建筑之间、建筑与城市之间的关系，使其融入到历史街区

图 11-6　加里艺术中心（左）

图 11-7　Maison Carree 神庙与加里艺术中心（右）

① Norman Foster.Walking on Eggs[J].Architect's Journal，1984（05）.

② http：//photos.creafrance.org/pois/6771_carre-d-art-musee-d-art-contemporain_nimes.jpg.

③ http：//www.flickr.com/photos/ogondio/414100938/sizes/l/in/photostream/

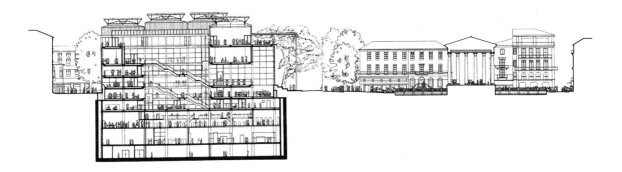

图 11-8　长剖面图，展示了加里艺术中心与神庙之间的关系

便成为设计成功与否的关键。①福斯特重新为这个地段做了环境设计，将局部城市道路重新优化，用作露天茶室等公共交往场所；通过广场绿化及新建筑，使原有的城市肌理、空间结构得以重新整合，同时还继承了城市特有的风景、地景。

为与神庙产生共鸣，艺术中心坐落在高高的石头基座上，前部是开敞的柱廊；为了协调与周围建筑高度的关系，建筑地上 4 层，地下 5 层。整座建筑虽规模宏大，但尺度上却显得谦恭、细腻；而半透明的玻璃表皮使参观者与外界的罗马古迹之间保持着一种生动的联系。

地上结构的内庭将自然光线汇集并引入到各层公共空间中，中庭设置了玻璃楼梯间和 3 部观光电梯。建筑主体采用了 7m×5m 的混凝土框架平面网格结构，屋顶则为钢结构（图 11-8）②。

艺术展厅被放在了建筑上部以取得较好的自然采光，而在入口层的上、下两侧设计了图书馆，以便于更多的人能够使用这座建筑。地下空间还设置了小电影厅、报告厅和会议室，剩余空间大部分用作了存贮库。值得注意的是，艺术中心的入口立面在虚实关系上恰好与所对的神庙侧立面有着奇妙的相似。敏感的建筑师认真地推敲形成了它们之间一致的比例关系。就这样，年轻的现代建筑与它对面饱经沧桑的同伴进行着无声地对话。

这件作品的意义在于，置身于这样一种敏感的城市文脉之中，建筑师面临着艰巨的挑战：既要慎重处理好建筑与历史和城市空间之间的关系，又要充分展现其一贯的现代设计风格。拒绝形式上暧昧地模仿，而在更高的层次上融入历史、影响未来——这就是诺曼·福斯特带给我们的启迪。

3. 德国柏林议会大楼改建（Reichstag Restoration）

时间：1999 年

地点：德国柏林

福斯特要将议会大楼改建成一座低能耗、无污染、能吸纳自然清风阳光的典型环保型建筑。在这一方案中，他把现代科技和生态原理运用到建筑之中：

① Guo Xiangmin.The Attention Paid Beyond Form：The Urban Consciousness In Norman Foster's Design In Historical Contest.World Architecture，2005（04）.

② （英）马丁·波利.国外建筑与设计系列——诺曼·福斯特：世界性的建筑 [M]. 刘亦昕译 . 北京：中国建筑工业出版社，2004：96.

保留建筑的外墙不变，而将室内全部掏空，以钢结构重做内部结构体系，并盖上了一个全新的玻璃穹顶，于 1999 年完工（图 11-9）[1]。

　　穹顶主要是用玻璃和金属作为主要材料，通过透明的穹顶和倒锥体（图 11-10）[2] 的反射，将日光反射到议会大厅。晴天时，这里基本无需人工照明。穹顶内还有一个随日照方向自动调整方位的遮光板，白天这个光板可将阳光送入议会大厅；晚上，遮光板的作用正好与白天相反，它将室内灯光向外反射，使玻璃穹顶变成一座发光塔，给柏林夜晚带来独特的景观。沿着导轨缓缓移动的遮光板和倒锤形反射体都有着极强的雕塑感，有人把倒锥体称作"光雕"或"镜面喷泉"。

　　钢结构的玻璃穹顶是对过去的怀念也是对新世纪的展望。而沿着穹顶参观坡道来到屋顶，即可以远眺更会使人感觉你正置身于自己所选举的议会之上，公众的权力高于那些政治家，非常巧妙的构思。

　　柏林议会大楼改建后最成功的地方在于地下水的循环利用。柏林夏天很热，冬天又很冷，设计者把夏天的热能储存在地下，待冬天使用，同时又把冬天的冷气储存于地下，留着夏天使用，从而有效和充分地利用了自然能源。议会大楼附近有深、浅两个蓄水层，浅层的蓄冷，深层的蓄热，设计者模拟空调系统，把它设计成为天然大型冷热交换器，形成积极的能量平衡（图 11-11）[3]。

　　柏林议会大楼自然通风系统设计得非常合理，议会大厅通风系统的进风口设在西门的檐口，自然空气进来后经过大厅地板下的风道及充在座位下的风口，均匀地散发到大厅内，然后再从倒锥体的中空部分排到室外，此时倒锥体成了拔气罩，这是合理的气流组织。大楼的大部分房间可以得到自然通风和换气，根据空气的换气量需要进行自行调整（图 11-12）[4]。

图 11-9　德国柏林议会大楼（左）
图 11-10　德国柏林议会大楼新玻璃穹顶（右）

① http://www.sofluna.com/wp-content/uploads/2011/08/Berlin-Reichstag.jpg.

② （英）乔纳森·格兰西. 建筑的故事 [M]. 罗德胤，张澜译. 北京：三联书店，2009：11.

③ （英）马丁·波利. 国外建筑与设计系列——诺曼·福斯特：世界性的建筑 [M]. 刘亦昕译. 北京：中国建筑工业出版社，2004：231.

④ （英）马丁·波利. 国外建筑与设计系列——诺曼·福斯特：世界性的建筑 [M]. 刘亦昕译. 北京：中国建筑工业出版社，2004：230.

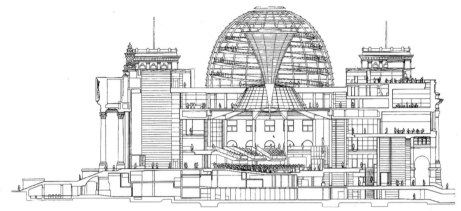

图 11-11　德国柏林议会大楼横剖面图

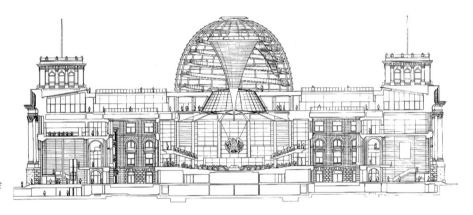

图 11-12　德国柏林议会大楼纵剖面图

改建后议会大楼能源采用生态燃料，主要采用油菜籽和葵花籽油，有效控制对环境的污染。更为重要的是，议会大厅的遮阳和通风系统的动力来源于装在屋顶上的太阳能发电装置，这种发电装置最高可以发电 40kW。

在这一方案中，福斯特将高技派手法与传统建筑风格巧妙结合，既满足了新的功能要求，又赋予这一古老建筑以新的形象。正如福斯特自己宣称的，他的这个改建工程是一个"生态结构"。这一改建也使人们对生态建筑有了更深刻的理解，可以说是世界生态建筑史上的一个典范之作。①

参考文献

[1] 窦以德，等 . 诺曼·福斯特 [M]. 北京：中国建筑工业出版社，1997.

[2] 大师系列丛书编辑部 . 诺曼·福斯特的作品与思想 [M]. 北京：中国电力出版社，2005.

[3] "世界著名建筑大师作品点评丛书"诺曼·福斯特（建筑与景观设计系列）. 大连：大连理工大学出版社，2011.

① HeYuan.Norman Foster's ecological architecture art expression[J].Real Estate Guide，2011（03）.

[4]（英）马丁·波利. 诺曼·福斯特：世界性的建筑——国外建筑与设计系列.[M]. 刘亦昕译. 北京：中国建筑工业出版社，2004.

[5]（英）肯尼斯·鲍威尔. 我看诺曼·福斯特访谈录 [J]. 建筑学报，1986（02）.

[6] 郭湘闽. 超越于形式之上的关注——诺曼·福斯特在历史文脉中创作的"城市情结"[J]. 世界建筑，2005（04）.

[7] 世界建筑大师与作品. 诺曼·福斯特——1999 年普利兹克建筑奖获奖者 [J]. 重庆：重庆建筑，2011（03）.

[8] 诺曼·福斯特和他的建筑 [J]. 建筑技术及设计，2004（10）.

（李美美）

12　伊夫·圣洛朗（Yves Saint Laurent）

图 12-1　伊夫·圣洛朗 (Yves Saint Laurent) (1936~2008)

"人人都需要审美幽灵来生活。我曾寻求、探索、追逐过它们。现在我所告别的也正是这些审美幽灵。我从小便认识了它们，正是为了重新找到它们我才选择了这一令人赞叹的职业"。① "审美幽灵" 是法国国宝级时装设计师伊夫·圣洛朗 (Yves Saint Laurent)（图 12-1）②服装设计生命的诠释，也是他毕生追逐的梦想。

圣洛朗 1936 年 8 月 1 日出生于北非阿尔及利亚奥兰市，家族血统高贵，父亲是一位成功商人，家境富裕。不到 10 岁时，母亲为他报名参加由奥兰美术学院院长开设的美术基础课程来培养他对美术的兴趣。14 岁那年，他与母亲在奥兰剧院观看歌舞剧《太太学堂》，舞台上的布景、光线、氛围占据了少年的心，圣洛朗第一次见到活生生的 "审美幽灵"，从此他爱上绚丽的舞台与华丽的服饰。他渐渐尝试动手为妹妹们设计舞蹈服装，并展露出设计天分。1953 年秋，圣洛朗在由国际羊毛局举办的第一次设计比赛中获得了一等奖，前往巴黎领奖时，结识了当时《时尚》杂志主编米歇尔·德·布朗霍夫 (Michel de Brunhoff)，布朗霍夫鼓励圣洛朗成为时装设计师。而 1954 年国际羊毛局比赛（图 12-2）③中，他又击败费尔南多·桑切兹 (Fernando Sánchez) 和卡尔·拉格斐德 (Karl Lagerfeld) 摘得晚礼服设计桂冠。随即，这位潜力无限的青年俊杰进入时装业教皇、New Look（新面貌）创始人克里斯蒂安·迪奥 (Christian Dior) 门下学习。

1957 年，迪奥过世，年近 21 岁的圣洛朗成为了 "迪奥继承人" 并与皮埃尔·贝尔热 (Pierre Bergé) 相识，贝尔热日后不仅是圣洛朗的同性恋人，更是整个 YSL 商业帝国的掌门人。1958 年春，圣洛朗推出自己的时装处女秀 "梯形裙装"，不仅帮迪奥公司摆脱了经济困境，也为自己赢得了美誉。不料阿尔

① （法）菲奥纳·李维斯. 伊夫·圣洛朗：时代的色标 [M]. 余磊，李月敏译. 北京：作家出版社，2011：67.
② http：//pleasurephoto.wordpress.com/category/yves-saint-laurent/
③ http：//info.texnet.com.cn/content/2008-05-28/185333.html.

及利亚独立战争爆发，年轻的设计师应
征入伍，由于他内向腼腆，不堪忍受军
中虐待，提前病退，此间他的事业陷入
停顿。

1961年12月4日，他与皮埃尔·贝
尔热于创立了第一家圣洛朗服装店
（YSL），区别于前辈迪奥程式化高贵典
雅的风格，圣洛朗诉求让女性回归生活，
故他总从街头文化中收获灵感。1962年
7月圣洛朗推出第一场个人时装展，获
得巨大成功，标志着他开始独立登上时
装设计的世界舞台。1966年9月，第一
家"左岸"①（YSL Rive Gauche）服装店在
巴黎六区图尔农街21号开张，该店独特
之处在于圣洛朗将与工厂合作推出由他
亲手设计批量生产的价廉成衣，这无异

图12-2 国际羊毛局羊力
的时尚设计大奖颁奖典礼
上圣洛朗（左三）和卡尔·拉
格斐德（左一）

于时装界的一声惊雷，成衣平民化由此开端。20世纪70年代，YSL帝国进入
前所未有的发展高峰时期。1971年他已拥有46家连锁店。一系列具有吉卜赛、
印度、高加索、土耳其等元素的国际异域服装系列相继推出，让世界各国女性
目不暇接。进入20世纪80年代，圣洛朗已奠定国际偶像般的地位，夺走了无
以数计的奖项，他甚至成为首位在有生之年进入博物馆的时装设计师。

20世纪90年代，时装界的后起之秀层出不穷，圣洛朗却仍陶醉在自我的
审美幽灵中，他钟爱自己的时代，相信审美幽灵的永恒。固步自封，终会被时
代淘汰，1999年GUCCI集团收购YSL帝国。2002年，圣洛朗最后一次成功
演绎"圣洛朗设计作品40周年回顾展"后，他宣布退出时尚界，在巴黎隐居。
2008年6月1日因病离世。如今，大师的精神或许以某种轮回的形式存在着，
他留下的是一件件杰作，更成为后来者灵感的朝圣地。

代表作品评析：

1. 蒙德里安（Mondrian）系列

时间：1965年

1961年圣洛朗自立门户后，时尚界"小王子"称号不绝于耳，自信满满
的他先是以单纯时装设计师的身份去寻找个人风格，因此导致长期纠结于解决

---

① 左岸，是指巴黎的塞纳河左岸，即塞纳河以南地区，这里是学院及文化教育机构的聚集地，以年轻
人居多，消费较便宜。而巴黎人将塞纳河以北地区称为右岸，是高级商店、精品店及饭店的聚集地，
消费较高。

服装材料和技术之类的问题。最终让他打破瓶颈的人是"未来主义时装"之父安德烈·库雷热（Andre Courreges）。传奇设计师库雷热不仅开启了迷你裙的风行，还带动了"太空时代"（Space-Age）时装的兴起。20 世纪 60 年代库雷热发表了名为"月球女孩"（Moon Girl Look）的装扮，模特穿着银白色短及大腿的洋装，搭配 PVC 材质短靴，酷似蓄势待发的太空员。这些采用明快浅色面料设计的服装，具有宇航员服装的显著特征，搭配相应系列的帽子、眼镜和手套，给人一种前所未有的神秘感和未来感。这些新颖的设计让圣洛朗如梦初醒，他意识到：只有找到一种超越时尚的东西并让它存活，这就是风格。

1965 年的蒙德里安系列，迅速使圣洛朗成为时尚界高不可攀的人物。著名荷兰画家蒙德里安（Piet Cornelies Mondrian）是抽象画派的先驱，他认为垂直线和平行线组成的几何形体是艺术形式最基本的要素，唯有这些最基本的要素、最纯粹的色彩，才能创造出物质与精神的平衡。蒙德里安的平衡艺术思想根植于当时的社会现实，他希望这宁静平衡的艺术能抚慰第一次世界大战后人们不安的心灵。而 20 世纪 60 年代距离第二次世界大战已数十年，西方社会经济的大发展，年轻一代在物质生活极大满足的前提下，精神生活空虚，思想动荡，他们对社会权威抱以怀疑、反对态度，厌恶战争，喜欢摇滚乐，沉迷大麻和迷幻药。圣洛朗也期望借蒙德里安的平衡艺术来安慰 20 世纪 60 年代青年们浮躁的心。

蒙德里安裙（图 12-3）[1]以蒙德里安的作品《红、黄、蓝构图》（图 12-4）[2]为设计灵感。采用桑蚕丝为面料，A 字裙、迷你裙，看似朴素简洁的款型，却以借用蒙德里安抽象几何彩色排列作装饰体现出波普艺术的格调。圣洛朗不再单是一位服装设计师，更是一位时装艺术家。20 世纪 70 年代中期，圣洛朗还与

图 12-3　蒙德里安裙（左）
图 12-4　荷兰画家蒙德里安的作品《红、黄、蓝构图》（右）

① http：//hcmos.blogbus.com/logs/2009/05/d04.html.
② http：//www.cctv-19.com/Article/UploadFiles/200612/20061216094319823.jpg.

很多当红艺术家交往甚密，相继推出了马蒂斯、凡·高、毕加索等系列，既然很难拥有蒙德里安等大师们的作品，或许更容易入手的蒙德里安裙能稍稍满足人们渴望的心。至此，圣洛朗掌握着绘画艺术与时装设计交融的秘密，成功找到独树一帜的风格，即将流行文化与女装相结合。

2. 吸烟装（Le Smoking）

时间：1966年

《圣经·创世纪》记载，上帝创造的第一个人是男人亚当，随后用亚当的肋骨创造出女人夏娃。圣洛朗究其一生都在思考"圣洛朗的夏娃"应该是何种形态，她们绝不是亚当的附属物，应该是单纯、不受任何困扰、返璞归真的女性，外表的美丽短暂易逝，内在的吸引力却亘古永恒。衣服是没有生命的，而穿衣人赋予了它蓬勃生命力。圣洛朗的时尚触觉从美学领域延伸到社会领域，他厌恶当时女性身上资产阶级的伪善特征，即过分凸显高耸的胸部来刺激男性情欲，还有矫揉造作的饰物。为了让女性抛弃资产阶级服装，摆脱在审美、社会、道德和性方面的固定角色，他不让女性拿手提包，而让她们带着一盒香烟，穿上男人专属的吸烟装。

"吸烟装"（Le Smoking）源于上流社会男性在吸烟室内所穿的专门服装，即没有燕尾、没有刺绣、没有胸肩配饰的黑色轻便装，按照当时社会规定，吸烟室不准女性进入，故吸烟装成为男性的象征。1966年，女权主义尚未启蒙，圣洛朗却大胆开创中性风格，设计了第一件女性吸烟装(图12-5)[1]：一件经典的三粒钮扣晚餐夹克，配以有饰边的女衬衫，还有一个黑色的缎带领结，裤子是整个造型的关键，侧线镶边，于中性风格中加入一些女性化的设计元素，令原本严谨的款式增添时装感。吸烟装的设计完美"糅合"了男、女式时装的精华，以修长的西服、燕尾服和加长紧身铅笔裤为特点，整体成"I形"轮廓，宛如一支纤长的香烟，既有桀骛不羁的帅气，又不失妩媚的女人

图12-5 1966年的吸烟装

① http://www.luxsure.fr/2010/08/07/yves-saint-laurent-au-petit-palais/

味。这件女性吸烟装成为宣扬女权主义的新声。

有人曾讥讽吸烟装让女人变成了男性。其实不然，由于女性形体近似少男，吸烟装本身就让女性展现出神秘的"二重性"，使女性混合俊俏少男和绝代美女两类风貌。圣洛朗也多次用这种"二重性"来为吸烟装做注解，"穿裤装的女性绝非男性，通过精确的剪裁，她们的女人味、她们的美丽和她们的'二重性'都更为显著。"①这就是圣洛朗的美学世界观，在他的时装王国里，他是造物主，他创造出新的时代女性——圣洛朗的女性。

3. 异域系列组合

圣洛朗成长于一个典型的法国移民家庭。直到 18 岁，他才从阿尔及利亚的奥兰搬回巴黎。异域生活旅程让他充满着对于非洲文化的怀念之情，多元的文化包容性也让他对异域文化憧憬强烈。从 20 世纪 60 年代起，圣洛朗不断以世界各民族服饰为灵感，自由借取异族服饰元素加以拼贴、组合创作，一系列异域风格时装成为了圣洛朗风格的典型表征。

非洲作为圣洛朗的成长地，在他心目中是远离喧嚣的精神圣地。1967 年，圣洛朗成为将非洲大陆的神秘气息带入现代服饰创造的第一人，成功推出了非洲风格（YSL Africa）系列（图 12-6）②。他从非洲部落独特的服饰文化中获取灵感，解构非洲土著着装的元素，以木质珠串及刺绣绿松石为装饰，设计出外形简洁的非洲裙子，突出了女性曼妙玲珑的身体曲线，于大气娴雅中传递出贴近自然的时尚信息，令当时白人主导的欧洲时尚圈颇为震撼。此外，1969 年撒哈拉（YSL Sahara）系列（图 12-7）③，以撒哈拉沙漠为灵感，泥黄色束腰开襟的撒哈拉猎装展现出女性若隐若现的胸部，中性化性感气质令人怦然心动，冒险刺激的男性化狩猎场景被他演绎成性感妖娆又英气勃勃的女性化角色。

少时记忆中舞台剧五光十色的场景，令圣洛朗魂牵梦萦。1976 年的"俄罗斯芭蕾"（YSL Ballet Russes）高级定制系列（图 12-8）④终于让设计师圆舞台表演之梦。深绿色的绣金晚装裙子、黑貂皮滚边的金色哥萨克大衣、金色的吉卜赛裙子从黑暗处出现，它们随着空灵的音乐缓缓前行，带着观众进入波涛汹涌的审美撞击中，令观者迷失。评论者争相赞美："这不仅是一套服装，更是一个大事件，自保罗·普瓦雷（Paul Poiret）⑤和俄罗斯芭蕾舞剧之后，巴黎从未见过任何东西可与之媲美。"其实，1976 年是圣洛朗前所未有的创作季，他融入来自印度、土耳其、中国等全球各地的异域元素，完美地将个人对于历史与文化的积淀呈现在服装中。值得一提，圣洛朗是最早将眼光瞄准中国的世界级时装设计师。1977 年，他融合中国清代服装与东方建筑艺术，

---

① （法）菲奥纳·李维斯、伊夫·圣洛朗：时代的色标 [M]. 余磊，李月敏译. 北京：作家出版社，2011：103.

② http：//www.discountuniverse.com.au/blog/2010/12/

③ http：//epaper.gxnews.com.cn/ngjb/res/1/20080623/83501214182366671.jpg.

④ http：//e-notice.ru/knigi/

⑤ 20 世纪 10 年代，保罗·普瓦雷带领俄罗斯芭蕾舞团（Ballet Russes）来欧洲巡演，令欧洲人侧目的异族服饰和令人眼花缭乱的色彩给当时沉闷的欧洲时装注入活水，也为服装设计带来异域风情的灵感。

图 12-6　1967 年春夏非洲（YSL Africa）系列

图 12-7　1969 年穿撒哈拉狩猎装的模特与圣洛朗

图 12-8　1976 年俄罗斯芭蕾系列设计草图（左）

图 12-9　1977 年中国风系列设计草图（右）

设计出对襟外套、塔形肩、尖顶礼帽等具有中国元素的典雅女装（图 12-9）[①]，向世界时装设计界展现一个文化底蕴深厚的中国宝藏。圣洛朗游走于国际异域风格之间，通过众多风格演绎，将各地服饰融会贯通，让人们懂得超越民族的服饰更令人心潮涌动。

① http：//www.ejdmoda.com/2010/08/paris-yves-saint-laurent-retrospective.html.

参考文献

[1] John Potvin. Exhibition Review：Yves Saint Laurent Style，Fashion Theory：The Journal of Dress[J]. Body & Culture，2012-06，14（2）：237-244.

[2] Christina Passariello. At Yves Saint Laurent，Brand Lives On；Well Before His Death，Designer Handed Off Company He Founded[J]. New York：Wall Street Journal，2008-06-03.

[3] （法）菲奥纳·李维斯. 伊夫·圣洛朗：时代的色标 [M]. 余磊，李月敏译. 北京：作家出版社，2011.

[4] （英）安德鲁·塔克，塔米辛·金斯伟尔. 时装：速成读本 [M]. 童未央，戴联斌译. 北京：三联书店，2002.

[5] （德）爱德华·傅克斯. 欧洲风化史:插图本,资产阶级时代 [M]. 赵永穆,许宏治译. 沈阳：辽宁教育出版社，2000.

[6] 王受之. 世界服装史 [M]. 北京：中国青年出版社，2002.

（王腾飞）

13   伦佐·皮亚诺（Renzo Piano）

伦佐·皮亚诺（Renzo Piano）（图13-1）[1]说："在开始工作之前，我通常要在当地花费很长时间，努力把握这个地方的'场所精神'（Genius Loci）[2]。任何地方都会有其精神……当所有材料汇集到一起后，对场所的感觉便基本形成了。但是这与技术的影响并不矛盾，两种要素必须共存。""场所精神"指人抓住某些特定的环境因素来

图13-1　伦佐·皮亚诺（1937~ ），意大利建筑师，出生于意大利热那亚，1998年获普利兹克建筑大奖

定位和建立人与其存在或使用的空间之间的某种相关联系，包括自然环境和人文环境，即侧重反映人对空间环境和文化的认同感和归属感。伦佐·皮亚诺正是以技术的多元性方式介入建筑及其环境的创作当中，"在技术和艺术的完美结合里赞美结构，"[3]创造出散发着场所精神的精巧建筑。

意大利建筑师伦佐·皮亚诺1937年出生于意大利热那亚（Genoa）一个建筑商世家，他的祖父、父亲、叔叔和哥哥都是建筑承包商。生活环境的影响及他对建筑艺术和材料的浓厚兴趣，是他顺理成章成长为一名建筑师的重要原因。在米兰建筑工程学院（Milan Politecnico）学习时，皮亚诺还在弗朗哥·阿尔伯尼（Franco Albini）的工作室工作，他满腔热情地在工作室里专心进行创新材料实验的尝试，以塑造成具有张力的错综复杂的弹性膜结构。在这期间他努力汲取知识，造就了他"对潜在问题的敏锐洞察力"[4]及对材料和细部节点的关注。他的建筑事业实际上从1964年于米兰建筑工程学院毕业时开始，他先后在不同的城市与不同的建筑师进行了富有成果的合作。1981年，他创建自己的工作室称为伦佐·皮亚诺建筑工场（Renzo Piano Building Workshop）。皮亚诺始终表现出建筑师和手工艺者精益求精的风格，在不断的实践中，结构轻巧和多姿多彩的建筑创意和形式的追求加之注重场所及其所拥有的各种资源是他的作品的一大亮点，这也许正吻合了他作为人文主义文化遗产的意大利人的特

① 大师系列丛书编辑部. 大师系列第二辑——伦佐·皮亚诺的作品与思想 [M]. 北京：中国电力出版社，2006.

② （挪）诺伯舒兹. 场所精神：迈向建筑现象学 [M]. 施植明译. 武汉：华中科技大学出版社，2010.

③ About Renzo Piano，http：//www.pritzkerprize.com/98piano.htm.

④ （美）彼得·布坎南（Buchanan Peter）. 伦佐·皮亚诺建筑工作室作品集 1[M]. 张华译. 北京：机械工业出版社，2003：10.

点。1998 年，皮亚诺荣获了第 20 届普利兹克建筑大奖（Pritzker Architecture Prize）。

"建筑就是社会，因为没有人类，没有人类的希望、渴望以及激情，建筑就不会存在。"①不同地区的文化背景各不相同，皮亚诺坚信在场所与建筑之间甚至在场所与建筑肌理之间建立一种呼应，让技术与场所共生。他以技术作为手段，建构具有地域和时代特色的建筑，回应地区历史和人文城市环境，使建筑独具特色而又气质温和。他将现代先进技术与地域传统技术、材料与工艺结合，是当下时代精神与传统历史文化元素中蕴含的生命力精神之间最有创意的融合。现实的过去转变成重构的建筑主体，城市历史悠久的人文底蕴成为实用场所，从外向内或从内向外不间断地融合，力求承前继后，塑造标识性建筑。名扬全球的蓬皮杜文化艺术中心（Centre Pompidou）就是经直接、从容且热情的技术表达出脉络清晰的历史发展的艺术形象和文化内涵，以狂放不羁的姿态挑战了现有的建筑理念。1992 年在德国柏林的波茨坦广场改建（Reconstruction of a section of Potsdamer Platz，Berlin，Germany）中更是以不失对传统回应与协调基础上进行丰富多变的表现。

"场所"的一个主要特质是它的自然性，意味着建筑是大地之上，苍穹之下，人的栖息之所。皮亚诺善于探索多种多样的技术，在设计中把自然的技术移入建筑并自始至终贯穿其中。在皮亚诺的作品中，形态的仿生原型运用，赋予建筑更多的生命力。室外自然景观设计和室内绿色植物的点缀为建筑增添了视觉魅力和舒适的身心感受力。"双层皮肤"（Bilayer Skin）②的设计既节能又美化城市景观。自然光影的漫反射、声音的舞动奏乐和风的流动回转等空间中无形因素的技术处理结合独具亲和特质的木材、稳固大方的石料以及轻逸通透的玻璃等各种材料性能的自然化利用，达到建筑与自然的和谐共处，这是一种具有延伸性和包容性的生态人居场所。如 1981 年设计的休斯敦的梅尼尔博物馆（Menil Collection Museum，Texas，U.S.A）立面上精美的遮光罩与采光装置，可以使阳光始终照进室内成为建筑的组成部分，以一种明快柔和的手工艺气息完成与周围自然环境相因相生。1988~1994 年设计并建在日本大阪海湾中的关西国际机场（Kansai International Airport Terminal，Osaka，Japan）如同恐龙骨架的结构体系，用技术解决了人类面临的生态挑战，且有效地利用了能源和美化了城市环境。1991 年设计的让·玛丽·芝巴欧文化中心（Jean-Marie Tjibaou Cultural Center，Noumea，New Caledonia）更是将自然特性发挥得淋漓尽致。

在对场地进行深入研究，汲取丰富多样的技术和材料，极大的影响了皮亚诺建筑的艺术形式。他说："一个高妙的建筑作品应该去完成，而非抢占既存

---

① （美）彼得·布坎南（Buchanan Peter）.伦佐·皮亚诺建筑工作室作品集 2[M].周嘉明译.北京：机械工业出版社，2003：11.

② 双层皮肤，是一种充分利用自然能源的高性能建筑表皮维护结构系统，对其构思和创意的灵感主要来源于对自然界动物皮肤组织以及温室结构的模仿，并且从生态、美学、结构及功能等多角度出发进行设计。

天空的自然美。"[①]皮亚诺以在材料的艺术运用、场所的人情味和可持续性以及城市的历史文脉之间达到最佳平衡的实用态度为基准。他对技术全面而透彻的理解，几何结构的单体构成柔和的纵横交错结构的自由运用，对坚固平滑的现代材料引入纯朴亲和的传统材料的潜能充分挖掘和发挥，对细部节点构造的精益求精，融入到整个建筑的个性化造型之中，解决了多重属性的技术与艺术之间的结合。单个建筑个体内在的表现组成一幅幅静止不动的自然画面，各场所散发出来的时代性和艺术感，使人与建筑及其结构、空间之间产生了强烈的共鸣，这也是未来建筑发展的必然趋势。

代表作品评析：

1. 蓬皮杜国家艺术和文化中心（Centre Georges Pompidou）

建筑师：伦佐·皮亚诺（意大利）和理查德·罗杰斯（英国）

时间：1971~1977 年

地点：法国巴黎

被视为高科技建筑里程碑的蓬皮杜国家艺术和文化中心（Le Centre national d'art et de culture Georges-Pompidou）是法国前总统乔治·蓬皮杜（Georges Pompidou）决定兴建的，简称蓬皮杜中心，坐落于法国巴黎（Paris）市中心区。结合历史底蕴和城市布局积淀的原理，其视觉形象与巴黎的历史建筑完全对立。这里珍藏着法国乃至世界现代艺术的珍品，它与卢浮宫（Louvre Museum）、奥塞博物馆（Musee du Orsay）并称为巴黎三大艺术博物馆。作为一个活跃的娱乐及文化的中心，开馆后的 20 年间，每天 2.5 万游人使蓬皮杜中心立即成了这座城市里最受欢迎的建筑物，是巴黎的一大名胜。

蓬皮杜中心因庞大的量体及古怪的造型，也是城市中的标志性建筑之一。其平面呈矩形，长 166m、宽 60m、高度 42m，是一幢纯空间重叠系统的 6 层钢结构建筑。通过不加遮掩地暴露内部真实空间的设置，创造了一种结构、技术和运动三者结合的现代主义机械审美观。除去一道防火隔墙外，支撑整栋建筑物的 28 根巨大圆形钢管柱以横向的钢架相连接。因此内部空间宽敞而完整，可配合各种不同的机能需求加以区隔，具有最大的使用弹性。追求自由化的建筑空间是设计者的建筑理想和创作理念，他们说："我们把建筑物看成像城市一样的灵活，并设计成可变动的框子，人们在其中应该有按自己的方式干自己事情的自由……自由和变动的性能，就是房屋的艺术表现。房屋要适应人的不断变化的需要，促进丰富多彩的活动。"[②]为了加强结构架的稳固性，建筑外部笼罩着互相交错的菱形钢架网，斜向的拉力使各部分结构统一为一体，同时也美

---

① About Renzo Piano，http：//www.pritzkerprize.com/98piano.htm.

② 杜歆．国立蓬皮杜艺术与文化中心 [J]．世界建筑，1981，3.

图13-2 蓬皮杜艺术中心西立面及广场（1971~1977），坐落于法国巴黎（Paris），获1978年杰出国际设计工作奖（左）

图13-3 蓬皮杜艺术中心侧面自动扶梯局部及广场（右）

化了建筑的外部形象。

　　建筑东西两侧，垂直线条状的支柱延续了法国哥特建筑（Gothic architecture），向上升跃的动势。在西立面，巨大的圆筒状自动扶梯斜向上升，横跨整个立面，即不阻挡内部空间，外形上又相当壮观（图13-2、图13-3）①。沿着这条线上升不仅让你逐步看到巴黎市区的优美景观，还能满足你对蓬皮杜艺术文化中心内部状况的好奇心，作为活跃建筑形象的主要元素，它因此也巩固了城市和建筑之间的直接关系。与正面完全不同的是，在东立面上布满了各种颜色的垂直管道（图13-4）②，红色的是交通运输设备，蓝色的是空调设备管道，绿色的是给排水管网，黄色的是电气设施和管线。花花绿绿的背面让人不自觉地联想到巴黎圣母院内色彩斑斓的玫瑰窗，十分明确的功能分布具有很高的观赏价值。建筑采用钢和玻璃为主要材料，各组成部分的原型均采用传统手工制作和安装，赋予了建筑更多的透明性、轻盈性和震撼性。

　　除了庞大的建筑本体外，建筑师将一半建筑用地规划成巨大坡形的博伯格广场（Beaubourg）。这一充满公共生活的场所，既提供人们休息、交流的空间，又可容纳自发性的娱乐活动及露天表演，使得它周围的地区乃至整个巴黎都朝气勃勃。广场内展出著名雕塑家布兰库西（Constantin Brancusi）的作品，丰富的色彩呼应了建筑物的立面形式，将建筑与周遭环境有机地融合在了一起。

　　蓬皮杜文化艺术中心是利用新技术创造出来的蕴含着古典精神的新时代建

① 大师系列丛书编辑部.大师系列第二辑——伦佐·皮亚诺的作品与思想[M].北京：中国电力出版社，2006：56.

② 大师系列丛书编辑部.大师系列第二辑——伦佐·皮亚诺的作品与思想[M].北京：中国电力出版社，2006：50.

图 13-4　蓬皮杜艺术中心
东立面设计模型

筑，尽管对其评价褒贬不一，但在历史符号的基础上它以崭新独特的方式展示了地方人文史的场所特质，大胆的时代超越精神复兴了巴黎整个城市的动态生活，引领人们向着自由的未来不断前行。

2. 联合国教科文组织实验室工作间（The Renzo Piano Building Workshop in Punta Nave）

建筑师：伦佐·皮亚诺（意大利）

时间：1989~1991 年

地点：意大利热那亚（Genoa）

意大利深厚的文史底蕴、繁盛的艺术滋养了皮亚诺深邃的思想和无穷的创作灵感，他开始尝试在建筑中运用非物质的元素。在其家乡热那亚利古里亚（Ligurian）环海的山丘上，默默栖息着一座由皮阿诺建筑事务所和联合国教科文组织共享的实验室，用于研究自然材料在建筑结构上的运用。因其设计以模仿自然界的各个方面为基准，诠释了他所说的"有人在工作的室内场景"，也是皮亚诺将人造技术与自然世界创造性相结合的挑战。

整个建筑攀岩倚立，四面环海，基地依着山势变化，由礁石顶端沿平缓的山坡呈阶梯状向上延展，工作区域顺着坡度被布置在连续的不同层面空间上（图 13-5）[①]。这种布局形成了员工之间极强的参与合作意识与交流互动的工作氛围。以木材和玻璃为主要材料，建筑如同一个蝉翼般轻薄的巨大温室，将大自然的绿意快然和碧海蓝天引入建筑各层，置身于室内也能享受到地中海晴朗的天空及建筑周边优美的环境。

由木板层叠的胶合木梁与轻钢支架组合成倾斜的屋顶，木构件内因含人工

① 大师系列丛书编辑部. 大师系列第二辑——伦佐·皮亚诺的作品与思想 [M]. 北京：中国电力出版社，2006：97.

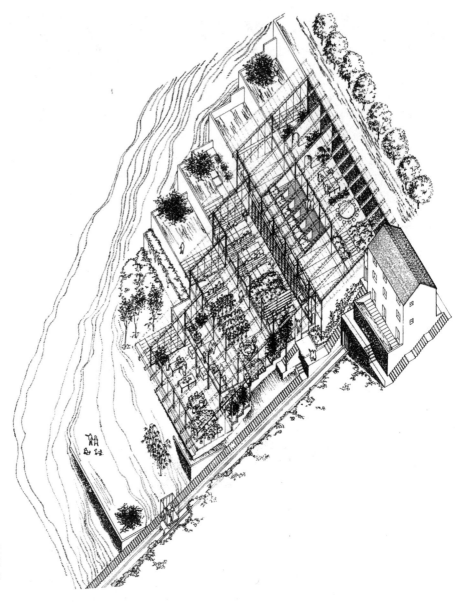

图 13-5 联合国教科文组织实验室工作间轴测图（1989~1991），坐落于意大利热那亚 (Genoa)

纤维具有热绝缘的结构性能。自然光可提供所有的室内照明，由感光电池控制的通透玻璃天窗能自动调节光线的强弱。顶棚上百叶窗的投影，给内部事物的表面制造了一种游移变化的肌理（图 13-6）①。室内的具备自然特性的各种木质模型极具装饰意味，能提升整个内部空间的品位。外玻璃幕墙清一色全是无框玻璃板结合外卷帘遮阳系统，避免室内过热。使用当地农家温室中典型的粉色灰泥涂饰外墙的内壁，朝外一面是古朴毛石的创新实践，内外墙壁之间有趣的对比丰富了建筑的装饰面。工作室内有一条台阶沿着玻璃墙连接上下各层，室外又有似透明盒子状的玻璃电梯作为工作室的主要垂直交通工具，人们可以沿着倾斜的轨道欣赏地中海迷人的风景。

① http：//www.renzopiano.it.

工作室玻璃屋顶的斜梁之间，有一个小型的室外花园，延伸的空间使工作环境更加舒适（图 13-7）[①]，员工在此可俯瞰整个热那亚海湾及周边的景观。浓郁的自然表现力和宜人的情调散发着以人为本的气息，体现了建筑、人、环境二者的紧密结合。

图 13-6 联合国教科文组织实验室工作间内部（左）
图 13-7 联合国教科文组织实验室工作间室内花园（右）

3. 努美阿让·玛丽·芝贝欧文化中心（Jean-Marie Tjibaou Cultural Center，Nouméa）

建筑师：伦佐·皮亚诺（意大利）

时间：1991~1998 年

地点：南太平洋新喀利多尼亚斯特的努美阿（Noumea），海滨 1000 号

从 20 世纪 60、70 年代的弹性膜结构到 80、90 年代从木头到玻璃等多种材料的结合使用，皮亚诺一次次采用标新立异而非墨守成规的设计方案，以各种新颖的建筑技术为工具，营造可持续的生态空间逐渐成其为最终的目的。由法国政府出资在努美阿（Nouméa）建造的玛丽·芝贝欧文化中心，就展现了皮亚诺利用风、光和植物等自然元素，在民族传统和现代技术之间寻求平衡点的完美演绎。

玛丽·芝贝欧文化中心的建立是应新喀里多尼亚（New Caledonia）的请求，用以纪念在 1989 年遇刺的政治领导人——让·玛丽·芝贝欧。该中心由 10 个高低大小和功能各不相同但都代表着特定主题的棚屋组成，面向努美阿海湾，沿着半岛微弧的人行廊道如雕塑般一字排开，蜿蜒通向各个花园（图 13-8）[②]。文化中心包括展馆场所、图书馆、多媒体中心、科研中心、管理部门等空间。皮亚诺以尊重场所自然环境与传统文化为前提，他重新解读了当地卡纳克（Kanaks）

---

① http：//www.architectureweek.com/architects/Renzo_Piano-01.html.

② （意）马泰罗·阿尼奥莱托. 世界著名建筑大师作品点评丛书——伦佐·皮亚诺 [M]. 赵劲译. 大连：大连理工大学出版社，2011：50.

图 13-8　芝贝欧文化中心
鸟瞰图（1991~1998），坐
落于新喀利多尼亚斯特努
美阿（Noumea）（左）
图 13-9　芝贝欧文化中心
与传统棚屋的对比（右）

民族喜欢群居的村庄布局形式以及传统的棚屋结构和功能之后，运用现代技术将棕榈树木料与不锈钢组合成的木质拱肋和梁结构，作为围合空间外围的材料，其象征性的形态不仅回应了卡纳克茅屋特有的植物纤维编织缠绕风格，也增强了建筑的抗风抗震力（图 13-9）[①]。

皮亚诺结合场所的生态环境和气候特点，设计的双层屋顶系统在建筑领域创造出了一个新的综合体。外层是由奥里诺科（Orinoco）河木料做成的玻璃薄板，内层是由玻璃表面做成的陶瓷窗，玻璃板能够随着日光和云影而变幻莫测，造成一种有趣的色彩效果（图 13-10）[②]。同时棚屋背对着大海和海风，充分利用当地常年不变的信风和日照条件，建筑物的各组成部分会在不同的风力条件下发挥各自不同的作用。气流可经双层屋顶之间的通风换气层来回自由呼吸，室内的人既可以开窗降温，也可以同时关上玻璃板与陶瓷窗，空气在此进行温度过热和冷热交替，起到了调节室温的作用。肋骨间的空隙形成的风道，既抵挡了海风的侵袭，又大大地减少了内部消耗。海风透过片片百叶窗穿越参差错落的空间时会发出各种柔软悦耳的声音，整个建筑随着这些美妙的旋律洋溢着舒适宜人的情调。室外方形的公共空间与建筑在线性道路上错落交织，形成了一个个独具特色的庭园。内外空间流动自如，人们时刻都能与大自然有着亲密的交流。

皮亚诺丰富多彩而变幻无穷的建筑风格及善于使用各种技术设备通过这个特殊岛屿文化和环境的特点，展现了每种材料最具魅力的特质及可发挥空间性，将场所的人文性、自然性和艺术性发挥到了极致。

① 大师系列——伦佐·皮亚诺 [M]. 林崇华，张晓非译 . 北京：中国电力出版社，2008：25.
② http：//www.pritzkerprize.com/laureates/1998.

图 13-10 芝贝欧文化中心
双层外皮

参考文献

[1] 大师系列丛书编辑部.大师系列第二辑——伦佐·皮亚诺的作品与思想 [M].北京：
中国电力出版社，2006.

[2] 刘松茯，陈苏柳.普利茨克建筑获奖者建筑师系列 伦佐·皮亚诺 [M].北京：中
国建筑工业出版社，2007.

[3] 大师系列——伦佐·皮亚诺 [M].林崇华，张晓非译.北京：中国电力出版社，2008.

[4] （意）马泰罗·阿尼奥莱托.世界著名建筑大师作品点评丛书——伦佐·皮亚诺 [M].
赵劲译.大连：大连理工大学出版社，2011.

[5] 杜歆.世界建筑——国立蓬皮杜艺术与文化中心 [J].世界建筑，1981.

[6] （美）彼得·布坎南.伦佐·皮亚诺建筑工作室作品集 1[M].张华译.北京：机械工
业出版社，2003.

[7] （美）彼得·布坎南.伦佐·皮亚诺建筑工作室作品集 2[M].周嘉明译.北京：机械
工业出版社，2003.

[8] （挪）诺伯舒兹.场所精神：迈向建筑现象学 [M].施植明译.武汉：华中科技大学
出版社，2010.

网络资料

[1] http：//www.pritzkerprize.com/laureates/1998

[2] http：//eng.archinform.net/arch/17.htm

[3] http：//www.architectureweek.com/architects/Renzo_Piano-01.html

[4] http：//rpbw.r.ui-pro.com

（唐倍）

14　摩西·赛弗迪（Moshe Safdie）

透过自然、宇宙和人类的本质
我们应当寻求真理
如果我们寻找真理
我们就会发现美

——摩西·赛弗迪

　　摩西·赛弗迪（Moshe Safdie）是以色列裔建筑设计师、城市规划师、建筑学理论家和作家。他 1938 年 7 月 14 日出生于巴勒斯坦地区（British Mandate of Palestine）的海法（Haifa）①，在此度过了他的少年时期，接受犹太民族的传统教育。15 岁时他随家人长途迁徙，移居至加拿大的蒙特利尔（Montreal）。1955 年进入麦吉尔大学（McGill University）学习建筑，1961 年获得建筑学学位。他毕业后先是在凡·金克尔（Van Ginkel）的指导下实习一年，随后到位于美国费城的路易斯·康（Louis Kahn）建筑事务所做学徒，由此开始了他的职业生涯。学徒期满后，他在蒙特利尔设立了个人的建筑事务所，1978 年迁至美国波士顿，由于业务量的增多和工作的需要，又先后于耶路撒冷、多伦多和新加坡设置了办事处。

　　赛弗迪的主要作品包括有：位于蒙特利尔的"居住地 67"（Habitat' 67，1967）、耶路撒冷犹太大屠杀历史博物馆（Yad Vashem Holocaust History Museum，1999）、新加坡滨海湾金沙酒店（Marina Bay Sands，2010）、印度卡尔沙文化遗产中心（Khalsa Heritage Center，2011）等等。

　　他的杰出表现使其屡获殊荣，有加拿大优秀建筑师奖、美国室内设计协会颁授的国际设计奖和由美国景观建筑学会颁发的荣誉奖等。

　　作为规划学者的赛弗迪善于在社会学层面上去思考建筑在城市组织形式中的地位和作用。早期现代主义者的理论，如赖特（Frank Lloyd Wright）的"广亩城市"（Broadacre City）方案②与柯布西耶（Le Corbusier）的"反中心化"倾向等，迅速改变着现当代建筑的格局，导致社交关系的剧烈转变。赛弗迪一针见血地

---

① 1948 年以色列建国后，海法被划归以色列，位于该国北部。
② 赖特在 20 世纪 30 年代提出的城市规划思想，重点在于说明"分散"将成为未来城市规划的原则。

指出这些分散式发展之弊端——规划与设计的分离，导致对建筑形式的孤立追求和单位化之间的非连续性，提出"我们面对的最大的任务是去发展、发明和创造一种新的都市环境。"[①]他认为建筑应当实现促进人们沟通交流的目的，在公共空间中重塑良好的互动关系，创造出与环境相互适调的美。

赛弗迪深入考察与研究了人、建筑与环境三者之间的依存关系。他认为应制定一种合理规划的发展策略与纲领，来抵御和破解非人性化效应对人的压制与围困：

一是建筑的人性化，体现在对当地长期形成的人文环境和生活形态的尊重。即以主动融入的态度，吸收地方固有的特色，削减过于突兀生硬的设计元素，从而将新建筑物带来的冲击降至低点。建筑不是赘生的异体，它应当主动去适应人与环境，而非强迫人与环境来适应它。

二是建筑的宗旨与目的，实际上要以人的生活为准则，与人们的生活愿景相契合。他明确地表示："每个设计元素都必须表达出建筑物内在的应表达的生活理念。"[②]他认为建筑所蕴藏着的真理和美——归根结底，就是为了人，及其生活。

三是保育人性的前提在于保护资源。建筑材料应被合理高效地利用，从而降低耗损，节约资源，实现可持续性的发展。长远来看，这是既符合经济利益要求，又起到保全人性之作用的一种发展模式。

赛弗迪不断地探索、深化与实践其独创的思想理论，做出过许多开创性的成果与贡献，为精力充沛的公众生活缔造出鲜活灵动的城市气氛。[③]他在业界掀起一股前卫的实验思潮，亦一度被视为现代主义的先锋人物。

代表作品评析：

1. 居住地 67（Habitat'67）

时间：1967 年

地点：加拿大魁北克省蒙特尔市（Montreal，Quebec，Canada）

1967 年，加拿大的蒙特尔成功举办了主题为"人类与世界"的世界博览会。赛弗迪递交了一个大胆新颖的设计方案——"居住地（Habitat）"计划并获得委任。他在蒙特尔的圣罗伦斯河畔（Saint Lawrence River），日夜兼程地施工，但最终仍仅是完成了规划蓝图中的一部分。不过，虽然未达到预期中的规模（900 个居住单元），但单凭已经建成的部分（158 个居住单元），就已然充分地传达出赛弗迪卓尔不凡的设计理念。

① 莫什·赛弗迪. 后汽车时代的城市 [M]. 吴越译. 北京：人民文学出版社，2001：129.
② Moshe Safdie．Moshe Safdie's First Principles[J]．World Architecture，2011-08（254）：18.
③ Donald Albrecht．Global Citizen：The Architecture of Moshe Safdie[M]．New York：Scala Publishers，2010：5.

图 14-1 "Habitat 67" 生活社区，原计划建造 900 个居住单元，实际只是完成了 158 个

　　这个依照年份而被命名为"Habitat 67"的生活社区（图 14-1）[①]，是由 354 个方正的盒状混凝土体块相互交错叠合、紧密相接、集结形成 158 套公寓的新型小区。一个盒状的混凝土方块即为一独立房间，每二、三个房间合为一单元。房间的外墙面统一不施粉黛，保留混凝土原有之色调与质感，显得朴实周正，其内里为居住空间，则可依居者个性喜好自行布置。为实现良好的采光与通风，在各墙面嵌装上各式长扁宽窄的方形窗棂。脆薄光滑的玻璃与厚实粗砺的外墙异质相配，颇显新意。立方体原就参差错落，又有大大小小的方窗穿插其中，因此韵律顿成，饶有生趣。依照这种重楼累迭之方式排布的立方体上方极少遮蔽，所以其顶多被设为阳台，为人们提供一个畅享暖阳之处。因阳光充足，人们在建筑的四周、露台和角隅处适当地置放植物，在硬朗的气派中添注几缕柔美，使之与周边悦人的自然景观相扶相持而成谐和之态。

　　为实现这项具有创新性的建筑计划，赛弗迪采用了几项新型的建造技术：

　　第一，事先设定好单个居住单元的统一模板（modular units），用混凝土预制出相关的构件，再在施工现场通过类似于当今建筑施工中"预制板"[②]的建造方式将这些单元构件组装拼合起来，重复排列形成庞大的建筑主体(图 14-2)[③]。这种"预铸组合式"（Prefabricated units）的建造系统在当时被视作为标新立异之举。

　　第二，运用一种后来被称为"分形几何"（Fractal geometry）[④]的原理，打破

① http：//traubi.com/blog/wp-content/uploads/2010/03/habitat67-montreal.jpg.

② 预制板是建筑工程要用到的模件或板块，先在工厂加工成型后直接运到施工现场进行安装。

③ http：//cac.mcgill.ca/safdie/habitat/images/matrix-images/original/ hab67assemb.jpg.

④ 20 世纪 70 年代末 80 年代初产生的新兴几何学，空间具有不一定是整数的维，而存在一个分数维数。

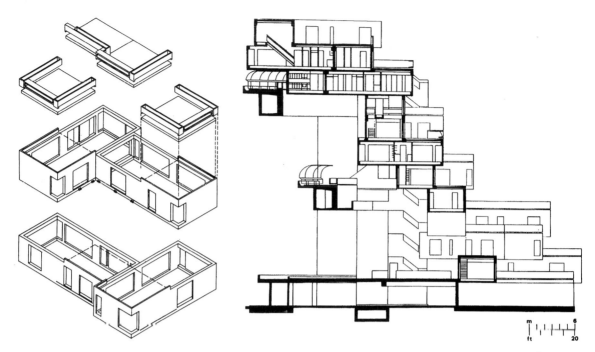

图14-2 "预铸组合式"建造系统示意图　个尻件单元由数个单元构件组装拼合而成（左）
图14-3 建筑剖面图，单元构件在水平和垂直维度上的各种变化，构造出一个奇特的空间环境（右）

了传统意义上规整稳重的格局布置。相同的单元构件在水平和垂直维度上的突出与缩进，就划分出诸般不规则、多样化的空间，并使之形成跳脱灵动、疏密变化的形态特征(图14-3)[①]，展示出极富有进化意味的构造形式和空间感觉[②]。从实用角度考量之，这种将建筑的周边弯曲成复杂的三维的模式，为提供长视距而增加了可以观赏景观的墙的数目，也为俯仰之间的视角变换带来别致生动的观感。另外，从形象角度来看，个体单元之间的这种推挡相接，极具集聚与互动的象征意味，各种隐义在于促进人际关系上的接触，交流与互动。

　　赛弗迪成功地为其抽象的理念思想赋予明晰的视觉形象，并借此佳作扬名四海。这座仅有40多年历史的建筑现成为唯一被政府视作保护遗产的现代建筑，足以证明其重要价值和影响。

2. 犹太人大屠杀纪念馆（Yad Vashem Holocaust History Museum）

时间：1999 年

地点：以色列耶路撒冷（Jerusalem，Israel）

　　1999 年，纪念以色列第二次世界大战时期大屠杀殉难者的教育和研究中心（Yad Vashcm）终于委任赛弗迪担任一项重要项目的主设计师，主持新建一座"犹太人大屠杀纪念馆"（Holocaust History Museum）（图14-4）[③]。依赛弗迪的设计思路，纪念性的建筑主体深藏于地面下，塑造出类似于墓穴的建筑形式和环境氛围，庄严肃穆，以使亡灵在此得到慰藉与安息。

① http：//cac.mcgill.ca/safdie/habitat/images/matrix-images/original/hab67-section.jpg.

② Paul Goldberg．Moshe Safdie II[M]．Mulgrave：Images Publishing，2008：3.

③ http：//www.e-architect.co.uk/images/jpgs/architects/holocaust_history_museum_ms110809.jpg.

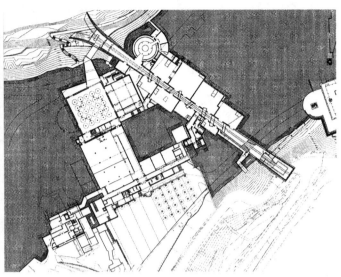

图 14-4　纪念馆鸟瞰图，左上方状如翅翼之处是纪念馆的出口，内里有观景台，可远眺城市（左）

图 14-5　纪念馆平面图，纪念馆主体部分笔直地横穿过纪念山，旁边是停车场和办公楼（右）

建筑物的整体外观类似一个狭长的正三棱柱，长约 15m，笔直地横穿过纪念山，并与山上一条弧形的主干道作十字形的交叉相接。柱体一条朝上的边脊稍稍突出地面，为建筑物的顶部（图 14-5）[①]。在这上面由细块的强化玻璃拼接而成的一道长列的天窗，是自然采光的主要源口。柱体中间部分深嵌于山中，两端则悬露在山外，南端为规整的正三角形外墙，在柱体的侧面上开有门户，为纪念馆的入口（图 14-6）[②]；在北端，柱体的两个侧面呈开放延展之态，这两道扁薄的侧墙状如双翅，在尽端处遽然伸张，舒翼若飞。

回看建筑内部。展厅隐于地面以下，山体之中，因而通过雕凿岩石来开辟室内空间，并采用混凝土和天然石块来加工砌建，以营造洞穴深处那独特的封闭围拢之感。再者，由于建筑顶部的狭小天窗采光有限，且多数陈列室内未设窗户，仅备射灯数盏，因此展厅内部的色调暗沉朦胧，气氛凝重肃杀，令人悚然。这些精心巧妙的环境布局切合了大屠杀的沉重主题。其中，接近出口处的一个展馆（图 14-7）[③]给人带来的情感冲击最为深重。当中陈列的是数百万个赴难者的姓名和许多肖像。这些宝贵的资料被铭刻或嵌装在一个悬垂于展厅正中的圆锥形吊龛上，温润的光束从吊龛顶部漫射下来，照亮了龛壁上遇难者们模糊的面容。覆罩物的正下方是环状的过道，人在过道上，仰首便能感觉到这些来自彼岸的注视。而通过环道中间的空隙探身下望，下方是人工雕凿出来的圆锥状岩石坑，一潭静水永驻其中，映出上方业已消逝的名号与人物，这种返照恍如隔世的呼唤。

对于这类纪念性的建筑，赛弗迪尤善于用简练、淳朴的现代派笔法来塑造静穆、沉郁的气质与格调。大屠杀纪念馆演绎着两个重要的设计原则与理念：

第一，一切的建筑形式，都应贴近和契合人类精神生活中的真情实感，以

① http：//www.msafdie.com/file/3034.jpg.

② http：//www.msafdie.com/file/3030.jpg.

③ http：//www.msafdie.com/file/3032.jpg.

便引发共鸣。例如，几何中的尖锥型，底盘稳固，又有向上延绵升腾之势。经赛弗迪的巧手施用，更显非凡气魄——以这种形式表达了对苦难的铭记、深省与超越。

第二，每个建筑应表现为个性独特的形式，以此折射出不同的意义与内涵，引人联想蹁跹。他在这个项目中，并没有从俗如流地去追求"拔地而起"的建筑，而是采取逆向思考，举出与之相反形态的建筑构思，并"糅合"金字塔与墓穴的概念，进行符合建筑自身品性的贴切考量，最终为该纪念馆打造出一个全新的形象范式，令世人交口称赞。

图14-6　纪念馆的入口，显露在外。而建筑物的主体部分则掩藏于山体之内，须经此入口方可抵达（左）
图14-7　展厅之一。陈列着部分遇难者的照片和名录。上面悬挂着庞大的金属吊龛，下面是人工凿抱出的岩石坑（右）

3. 自然科学博物馆（Science Museum）

时间：1995 年

地点：美国堪萨斯州威奇托市（Whichita，Kansas，USA）

1995 年，赛弗迪揽下一项科学博物馆（图 14-8）[①]的设计项目，工作地点在美国堪萨斯州威奇托市的阿肯色河河畔。在向该项目委员会解释初步的设计理念时，赛弗迪首先援引印度斋浦尔市的古天文台（Jantar Mantar）作例，为科学类主题建筑作出了一个基本定义："这建筑之所以成为科学建筑的原因，依我看来是它的结构、复杂度、丰富度以及完全的理性主义。"[②]在考察过该项目的环境地形与周边区域之后，他决定沿袭一贯以来的设计宗旨和原则——针对特定的地方和文化而进行设计，使具体地方的历史、文化及社会元素为设计提供灵感并与之交织。[③]为使建筑物彻底融入当地的景观、气候、文化与生活之中，要因地制宜，对原有的资源条件善加利用。他意图在河道上辟出一个小岛屿，用来承托建筑群的主要部分，再架设桥廊与陆上的部分相连，把建筑群与河流、

① http：//www.travelks.com/images/admins/14/Exploration%20Place.jpg
② 莫什·赛弗迪. 建筑的独特性 [OL].http：//www.ted.com/talks/lang/eng/moshe_safdie_on_building_uniqueness.html.
③ Moshe Safdie．Moshe Safdie's First Principles[J]．World Architecture，2011-08（254）：17.

图14-8 博物馆的全景，水面倒映出几何形态的建筑，实体与映像上下相契，组合出美妙的群体姿态

岸边和谐地融合起来。按照蓝图（图14-9）[①]上的描绘，建筑群有彼此相连的屋顶和内部，方便游客在众空间区域之间穿梭游走；人们可以经过陆地部分，通过会馆抵达敞亮的观光平台，欣赏迷人的全景。

这个项目是赛弗迪设计生涯中的又一次挑战与磨炼。需要深思细想的方面很多，其中的重心是如何通过特定的建筑形式来象征和阐述科学的奥义。他将思考得出的理论成果划归为一种几何图形的范畴——环形结构概念。赛弗迪推敲出一个双环形的结构组合——"其中之一的中心深入地下连到陆地的建筑；另一个延伸到天空，与岛屿的建筑相连"[②]（图14-10）[③]。这两个圆环如同在空间中架设起来专供于浇铸建筑实体的虚拟模具。而且在建筑实体落实成型之后，仍能够通过其形式上隐含的指示来引导知觉活动，使人联想出在虚空中蛰伏着的双环状负形体。如上形容的那样，建筑实体分别托举和撑持着两个巨大的负形体，在虚实相生的空间中发生互动。其间，建筑实体以其固化的物态负担起展示与观赏的实际功用，而负形体则以其空灵的抽象形态承载着形而上的价值与意义——隐喻着科学上的终极真理。

除形式外观上给人丰沛的美感与启迪外，环形结构同样带来具体的实际效能。依照这种精简架构建造之建筑，每一部分都处于司其职、尽其用的理想状态。由此证明，建筑中的每一个部件都应该实现其个性价值，包括艺术形态和实用功能两个方面。追求独特的构造形态并不意味着对实用性的偏废，反而必须同时兼顾双方，力求找出最佳之结合点。

① http：//cac.mcgill.ca/safdie/finalImages/Ms126s06.jpg

② 莫什·赛弗迪：建筑的独特性 [OL].http：//www.ted.com/talks/lang/eng/moshe_safdie_on_building_uniqueness.html.

③ http：//cac.mcgill.ca/safdie/whichta /images/matrix-images/original/ SC01.jpg

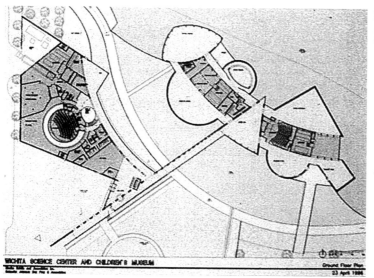

作为一位深具人文情怀和实验精神的建筑师，赛弗迪特别强调发掘建筑本身的独特性。他竭尽心力地将这种意念具体物化为优美的现代主义建筑形态，以此传达给人独特的感受。

图 14-9 规划蓝图，整个建筑主体包括岛屿部分与陆上部分，两者之间通过长桥相连，此外，彼此屋顶和内部亦相互连通（左）
图 14-10 设计草图，这是一个双环形的结构组合。虚实相生，饶有意味（右）

参考文献

[1] Moshe Safdie．Moshe Safdie's First Principles[J]．World Architecture，2011-08（254）．

[2] Moshe Safdie．Ethics，Order And Complexity[J]．World Architecture，2011-08（254）．

[3] Michael Crosbie．Moshe Safdie Peabody Essex Addition[J]．Architecture Week，2003-08（159）．

[4] Paul Goldberg．Moshe Safdie II[M]．Mulgrave：Images Publishing，2008．

[5] Donald Albrecht．Global Citizen：The Architecture of Moshe Safdie[M]．New York：Scala Publishers，2010．

[6] （意）布鲁诺·赛维．现代建筑语言 [M]．席云平、王虹译．北京：中国建筑工业出版社，1986．

[7] 任仲泉．空间构成设计 [M]．南京：江苏美术出版社，2002．

[8] （美）莫什·赛弗迪．后汽车时代的城市 [M]．吴越译．北京：人民文学出版社，2001．

网络资源

[1] http：//www.ted.com/talks/lang/eng/moshe_safdie_on_building_uniqueness.html

（梁彦）

15 安藤忠雄（Tadao Ando）

> 建筑要重拾现代社会抛弃的观念，并凸显其问题；而且建筑必须是那个地点与那个时代的独特产物。
>
> ——安藤忠雄

安藤忠雄（Tadao Ando）1941 年出生于日本大阪，被世人称为"清水混凝土诗人"。1995 年，世界建筑界的最高奖项普利兹克奖的获得者。童年的生活环境①引起他对建筑的兴趣，15 岁开始经常去参观大板和京都一带的角屋、飞云阁、待庵等日本名茶室，以及高山一带的古民居等。这些传统建筑展示了自然材质的美感，其自身强烈的建筑形态表现出的谦逊抑郁的美学气息在不觉间打动了安藤忠雄，让他下定决心一辈子搞建筑的是弗兰克·劳埃德·赖特在东京设计建造的帝国饭店，他的建筑语言和空间完全虏获了安藤。高中毕业后的安藤没有进入大学，受生长地大阪地区浓郁"物的生产"这样一种气氛的影响，成为一名木工学徒，这一段的经历给予他重大的影响，使他学会了用眼睛和感官来观察体验事物。后来安藤忠雄回忆说："在于木材纹理的接触中，我参与了一场内部的挣扎与斗争——即将出现的形式是否符合木材本身的愿望……经过长时间的努力，我能听见它的召唤了。在与其他材料，如石头、混凝土的接触中，我逐渐能够清晰地感受到它们潜在的强烈的声音，并能听到大地的呼吸声，这使我真正感受到生活的丰富性。"②

20 多岁对安藤忠雄来说是一生的重要时期，是自我意识形成，是与人和社会交往碰撞的重要时期。在古旧书店发现法国建筑大师勒·柯布西耶的建筑作品集，成为安藤人生的转折。安藤被书中的设计草图吸引，并反复临摹书中的设计图，对于想通过自学进入建筑领域的安藤而言，勒·柯布西耶是他学习的方向，安藤阅读了大量有关勒·柯布西耶的著作，效仿其在旅行中学习的方法。安藤是职业拳击手出身，这一特殊经历使他体会到紧张感和独自作战的孤独，并成为安藤创作事业的基础。安藤用比赛获得的奖金到世界各地旅行，他说"旅行"是他惟一的最重要的老师。安藤的旅行是进行有深度的思考过程，

---

① 小时候住在木工所及玻璃制造工厂的制作现场旁，受其影响很自然地想过自己将来从事与建筑有关的职业。
② 刘小波. 安藤忠雄 [M]. 天津：天津大学出版社，1999：2.

是与自己进行"对话"的过程，去探求西方古典主义建筑的根源，整个过程安藤致力于考察自然景观和人文建筑。安藤去了维也纳、巴黎和美国等地，安藤通过旅行中的所见所闻是其在观察日本原有建筑所未能得的，这一经历丰富了他建筑知识的储备，并阔了他的眼界，是他最好的建筑教育。

因安藤未受过正规的建筑教育，在高中毕业后便参加了 Semi Mode 研究班，之后通过各种渠道学习了室内设计和制图等技巧。在他未成为建筑师之前，参与的设计多是一些家具、室内装修和木构住宅。

1969 年，28 岁的安藤结束了职业拳击手的工作，在大阪开设了安藤忠雄建筑事务所。1976 年在大阪设计建造的处女作"住吉长屋"（Sumiyoshi Row House）让他闻名业界，这个住宅集中体现了安藤建筑的某些特色：苦心创造精美的混凝土墙面、严格的几何构成、尊重地方文化特色、将自然融入抽象的空间中、为日常生活提供了一种新的模式。从此，安藤便确立自己以清水混凝土和几何形状为主的建筑风格。20 世纪 80 年代在关西周边设计了许多商业设施、寺庙、教会等，20 世纪 90 年代之后公共建筑、美术馆以及海外的建筑设计案开始增加。近十年来，中国频频成为安藤创造设计的实践地，通过中日间文化的共同根源，安藤希望在这边土地上创造出具有中国特色的特有建筑。

安藤说："我在自己设计的建筑中，却并不轻易地将自己的思想或者美学观点向现实问题妥协，而将自己的艺术表现按照社会的、客观的视点升华为一座建筑。"[①]在建筑中运用几何形之间的组合，利用关系来划分不同的空间，创造出极具特色的建筑语言。安藤主要代表作有住吉的长屋（Sumiyoshi Row House, Osaka）、六甲集合住宅（Rokko housing）、城户崎住宅（Kidosaki House, Tokyo）、TIME'S（1983~1991）、水御堂（Water Temple, Awaji Island, Hyogo）、儿童活动中心（Children's Seminar House, Himeji, Hyogo）、直岛当代美术馆分馆（Naoshima Contemporary Art Museum, Okayama）、大阪府立飞鸟历史博物馆（Chikatsu-Asuka Historical Museum, Osaka）、大山崎山庄美术馆（1991~1995）、联合国教科文组织（Meditation Space, UNESCO, Paris）总部冥想之庭等。同时，安藤是为数不多的理论著书与设计实践结合很好的设计大师，通过《建筑家安藤忠雄》、《安藤忠雄连战连败》、《安藤忠雄论建筑》等著作将自己的设计思想、建筑感悟呈现给大众，使我们多角度地认识安藤忠雄的建筑及其设计思想。他还是一名教育热衷者，先后在耶鲁大学、哈佛大学、哥伦比亚大学、东京大学和中国的东南大学做客座教授，教授建筑学习者丰富的知识和经验。

安藤忠雄已经赢得了几乎所有的建筑奖项，享有建筑师梦寐以求的种种荣誉。如阿尔瓦·阿尔托奖（芬兰 1985 年）、法国建筑学会大奖金牌（1989 年）、美国建筑师协会名誉会员奖（1991 年）、阿诺鲁德·布伦娜纪念奖（1991 年）、

---

① （日）安藤忠雄 . 安藤忠雄论建筑 [M]. 白林译 . 北京：中国建筑工业出版社，2002：122.

英国皇家建筑师协会名誉会员（1993 年）、日本艺术院奖（1993 年）、朝日奖（1995 年）、普利兹克奖（1995 年）、世界文化奖（1996 年）、法国文学艺术勋章（1995 年、1997 年）、国际教堂建筑奖（1996 年）、英国皇家建筑师协会金牌（1997 年）、法国建筑学会名誉会员（1998 年）等。①安藤的设计是本土美学传统与国际现代主义风格结合的产物，与自然紧密结合，被国际上称为"没有知识的日本鬼才"。1995 年普利兹克大奖的评委在评论中这样写道："安藤忠雄的设计理念与材料使用连接了国际现代主义与日本美学传统……（他）在追寻自己设定的目标——恢复建筑与自然的统一。"②

安藤相信构成建筑必须具备三要素：

第一要素是可靠的材料，就是真材实料。这真材实料可以是纯粹朴实的水泥，或未刷漆的木头等物质。安藤在材料运用上坚持"极少主义原则，他认为材料使用要尽可能简单，才能将隐藏在空间构成背后的设计意图清晰地表达出来。"③安藤大部分作品使用混凝土材料，在他看来"我只是乐于把混凝土看成一种明朗安宁的无机材料，赋予它一种优雅的表达。"④

第二要素是正宗完全的几何形式，这种形式为建筑提供基础和框架，使建筑展现于世人面前；它可能是一个主观设想的物体，也常常是一个三度空间结构的物体。当几何图形在建筑中运用时，建筑形体在整个自然中的地位就可很清楚的跳脱界定，自然和几何产生互动。几何形体构成了整体的框架，也成为周围环境景色的屏幕，人们在上面行走、停留、不期的邂逅，甚至可以和光的表达有密切的联系，借由光的影子阅读出空间疏密的分布层次，经过这样处理，自然与建筑既对立又并存。

最后一个要素是"人工化"自然，如自然光导入，是人所安排过的一种无序的自然或从自然中概括而来的有序的自然！安藤所说的自然指的是被人工化的自然、或叫做建筑化的自然。他认为单单的植栽只不过是对现实的一种美化方式，仅以造园及其中植物之季节变化作为象征的手段极为粗糙。抽象化的光、水、风——这样的自然是由素材与以几何为基础的建筑体同时被导入所共同呈现的。建筑师莱西说："安藤的建筑哲学最关键的部分就是穿凿一种界限，在这里人们可以远离城市的喧嚣。"⑤

安藤游历四方，创造性地将西方文化与东方传统文化中的"道"相融合，并在他的建筑中致力于环保倡导永续共生的概念，遵循"以人为本"的设计理念，借助现代主义形式发展和深化的建筑学几何概念，并通过强调建筑、人、环境的完美结合，对现代主义建筑的批判和改造，从而为人们引入一种更积极、更有价值的生活方式。

---

① （日）安藤忠雄．安藤忠雄论建筑 [M]．白林译．北京：中国建筑工业出版社，2002：224

② 段利军．浅析安藤忠雄的建筑哲学 [J]．科学之友，2008-06-17．

③ 刘小波．安藤忠雄 [M]．天津：天津大学出版社，1999：21．

④ 孟迷．安腾忠雄——用混凝土优雅的寻梦 [N]．深圳特区报，2011-06-29．

⑤ 孟迷．安腾忠雄——用混凝土优雅的寻梦 [N]．深圳特区报，2011-06-29．

代表作品评析：

1. 风之教堂——六甲山教堂（Chapel on Mt. Rokko）

时间：1985~1986 年

地点：日本神户（Kobe，Japan）

雕刻家卡尔德赋予了看不见的风以形体，并灌入生命。艺术的本身将那种动感以诗的形式表达出来，并牢牢抓住了人类的心灵。安藤忠雄则借助人体的感知，彰显出微风拂面的诗般感受。风之教堂又名六甲的教会，位于神户海拔 1000m 的六甲山的山顶附近青翠的斜坡上，从教堂内可以俯瞰大阪湾的大海景观。出于对地形的考虑，教堂呈"凹"字形，整个建筑包括钟塔、连廊和教堂三部分，以及独立式的庭院围墙（图 15-1、图 15-2）[①]。建筑地盘总面积为 7933.9m²，建筑物占地面积约为 220.3m²，能容纳约 100 人。其中连廊宽（图 15-3）[②] 2.7m，长 40m，用钢结构的分割模拟柱廊效果、磨砂玻璃形成的半封闭空间以及地势引起的落差（下降），拉长了时空距离，模糊了尺度感。通过连廊进入教堂，从柱廊的开口可以看到远处的森林和大海，海风贯穿而过，沁人心脾。人在连廊里柔和而飘逸的光线中前行，可以感受到阳光的温暖，嗅到花草的香气，听到附近松林被风吹动时发出的"哗哗"声响，这就是"风之教堂"名字的由来。建筑结合周围极具生命力的自然风貌，感受符合东方自然审美的趣味，比风直接吹到脸上更要深刻。

图 15-1 六甲山教堂入口

① （韩）C3 设计 . 安藤忠雄 [M]. 吕晓军译 . 郑州：河南科学技术出版社，2004：112-113.

② （韩）C3 设计 . 安藤忠雄 [M]. 吕晓军译 . 郑州：河南科学技术出版社，2004：114.

通过连廊，步下楼梯，右转90°，打开钢门，便进入了正厅。主体部分包含2个6.5m直径的概念球体，再转90°，便能直面圣坛——因为受地形、植被限制导致的一个180°转向的教堂入口，入口运动路线的曲折，与长廊直截了当的简洁表达形成鲜明反差，丰富了空间形式。内部空间最值得注意的是引入光线的表达方法，把左侧的大玻璃窗分成几部分（图15-4）[①]的横竖窗格构成一个倒十字架，通过分割投影形成十字架。同时整墙玻璃窗把外面充满生命力的自然景色引入，创造自然幽静的空间，赋予建筑丰富生命力。

图15-4　安藤忠雄和助手们挖的人工湖

① （韩）C3设计．安藤忠雄[M]．吕晓军译．郑州：河南科学技术出版社，2004；116．

2. 水之教堂（**Church on the Water**）

时间：1985~1988 年

地点：日本北海道（Hokkaido，Japan）

"伊势神宫内有一条名叫五十铃的河，它总是静静地流淌着，每当看到这条清澈的河水，我都觉得她很美，并深为感动，而且它总是让我回忆起许多已忘却的事情。"[①]

安藤在构思在神户六甲山教堂时，远望对面的土地灵光一现想到："在正对面的土地上，例如在海的边际那端盖一座教堂，应该很有意思吧？"这就是设计"水之教堂"的灵感由来。[②]"一尘、一树、一十字，山中别有水中天"，这便是水之教堂的魅力。

水之教堂（图 15-5）[③]建筑基地总面积为 673m²，建筑物占地面积约为 344.9m²，建筑面积 520m²。教堂位于北海道夕张山脉的东北部群山环抱之中的一块平地上，每年的 12 月到 4 月份这里都是一片银装素裹。安藤和他的助手们在场地里挖了一个 90m×45m 的人工湖泊，从周围的一条河中引来了水，并精心设计湖泊的深度，使水面能够借助于风兴起涟漪，微妙地表现出风的存在。面对池塘，设计将两个边长分别为 10m 和 15m 的正方形在平面上进行了叠合。环绕它们的是一道 L 形的独立的混凝土墙，沿着长长的 L 形混凝土墙迂回路线，水声伴人前行，但又看不见水源，只有转过墙尽头，人们才真正看到一片宽阔的水面。接着在墙尽头的开口处转过 180°走上缓坡进入一个四面都是玻璃的空间，一个充满阳光的门厅。那里耸立着 4 个相互连接的十字架，人被自然光线包围着，坡璃衬托着蓝天使人冥思禅意，激发了心中的庄严感。然后弧形的楼梯将人引入黑暗的教堂内部，从黑暗世界走出的人透过圣坛的玻璃墙，首先看到的是一片平静的水面和一个矗立与水中央的大十字架（图 15-6）[④]，

图 15-5　水之教堂入口坡璃房门厅耸立的十字架（左）

图 15-6　水之教堂圣坛内整墙玻璃及耸立水中的十字架（右）

① 刘小波．安藤忠雄 [M]．天津：天津大学出版社，1999：53.

② （日）安藤忠雄．建筑家安藤忠雄 [M]．龙国英译．北京：中信出版社，2011：245.

③ （韩）C3 设计．安藤忠雄 [M]．吕晓军译．郑州：河南科学技术出版社，2004：124.

④ （韩）C3 设计．安藤忠雄 [M]．吕晓军译．郑州：河南科学技术出版社，2004：127.

在教堂与湖面之间巨大的透明玻璃，它以一种若有若无的存在划分出圣俗的界限。

与其说水之教堂是一座建筑，不如说它是人心灵自我感悟的驱动空间，通过开敞的大玻璃窗，面对以水天为背景的十字架，意味着上帝在水一方，在天一方，存在于广漠、空旷的天地之中，它拉近了人与神的距离，使神不再是那么高高在上，削弱了人神之间的阶级等级性。自然与人在这里达到和谐，人们可以和自然亲密接触，纯净心灵。

3. 光之教堂（Church of the Light）

时间：1987~1989 年

地点：日本大阪茨木（Ibaraki，Osaka，Japan）

安藤过去到法国造访过柯布西耶的朗香教堂，柯布西耶追求光线，把它们引入室内，让内部空间变得神秘又不失特色，安藤深受感动。那时，安藤的内心就把创造出群众寄托心灵的教堂建筑当成他内心的一个"梦想"，每一次建造教堂安藤都把它看作是自己"圆梦"的良机，从设计到施工都投入极大的精力和激情。安藤认为："自然应是与人们日常生活很接近的一种自发的存在。它应成为日常生活如工作、购物、与人约会聊天时最好的伴侣，我希望将自然重新引入都市之中并与日常经历相联系。"[①]

在中国和日本，关于光的诗歌屡见不鲜，例如"迎得春光先到来，轻黄浅绿映楼台"，诗歌总是含蓄唯美的，诗人总能借助景色寻求心灵的共鸣。中国自古就遵循"师法自然"的哲学思想，而日本文化是从学习中国开始的，这在日本寺庙、角楼、茶室的建筑样式及景观设计中都得以体现。安藤将诗的情怀赋予建筑，并借助自然现象使建筑富含一种"禅宗"的情感体现，优雅而耐人寻味。

自然界的光是无声无息，神秘多变，它赋予人类看到天地万物的能力。"光之教堂"是安藤忠雄运用光线的典型案例，通过一种合适的抽象手法将光运用于建筑设计，从而使与自然失去联系的都市人感受到自然的存在。"光之教堂"位于安藤忠雄的故乡大阪市郊一处安静的住宅区，建筑基地总面积为 838.6m²，建筑物占地面积约为 113m²。一段完全独立的墙体以 15°角切入教堂的矩形体块，将入口和教堂分离。光之教会采用一种简洁的长方形平面围合形成的封闭式空间（图 15-7）[②]，建筑结构重点集中在圣坛后面墙体的十字架上（图 15-8）[③]，借助自然界的光，使其从混凝土墙上切出的十字形开口处射入室内，运用象征的手法以光线从缝隙中倾泻制造神迹，在室内空间投出长长的阴影，使祈祷的教徒身在暗处，因光而形成的特殊十字架则仿佛天堂的光辉（图 15-9）[④]，给人

① 刘小波 . 安藤忠雄 [M]. 天津：天津大学出版社，1999：42.

② （韩）C3 设计 . 安藤忠雄 [M]. 吕晓军译 . 郑州：河南科学技术出版社，2004：132.

③ 同上 .p133.

④ http：//image.baidu.com.

图 15-7 光之教堂别具匠心的入口设计（左）

图 15-8 光之教堂外部景色，教堂特色设计——墙上开口的十字架（右）

图 15-9 教堂内部，光从墙上开口的十字架透进来，投影到地上，故名为光之教堂。

以希望。此外，朴素的堂内宛如与天主教相异，地板和椅子为木造，挪用了工事用的脚踏板，木头虽然涂上暗色以强调"光"的作用，然而为了冬季防寒，而铺上明亮颜色的电热保暖座垫，使室内的印象为之一变。

安藤的建筑中光线很好地表达了时间的流逝和渲染空间的气氛。"光之教堂"除了对光线的成功运用外，安藤赋予该教堂另一面更为深刻的含义，那便是他追求人人平等的观念，在梵蒂冈，教堂是高高在上的，牧师站的位置高于观众，而光之教堂中牧师与观众人人平等，在光之教堂中，台阶是往下走的，牧师站位与观众一样高，这样便消除了不平等的心理，因此这也成为光之教堂的精华。

"天人合一"的思想在光之教堂、水之教堂、风之教堂中得到了充分的体现，三座建筑的构思和出发点是连续的，他们明确阐述了安藤对自然的态度，自然在安藤忠雄的建筑中被抽象化了，成为表达建筑美和寻求物外世界的手段。

安藤忠雄在设计中追求建筑的原型，寻求在人的内心深处留下深刻记忆的空间体验，通过对自然元素的提取，例如将风、雨、光等自然元素进行抽象提炼，并通过以及以简洁的形式和材料创造出底蕴丰富的建筑空间，并取得人们的认可。"一切有深度的建筑都用阳光与阴影作为决定形式的因素。在有容积构图中，如果没有阳光与阴影的交相辉映，我们就不能欣赏肌理、空间、材料与建筑色彩。甚至建筑的两个视觉因素——比例和抽象，也要通过变换角度和太阳的变化所造成的阴影强度来获得。"[①]

参考文献

[1] Slessor，Catherine. ANDO TADAO [DB].Architectural Review，2005，217（1298）.

[2] Jin Beak.The sublime and the Azuma House by Ando Tadao [DB].Architectural Research Quarterly，2004，8（2）.

[3] 刘小波 . 安藤忠雄 [M]. 天津：天津大学出版社，1999.

[4] 孟迷 . 安腾忠雄——用混凝土优雅的寻梦 [N]. 深圳特区报，2011-06-29.

[5] 段利军 . 浅析安藤忠雄的建筑哲学 [J]. 科学之友，2008-06-17.

[6] 马卫东 . 安藤忠雄建筑之旅 [M]. 宁波：宁波出版社，2005 .

[7] （日）安藤忠雄 . 安藤忠雄连战连败 [M]. 张健，蔡军译 . 北京：中国建筑工业出版社，2005.

[8] （韩）C3 设计 . 安藤忠雄 [M]. 吕晓军译 . 郑州：河南科学技术出版社，2004.

[9] （日）安藤忠雄 . 安藤忠雄论建筑 [M]. 白林译 . 北京：中国建筑工业出版社，2003.

[10] 大师系列丛书编辑部 . 普利茨克建筑奖获得者专辑 [M]. 武汉：华中科技大学出版社，2007.

[11]（日）安藤忠雄 . 建筑家安藤忠雄 [M]. 龙国英译 . 北京：中信出版社，2011.

（谢宝珍、卢莹）

---

① 刘小波 . 安藤忠雄 [M]. 天津：天津大学出版社，1999：2.

16 宫崎骏（Miyazaki Hayao）

　　1922 年，法国影评家埃利·福尔满含感情的预言："终有一天动画片会具有纵深感，造型高超，色彩有层次……会有德拉克洛瓦的心灵、鲁本斯的魅力、戈雅的激情、米开朗基罗的活力。一种视觉交响乐，较之最伟大的音乐家创作的有声交响乐更为令人激动。"[①] 80 年后，世界动画界最接近埃利·福尔梦想的，首推宫崎骏创作的动漫作品。

　　宫崎骏（みやざき はやお，Miyazaki Hayao）是一位世界闻名的日本动画导演、动画师及漫画家。他 1941 年 1 月 5 日生于东京，目前居住于琦玉县所泽市。他在全球动画界具有无可替代的地位，迪斯尼尊称他为"动画界的黑泽明"，他执导的动画电影荣获了许多国际大奖。1985 年宫崎骏与高畑勋（Isao Takahata）共同创立了动画工作室——吉卜力工作室（Ghibli Studio），该工作室被誉为"东方迪斯尼"。

　　宫崎骏原本住在东京都文京区，后来在第二次世界大战中因战时疏散，举家迁往宇都宫市和鹿沼市。他所在的家族经营了一个飞机工厂，宫崎骏从小就对飞行和天空充满着向往，所以在日后的许多作品中始终贯穿着天空场景和各式各样飞行器。

　　幼年时代的宫崎骏喜欢看书，看漫画。在中学时代，打算成为漫画家，进而开始积极练习漫画。高中 3 年级的时候，他收看了东映动画的日本第一部长篇彩色电影《白蛇传》，对他的梦想产生重要影响。

　　1959 年宫崎骏考入大学，就读于政治经济部，主攻日本产业论。大学里面没有漫画社，所以进入了与之最为接近的儿童文学研究会。大学期间宫崎骏热衷于创作漫画，积累了数千张画稿，也曾向贷本漫画出版社投稿。

　　宫崎骏毕业后进入有着浓厚人文气息和悠久传统的东映动画工作。刚进入东映动画时是最底层的原画人员。当时第二次世界大战后文艺界一派左派风潮，社内充满民主气息，作品的很多东西都靠大家讨论决定。勤奋、高学历的宫崎骏因此在讨论中崭露头角。1964 年，社内开始工会活动，领导是大冢康生（Yasuo Ootsuka），副委员长是高畑勋，书记长就是宫崎骏。

　　1965 年，工会的这群人开始一起制作《太阳王子霍尔斯的大冒险》，大冢康生为作画监督，高畑勋被他提拔为监督。由于宫崎骏在工作中起了越来越大的作用，大冢为他发明了一个特别职位：场面设计。1968 年 7 月该动画正式放映。

---

① 萨杜尔. 世界电影史 [M]. 北京：中国电影出版社，1982：496.

这期间，1965 年宫崎和同事太田朱美结婚，1967 年长子出生。由于制作者们精益求精的精神，这部作品不断延期和追加预算。完成这部作品后，大冢康生就离开了东映动画，加入 A-Pro。

宫崎骏跟着高畑勋、小田部羊（こたべよういち）这些前辈一起继续在东映动画工作，职位仍然是原画。1969 年他开始在报纸上以秋津三朗的笔名连载短篇漫画《沙漠之民》，这是后来《风之谷》的原型。

1971 年，宫崎骏从东映动画跳槽到大冢康生所在的 A-Pro。他作为新企划《长袜子的皮皮》的主要创作人员之一，宫崎首次出国旅行到苏格兰考察。宫崎骏很喜欢欧洲村镇的风景，这次经历影响了他以后的很多作品创作。

1977 年有了许多 TV 单集主导经验的宫崎骏首次得到了监督的职位，这就是《未来少年柯南》（1978 年上映）。本来是悲观色彩的原作被宫崎改成了明朗的少女故事。这个故事可以看到后来《天空之城》等故事的影子。1979 年，为了制作剧场版动画《鲁邦三世——卡里奥斯特罗之城》转入东京 Movie 新社。在这里，宫崎骏提出了成为后来《龙猫》与《幽灵公主》的前身企划，这些都为他后来的成功打下了坚实基础。

1981 年，是宫崎骏人生的重大转折。德间书店新创刊的动画杂志《Animage》的总编铃木敏夫（Toshio Suzuki）想要制作动画人员访问专辑，从而结识了宫崎骏。在铃木敏夫和德间书店牵头下，宫崎骏开始创作属于自己的动画。剧场版动画《风之谷的娜乌西卡》的企划，最初由于没有原作被打回，于是 1982 年宫崎骏在《Animage》上面连载其漫画。致密的作画，深刻而多重的反思，使得这部断断续续连载的漫画史诗取得引人瞩目的成就。而宫崎骏完成制作《名侦探福尔摩斯》相关的工作后，离开东京 Movie 新社为新作做准备。

1983 年《风之谷》的动画开始制作，宫崎骏进入事业辉煌时期。宫崎骏一人担任导演、脚本、分镜表的全部工作。1984 年该片全日本公映时引起轰动，剧中独特的世界观以及人性价值观深刻地影响了日本动画的走向，女主角娜乌西卡更是连续十年占据历代动画片最佳人气角色排行榜冠军之位，宫崎骏也因此片而奠定了他在全球动画界无可替代的地位，迪斯尼将他尊称为"动画界的黑泽明"。

在该作的成功背景下，1985 年在德间书店的投资下，宫崎骏联合高畑勋共同创办了吉卜力工作室，该名字来自第二次世界大战时候意大利的一款侦察机（算是家传的爱好），意思是"撒哈拉沙漠的热风"，由于宫崎骏父亲曾经是飞机制造厂工作，从小宫崎骏就对飞行和天空充满着向往，这也是吉卜力的由来之一。也正因为这个宫崎骏在日后的许多作品中始终贯穿着天空场景和各式各样飞行器的刻画。

1986 年公映的《天空之城》是吉卜力工作室的开山之作，该片曾获得日本文化厅优秀电影奖。《天空之城》也仍然是宫崎监督的个人表演。宫崎监督的富于动作和戏剧张力，充满真实触感和细节的幻想世界风格得到了完全发挥。

《天空之城》的背景是工业革命的 19 世纪的欧洲，可爱纯洁的小女孩希塔在善良勇敢的小男孩帕索的陪伴下，寻找自己失落的故乡，在旅途的尽头天空之城，终于明白了无论科技的进步和人类的发展如何，人都是不能离开土地的。人与自然的主题在此进一步体现，而漂浮在空中的伟大都市拉普塔最终的毁灭，仿佛在告诫世人："在机械和钢铁的世纪里，面对着的其实是未定的将来。"

1989 年《魔女宅急便》公映。宫崎骏首次挑战少女成长的题材。完成了《风之谷》动画后，跑到岳父家的山中小屋阅读了高桥千鹤的《混凝土的坡道上》，和晚辈的小女孩们一起阅读的经历让他想到改编少女漫画成为动画。以当代少女为主角的电影风格逐渐形成。这部作品也为后来的《千与千寻》打下了基础。

1997 年《幽灵公主》上映。影片的主题是人与自然的关系，描述了人类为了发展技术力量不断破坏自然，从而受到自然的报复为之付出代价的故事。《幽灵公主》的背景设定在日本的室町时代，这是中古时代进入近代的一段转变期。影片场面宏大，制作精美，使得票房创造了日本电影的奇迹。

2001 年《千与千寻》上映。该作不负众望，再次拿下总票房第一，超过 300 亿日元的票房成为日本历史上的票房神话。日本动画的年度经济总额才 5000 亿日元，而一般年度票房首位的作品往往不到 30 亿。强大的宣传攻势，甚至动用到了首相来为首映捧场。宫崎骏的成功也得到国际的承认，荣获了第 75 届奥斯卡最佳动画奖、第 52 届德国柏林金熊奖等许多国际大奖。

《千与千寻》叙述了千寻的一个生活小片段，讲述她在面对困难时，如何逐渐释放自己的潜能，克服困境。这正是宫崎骏要观众明白的。宫崎骏自己也认为这是一部有别于他以往其他故事的影片，以往，他笔下的主角都是他所喜爱的，但这次宫崎骏刻意将千寻塑造成一个平凡的人物，一个毫不起眼的典型 10 岁日本女孩，其目的就在于要让每个 10 岁女孩都从千寻身上看到自己。她不是一个漂亮的女孩儿，也没有特别吸引之处，而她那怯懦的性格，没精打采的神态，更是惹人生厌。最初创造这角色时，宫崎骏还曾有点替她忧心，但到故事将近完结时，他却深信千寻会成为一个讨人喜欢的角色。

总之，宫崎骏作品成功之处很多，故事主题的选择，角色的设计，画面的色彩和布局等。宫崎骏的作品都有精美的手绘绘画性特点，而且具有唯美主义特点，让人赏心悦目，这样的作品让观众既能欣赏美轮美奂的融有世界绘画语言的画面，同时又能体会到日本独特风俗的韵味。

代表作品评析：

1.《千与千寻》

《千与千寻》是一部由吉卜力工作室制作的动画电影，导演和编剧为宫崎骏。影片于 2001 年 7 月 20 日在日本首映。该片荣获第 75 届奥斯卡最佳动画长片奖、第 52 届柏林电影节金熊奖等大奖，在全球影响深远，是宫崎骏的巅峰作品。电影讲述了 10 岁的小女孩千寻为了拯救双亲，在神灵世界中经历了友爱、成长、修行的冒险过程后，终于回到了人类世界的故事。

色彩作为动画电影中一个极其重要的视觉元素，为刻画角色的情感、心理特征、渲染气氛、确定风格基调、营造环境氛围、增强艺术感染力等方面都起到了非常重要的作用。

宫崎骏作品中的色彩常代表其深刻的主题思想和丰富的人文内涵的作用。《千与千寻》中的色彩非常鲜艳和丰富，并未复制传统场景与建筑的本来色彩，而是进行了艺术加工。作品中色彩可以传达多种心理情感，表现细致的思想变化。有助于营造剧情的氛围，推进剧情的发展。

《千与千寻》主要以红色为主色调。影片中红色常代表热情和活泼，同时还预示着挑战、警示和危险。电影最开始镜头显现的是一束红色的花，红色是热烈、冲动的色彩，预示了故事的整体基调和小主人公的奇幻历险。小主人公千寻与父母一起从都市搬家到郊区，场景色彩明度适中。千寻的爸爸迷路将车开进了一条林中小路时，画面场景色彩开始变得阴郁、深沉，使人感觉神秘而紧张，寓意似乎会有什么不好的事情要发生。当车最后终于停下来时画面色彩又重新变得明亮，但突然出现的大红色的古老城楼使人感觉突兀而又神秘，红色的出现，常常伴随着动荡与不吉祥事件的发生。在绿色树林的对比下，红色更加厚重，就像怪物张口獠牙，给人一种玄秘暗示，当千寻一家出了隧道，即将到达灵异世界的时候，用镜头仰拍那栋红色建筑，使此时的氛围更加紧张，预示着危险靠近（图 16-1）[①]。

当千寻随父母穿过令人感到压抑的城楼门洞时，几近黑色的背景渲染更加突出地表达了主人公的不安与恐慌，当他们穿过城楼展现在眼前的是一间静谧而神秘的大厅，暖黄色调很好地传达了这一感觉，让人疑惑丛生。但随着故事的进展，千寻随父母走出大厅，展现在他们眼前的却是蓝天、白云、山泉清澈、绿草如茵，暗色转而鲜艳明亮，让人不禁对之前的疑惑感到怀疑，而事实上他们已步入了一个不属于人类的领域——神隐世界，等待他们的是重重的危险。正是这些色彩的切换传达了主人公细腻的情感变化，伴随着剧情的发展，强化了影片

图 16-1 红山古楼

① 魏红光. 宫崎骏梦幻时代 [M]. 通辽：内蒙古少年儿童出版社，2002：95.

的节奏。

千寻的父母禁不起美食诱惑，暴饮暴食而变为猪之后，画面的色调由鲜艳明亮逐渐转变为暗色，表现了千寻的恐惧与无助。小镇中的一景一物描绘得十分生动，色调晦暗、阴沉，气氛悲凉。

千寻误入童话般的神隐世界，当发现已无法回到人类的世界时夜色来临，在河边一艘灯火辉煌的华丽轮船靠岸，从船上下来了千奇百怪的各色神灵。背景船只造型宏大雄伟且始终处于暖色亮光中，而前景中处于黑暗中的弱小千寻愈加透明，显得非常无助。深重的阴影更加深了这种对比，使观众更加担心小主人公的命运。这时的镜头画面色彩在影片中参与了叙事，并且突出了画面运动的流畅性。

在汤屋里，红色也随处可见，而此处的红色却表现一种温馨热情的气氛，千寻的到来，使场景显得更加活泼。再加上偏黄颜色的加入，使整个汤屋笼罩在暖色调下。在表现汤屋客房的镜头中色彩明亮艳丽，日式门上绘有日本江户时期的浮世绘，画面细腻且层次丰富，客人与服务人员往来穿梭。而在接下来的汤屋顶楼的画面中，欧式装饰富丽堂皇、色调深沉，给人以美轮美奂的色彩盛宴。

影片结尾部分，蓝天白云的画面更明显，千寻一家得到自由的时候，回看那栋建筑，却不再是强烈的大红色，预示着千寻已回到了人类的世界。此刻却给人一种安静祥和的意境。

《千与千寻》的场景和建筑风格主要为日本和欧洲两种。但该片场景并没有因出现欧洲建筑元素而失去日本本民族特色。总体看来，仍以日本传统风格建筑为主，主要参考江户东京的建筑而描绘。

该片的主场景为汤婆婆的"汤屋"浴场。它的设计受到日本战国时代天守阁的影响很大，两者有颇多类似。如巨大的体量，高耸提拔的态势，建筑脚下的壕沟、护城河，建筑用桥梁与陆地连接，墙上的装饰性很强的弓形山花"千鸟破风"和其上造得好似歇山式山花的凸碉"唐破风"等等。"汤屋"内部虽与天守阁有很大不同，但其内部的几个被重点刻画的场景如锅炉房、澡堂、员工们的起居室等也均为日式风格。这样从整体外形到局部细节，都让日本风格在"汤屋"中占据主导地位，从而也使"汤屋"作为出镜率最高的主场景，为全片的日本风格奠定了基础（图16-2）[①]。

除了用主场景确立全片主导风格外，为了获得视觉效果的相对统一，影片让各风格单纯的场景相对封闭。即便它们与其他场景连通或同属于某个大场景，也有意识地将它们隔开，独立于画面中，这样便可以直接避开风格的冲突，观众也会意识到这是两个不同的空间。如影片开头树林中的红色建筑内部与外部便完全是两种不同的风格，汤婆婆的御殿相对于"汤屋"等也是如此。但单一场景出现两种风格的情况更多。这时便会以某种建筑风格为主，避免由于比例

---

① 魏红光.宫崎骏梦幻时代[M].通辽：内蒙古少年儿童出版社，2002：120.

图 16-2　汤屋内景（左）
图 16-3　汤屋总体外观（右）

相当使不同风格的元素在同一镜头中发生冲突。如汤婆婆御殿中的装饰和陈设，尽管有不少东方风格，但更多的还是以欧式为主。不过相对"汤屋"而言，该场景和处于外墙底部弯曲的管道等加在一起，又不过是整个建筑的一小部分。无法动摇"汤屋"总体上的日本风格的地位（图 16-3）[①]。

　　除注意区分出主次的美学原则外，还刻意选择在形式和质感等方面具有共同特征的元素混合。形式主要指的是外观的近似，如汤屋对岸入口处的日式建筑在屋顶上加的钟楼显然属西方的元素。但其外形和日本寺庙前常见的石灯笼较为接近，故不会感觉太大差异。这便是对欧式的室内设计用日式的外观进行了包装（图 16-4）[②]。将原本方形的镂空部位用圆形的钟加以填补，让钟的外形和石灯笼的功能巧妙地转换与结合。又如汤婆婆御殿的天花板用东方元素的藻井装饰，不过其方格网的形状与该处欧式石砌墙面及地面纹样的方格形一致，因而很好地融为一体。另外，御殿外墙面上的装饰为凤凰、仙鹤等图案，该形象与屋内欧式风格的老鹰差异较大，但由于它们同样被设计为石质材料的浮雕，因而显得相对统一。其原因也在于东方建筑中确有过以石刻雕塑形式表现凤凰与仙鹤等形象。反之则不然。即将仙鹤与凤凰和此呈对称姿态的老鹰用东方壁画的形式表现出来，也可达成质感和形式上的统一，但其结果却会让人感到古怪，变成了写实花卉浮雕。其次是增加用于过渡的场景，如从汤屋底层完全日式的浴场来到汤婆婆的御殿。首先看到的是一个东西方风格"杂糅"的大

① 魏红光 . 宫崎骏梦幻时代 [M]. 通辽：内蒙古少年儿童出版社，2002：107.
② 同上：113.

图 16-4　景泰蓝花瓶长廊

图 16-5　欧式室内设计

厅，进入正门再经过摆满了景泰蓝花瓶的长廊后才会进入完全欧式的场景（图16-5）[①]。倘若删除这大厅和过道，对情节上毫无影响，但在视觉上便会感觉画面场景风格切换有些突然。又如由于在欧式的商业街和华丽游船上点缀了红灯笼，这使它们与街道尽头统领全局的巨大红色石灯笼以及汤屋墙面的红色形成呼应，使影片自商业街到神秘的汤屋都没有太大建筑风格的反差。

　　《千与千寻》的场景采用"汤屋"浴场也是寓意丰富。一方面借此场景表现日本民族传统文化，让本土观念回归；另一方面，场景本身有其寓意，千寻在这个场景中成长与洗练，不仅是对人身体的洗礼，更重要的是对人类灵魂的洗礼。

2.《龙猫》

　　《龙猫》于1988年4月16日首映。这部影片充满了童话色彩和温馨的亲情，

① 魏红光.宫崎骏梦幻时代 [M].通辽：内蒙古少年儿童出版社，2002：113.

把观众带入了一个梦幻般的童话世界。影片以 20 世纪 50 年代的日本乡村为背景，宫崎骏以清新怡人的田园风光、世外桃源般的生活场景，编织了一个属于孩子们的纯真世界。善良的邻居、广袤的田野、舒适的生活，那是最令人心醉的地方。它凭借对小姐妹性格和形象细致入微的刻画与塑造而令观者击节赞叹，重现无拘无束的童年画面，并细腻地捕捉到旧时的快乐情感。"每一种艺术都以不同程度的纯粹性和精巧性表现了艺术家所以认识到的情感和情绪，它表现的是艺术家对感觉到的事物的洞察，是艺术家为自己认识到的肌体的情感的和想象的生命经验画出的图画。"①

龙猫后来也成为代表吉卜力工作室（Studio Ghibli）的徽号及吉祥物，并在之后每一部吉卜力影片的片头都会出现这个标志（图 16-6）②。

在宫崎骏的动画电影中，每一种色彩的运用都体现着独特的概念与含义。在宫崎骏色系中最具对比性的两种颜色当属绿与红。宫崎骏的作品喜欢以令人心旷神怡的大自然景色作为背景，而自然界最具代表性的绿色就成为宫氏电影中最多使用的色系之一。《龙猫》就是典型代表，影片大量的背景是乡间绿色的田野与植物，色彩有清新的水彩画风格。

绿色的大量运用，让人联想到生命、和平、安全、大自然，是一种会令人放松，缓解疲劳的色彩，绿色渲染了情节轻松和悦的气氛，揭示了作品无论面对着生活多么艰辛的时期都要充满希望，对着生命微笑，勇敢和对未来充满自信的主题，增强了《龙猫》的艺术感染力。

绿色也让画面赋予了象征意义。例如影片开头就选取了充满了大自然气色的日本田园风光作为背景，蓝天清溪，一望无垠的田地，象征了观众内心渴望向往的理想生存状态（图 16-7）③。

绿色这种生动活泼的色调是主要背景色，遵循自然的光影法则和色彩规律，通过绿色把清新明快的剧情叙述出来。影片场景是写实的与虚拟结合，高度概括，将色彩多样统一、对比变化，既有连经络也体现出来的树叶的细腻描绘，也有以简单化高光与明亮色彩背景化交代的农田，再加入几束阳光投射的光线

图 16-6 吉卜力工作室标志（左）
图 16-7 田地（右）

① （美）苏珊·朗格.艺术问题 [M].滕守尧译.南京：南京出版社，2006：108.

② http：//www.ghibli.jpg.

③ http：//www.aic.gr.jp/anime/ghibli.

 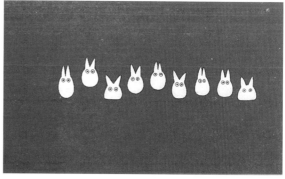

细节描绘，整个画面变得柔美细腻，生机勃勃（图 16-8）①。

图 16-8 田野阳光〔左〕
图 16-9 白色小龙猫〔右〕

所以《龙猫》在色彩运用上，也如今村太平所说："日本的动画电影继承和发展了西方印象派的色彩理论，追求纯亮、强烈的光与色的效果。"②影片的色彩效果体现唯美主义特点，让人赏心悦目。

日本民族喜好蓝色，这是他们热爱生命和植物世界的情感体现，日本的很多陶器、工艺品、绘画等都以绿色和蓝色加以表现的。宫崎骏受此色彩观念的影响，也常常将青色运用于他的动画之中，成就了其动画色彩的民族性。他在动画中用绿色和蓝色为儿童描绘了许多具有日本民族风格的事物。例如，《龙猫》的片头，首先是高纯度、高亮度的蓝色呈现在眼前，吸引人的注意力，随着轻快的音乐节奏，一只白色的小龙猫从左往右蹦跳，并落下圆圆的东西，然后消失，而小龙猫落下的圆白点随着音乐的旋律，变成几个白色的小龙猫，他们在背景中一会儿张嘴，一会儿闭眼，一会儿变长，一会儿缩短，形态笨拙可爱。最后他们变形不动，让人充满好奇。之后引出了下一个橙黄色的画面，现出动画片的片名《龙猫》，让人欲罢不能，想看看这身体又圆又笨的龙猫究竟是怎样的一种动物，它将会带给我们什么样的故事呢，于是决心继续看下去。《龙猫》一开始画面中不停变形的小动物，加以带有亲近感情的蓝色为背景，用纯洁的白色表现可爱的小龙猫，这样的色彩设计，无疑起到了很好的诱导吸引作用（图 16-9）③。

学者秦刚这样评价宫崎骏的作品与成就："20 世纪人类社会背负的各种沉重课题，都曾交织在他的创作里，给他的动画电影注入了区别于其他浅薄的娱乐性动画片的思想深度和人文思考。"④

参考文献

[1] 山口康男 . 日本のアニメ全史：世界を制した日本アニメの奇跡 [M]. 東京：デン

① http：//www.aic.gr.jp/anime/ghibli.
② （日）今村太平 . 漫画映画论 [M]. 东京：岩波书店，1992：97.
③ http：//www.ghibli.jp.
④ 秦刚 . 评宫崎骏 90 年代的动画电影制作 [J]. 当代电影，2001（5）.

ブクス，2004.

[2] 佐藤忠男 . 漫画と表現 [M]. 東京：評論社，1984.

[3] 小野耕世 . 中国のアニメーション [M]. 東京：平凡社，1987.

[4] 夏目房之介 . マンが 世界戦略 [M]. 東京：小学馆，2001.

[5] 今村太平 . 漫画映画论 [M]. 東京：岩波书店，1992.

[6] 村上隆 . リトルボーイ [M]. エール大学プレス，2004.

[7] Walter Benjamin.The Work of Art in the Age of Mechanical Reproduction[M].London：
Penguin Books Led，2008.

[8] Frank Popper .Art of the electronic age[M].New York：Harry N.Abrams，1993.

[9] E.H.Gombrich.The Story of Art [M]. London：Phaidon Press Limited，1995，16th
edition，revised，expanded and redesigned.

[10] Catherine Winder，Zahra Dowlatabadi. Producing Animation[M].London：Focal Press，
2001.

[11] Takashi Murakami.Little boy[M]. New Haven and London：Yale University Press，
2004.

[12] 刘健 . 映画传奇—当代日本卡通纵览 [M]. 天津：百花文艺出版社，1998.

[13] 李泽厚 . 美的历程 [M]. 天津：天津社会科学院出版社，2002.

[14]（美）本尼迪克特 . 菊与刀 [M]. 王智，等译，北京：商务印书馆，2001.

[15] 陈奇佳 . 日本动漫艺术概论 [M]. 上海：上海交通大学出版社，2006.

[16] 张惠临 . 二十世纪中国动画艺术史 [M]. 西安：陕西人民出版社，2002.

[17] 魏红光 . 宫崎骏梦幻时代 [M]. 通辽：内蒙古少年儿童出版社，2002.

[18] 十一郎 . 世界动漫艺术圣殿 [M]. 北京：北京希望电子出版社，2002.

[19] 秦刚 . 评宫崎骏 90 年代的动画电影制作 [J]. 当代电影，2001（5）.

（陈坤）

17 彼得·卒姆托（Peter Zumthor）

彼得·卒姆托（Peter Zumthor）1943年4月26日出生于瑞士巴塞尔，父亲是一位家具木匠。卒姆托早期继承祖业，从1958年到1962年做木匠，1963年进入巴塞尔的艺术与工艺学校学习，在那里获得学历之后便到了纽约的普瑞特学院（Pratt Institute）学习。刚开始卒姆托非常不喜欢工业设计和室内设计专业，但学院的一位老师使他改变了想法，这位老师就是西比尔（Sibyl），她的丈夫是那位发展了包豪斯预科教育并把包豪斯带到美国的莫霍利·纳吉（Moholy-Nagy）。西比尔在普瑞特学院教建筑历史，她走遍美国田野，考察并拍摄了大量城乡地方建筑，她的著作《莫霍利·纳吉：总体性设计实验》（Moholy-Nagy：Experiment in Totality）及《人类的月休：城市环境的图解史》（Matrix of Man：An Illustrated History of Urban Environment）在设计界产生了很大的影响。在纽约时，卒姆托被极简抽象雕塑所吸引，理查德·塞拉（Richard Serra）、罗伯特·史密森（Robert Smithson）、迈克尔·黑泽尔（Michael Heizer）等是他经常会提起的雕塑艺术家，他们的雕塑作品散发出内在的纪念性和互动性。

1967年卒姆托回到瑞士，在格劳宾登州（Graubünden）担任纪念建筑保护部门的建筑师，主要是对历史村庄做详细的调查记录和建筑分析以及建造规划顾问，1979年定居在此地并成立自己的工作室一直至今，从来没有考虑过移居到城市中去扩大自己的事业。12年的这项工作让他从这些老建筑中学到很多关于材料、气候、选址等知识，对这些古建筑或乡土建筑有了非常深远的理解。卒姆托是一个保护历史古迹的自然资源保护主义建筑师。他的每一栋建筑物都对于基地和整体的计划有很周详的考量，去反应出不同的感受，每一个作品都反应出人对于建筑物的基本元素：位置、材料、空间和光线的感觉。[①]

1986年，卒姆托为邱尔（Chur）古罗马考古遗址设计了围栏，这种运用半闭的威尼斯百叶窗原理创造出的魔幻光感引来建筑界的惊异目光。3年以后，他在苏姆威格（Sumvitg）设计的圣本尼迪克特礼拜堂（St. Benedict's Chapel）又一次赢得了广泛的国际关注。到了20世纪90年代，他的作品更是层出不穷，这些作品有着重建永恒价值的独特视角，令人刮目相看。比如瑞士邱尔艺术博物馆（1990年）和养老院（1993年）、瑞士的古格伦宫（Gugalun House，1994年）、瑞士瓦尔斯温泉浴场（1996年）、奥地利布雷根茨艺术博物馆（Art

---

① 彼得·卒姆托. 教建筑，学建筑 [J]. 冯仕达，刘士兴译. 世界建筑，2003（3）：8.

Museum Bregenz，1997 年）等等。

卒姆托的设计作品和著作很多，他代表着建筑艺术中力挽传统的潮流。他曾说过他希望用心去创造新空间，使这些空间成为日常生活的一部分并且区别于对世界的普通模造。在他那里，日常的往往就是永恒的，所以简朴风格和充分利用材料本身的特点成为卒姆托的坚定信念。在 1998 年出版的《审思建筑》一书中，他明确地讲："一件建筑作品形成的创造性行为超越了所有历史和技术的知识。"①比如他设计的瓦尔斯热澡堂，是从超越历史的层面重新焕发出古罗马和土耳其澡堂的沐浴欢乐。又如设计老房子时，他通过双层板来揭示一扇窗的主旨，材料则是用了从斯洛文尼亚运来的石头，这无疑显示了大师非凡的材料运用能力。他追求的到底是什么呢？他说："我仔细观察这个建筑的世界并在工作中尽力容纳看来正在丧失的有价值领域、修正各式干扰以及再创那些日益匮乏的东西。"②从他的作品中，可以看出那些日益丧失的东西正是建筑艺术久远的传统。另外，他的《三种观念：瓦尔斯热澡堂、布雷根兹艺术博物馆和柏林恐怖地带》、《彼得·卒姆托作品：建筑物和设计 1979~1997》等书也都反映了重建永恒价值的理想。

评论家认为，对于永恒价值的湮灭，卒姆托有着一种深沉的羞罪感，他的工作就是要让这种永恒的价值在价值虚无化的当代重新彰显。③因此，卒姆托的作品能够令人体会和感受到千年经验中遗忘已久的永恒价值。这是一种伟大的复兴，但卒姆托的复兴并非简单化的复古，在他的工作当中隐藏着先锋主义。④

这不仅仅是因为他的作品所具有的纯净形式美及其表现出来精到的材料知识，更重要的是因为他对建筑最终散发出来的空间影像超乎寻常的掌控。卒姆托说他希望创造一种具有灵魂的空间，一种能够成为日常生活一部分并且对世上常规人造物进行抵制的空间。对他而言，材料本身的语汇比它的外在形式更加重要，因为只有简明与纯净的建筑才会吸引我们将之作为舒适的生活居住对象。⑤卒姆托的作品不多，但都经过长时间的精心设计，他像一位炼金术士，设计的过程是关于存在、感知和沉思的探索，是现实中感受到的魅力的提炼，超越日常生活的庸俗，他的作品都运用基本的形体，关注对空间的感知、材料的特性及材料之间和谐配置，他认为建筑无论大小都要让人感到亲切，感到尊严和自由，让人乐于使用。⑥在乌尔罗马考古学遗址保护所中，他采用威尼斯人半透明卷帘的原理为我们创造出魔幻的空间效果；在圣恩特·贝纳迪克礼拜堂，他采用被低估的木墙面板的诗意地打动我们；在海尔登斯顿的个人工作室，他通过强化木材建筑与金属家具之间的对比来阐释两种材料的特质；在老人住宅

① Peter Zumthor. Thinking Architecture[M].Basel：Birkhäuser Architecture，2006.

② Peter Zumthor. A Way of Looking at Things[J].Architecture and Urbanism，1998（02）.

③ 彼得·卒姆托. 超越世俗的呼唤 [J]. 世界建筑，2005（01）.

④ 彼得·卒姆托. 现实的魅力赵杨译 [J]. 世界建筑，2005（10）.

⑤ Peter Zumthor，Helene Binnet. Peter Zumthor Works：Buildings and Projects 1979-1997[M]. New York：Princeton Architectural Press，1998.

⑥ New Collections of the World Architecture[M].Milano：EDIZIONI L'ARCHIVOLTO，2003.

的设计中，他自信地引入贯穿两层的窗户作为主题；而在沃尔斯的温泉浴场中，他重新发展了我们所熟知的罗马或者土耳其浴室的洗浴体验。卒姆托呈现出一种对文化社会正在丢失几千年来逐渐形成的永恒价值条件下，盲目求新求异所带来的负罪感。

代表作品评析：

1. 圣本尼迪克特教堂（St. Benedict Chapel）

时间：1989 年

地点：瑞士格劳宾登州苏姆威格（Sumvitg，Graubünden）

圣本尼迪克特教堂是卒姆托第一个获得国际知名度的设计，这座小教堂位于格劳宾登州的苏姆威格乡村。这些山村间的公共建筑本身就有一层迷人的色彩，尤其对旅行而路过的人来说。原先村子的一座巴洛克风格的教堂，在1984 年被一次雪崩毁坏，新教堂的选址在通向山林的路边被森林保护免受自然灾害，村子想建一座现代一点的教堂以适合年轻一代人。

教堂整体是一个水滴形（图 17-1）[①]，从饱满的圆弧过渡到尖点，饱满的圆弧一段抵挡着山谷吹来的风，尖点则是朝向森林。建筑的外形也充分考虑到雪崩的影响，尖端能减少冲击力，防止倒塌。

红铜屋顶如同树叶状的向两侧倾斜的弧面，脊棱上有一个十字架。屋顶下是一圈窗户，而建筑的主体外部是木瓦如鳞片一样裹满一身。木瓦由于不同的光照呈现出不同的颜色，向阳面的红棕色，被暴晒的部分则变成了黑色（一张瓦片上也有不同的颜色区域），而背影面却是灰色（因为水分散发）。所以随着时间气候的变化，这个教堂也阴晴圆缺般改变着或者说记录着变化。这种木瓦

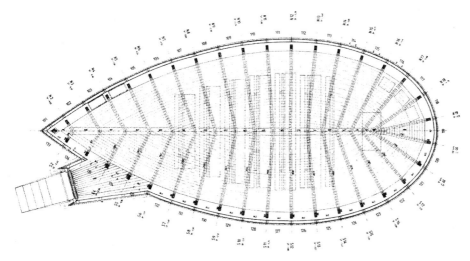

图 17-1　圣本尼迪克特教堂平面图

① 大师系列丛书编辑部. 建筑大师丛书——彼得·卒姆托 [M]. 武汉：华中科技大学出版社，2007：100.

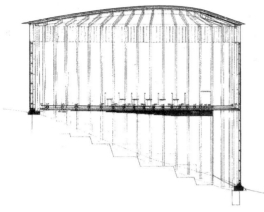

图 17-2　圣本尼迪克特教堂剖面图（左）
图 17-3　圣本尼迪克特教堂内部（右）

外墙在当地是很常见的，木瓦用火烤干，然后一片叠着一片（一部分露出，露出的部分盖住下面一张的一部分）挂到里面的木板墙上，每一块可以单独更换，鱼鳞状或者羽毛状的木瓦如同皮肤一样保护着此地雨雪天气下的教堂，并且让人感觉是可以触摸的，温暖的，与人有着非常近的距离。（图 17-2）[①]

教堂的门从一侧延伸出来，没有破坏建筑的整体，卒姆托的细节非常考究，比如台阶和教堂整体是分离的。比如门把手，非常简洁的设计，让人感觉很舒适安全稳当，感觉既可靠又不需要费多大力就可以打开，把手和木纹门的距离也足够。走进这个教堂，从顶上一圈的窗户中瀑洒下亮光，配合内壁的银灰色，照亮了整个教堂，顶上垂挂下几盏简洁设计的灯，而整个顶棚如叶脉或者鱼骨。饱满圆弧部分是摆放神坛的位置，而教堂的结构在内部一目了然，四周林立的柱子支撑着顶棚，而每根柱子背后与墙壁拴住（图 17-3）[②]。

2. 瓦尔斯温泉浴场（Therme Vals）

时间：1996 年

地点：瑞士格劳宾登州瓦尔斯（Vals，Graubünden）

图 17-4　瓦尔斯温泉浴场横向剖面图

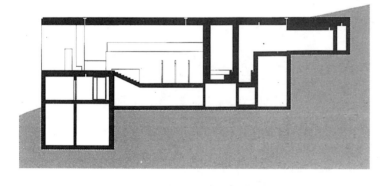

位于瑞士山区的瓦尔斯温泉浴场（图 17-4[③]、图 17-5[④]）是卒姆托最重要的作品之一，同时也是他成功处理建筑与场地之间复杂关系的代表作。瓦尔斯是位于瑞士阿尔卑斯山一个狭窄山谷里的边远村庄，海拔高度为 1200m。在对场地地理条件详细分析后，如何呼应有力的

---

① 大师系列丛书编辑部. 建筑大师丛书——彼得·卒姆托 [M]. 武汉：华中科技大学出版社，2007：100.
② http：//media.clemson.edu/ia/contest/2010/architecture/171.JPG.
③ （英）理查德·威斯顿编. 建筑大师经典作品解读——平面·立面·剖面 [M]. 大连：大连理工出版社，2006：201.
④ 同上

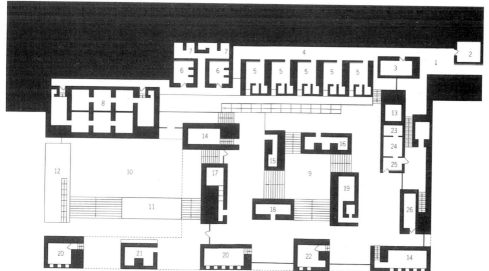

一层平面图

1　入口
2　储藏室
3　化妆室
4　大厅
5　更火垒
6　淋浴
7　卫生间
8　土耳其浴
9　室内游泳池
10　室外游泳池
11　石头岛
12　岩石露台
13　游泳池
14　火浴
15　冷浴
16　淋浴石台
17　饮水石台
18　音乐石台
19　花浴
20　休息区
21　室外淋浴石台
22　按摩室
23　无障碍卫生间
24　衣帽间
25　无障碍入口
26　淋浴服务区

图 17-5　瓦尔斯温泉浴场一层平面图

地质条件，如何让建筑融入阿尔卑斯山旖旎的自然风光和地形地貌之中，成为卒姆托设计的起始点。设计方案的中心理念倾向于：让建筑看起来成为周围景观的一部分，以退让和谦逊的姿态覆盖于同山体一色的草皮之下。新建的温泉浴场如同一块巨大的方形岩石般嵌入山体之中，一侧与山体紧密结合，另一侧暴露在外的建筑本体上开着巨大的方形孔洞，仿佛是对山体沉积岩风化形成的深洞的呼应与现代诠释（图 17-6）[①]。整座浴场的内部材料全部选用瓦尔斯当地的石材，石壁触摸可以让人安心，比起美丽这一点，它以一种更特殊的方式定义了人类的存在感。由这些石片构成的巨大墩柱成为建筑的支撑结构，不均匀

图 17-6　瓦尔斯温泉浴场的建筑外墙

① http：//www.flickr.com/photos/tiptoe/5000869018/sizes/o/in/photostream/

地布置在基地中，通过对空间的占据来划分空间。对石墩柱内部空间的细节处理更是精彩，它们被赋予不同的功能且造型各异，极大地丰富了人们在浴场中的空间感受。浴场内的小室大都空间狭窄幽闭，但这种紧张的情绪在休息大厅得到了完全的化解。休息厅中的落地玻璃将室外山景收纳入内，室内地面穿过玻璃窗延伸至外。空间虚与实的交融与渗透将建筑和环境完美地结合在一起。瑞士瓦尔斯温泉浴场表达出基地周边环境与建筑物、泉之间相互呼应关系，干净而简单。在材料上用砖叠砌，让人有指引方向的感觉，也有空间界定模糊之感受。光线的运用与转换，使得空间生动。加上运用地形塑造空间之高差，使得空间剖面显得格外丰富。

3. 布雷根茨美术馆（Art Museum Bregenz）

时间：1997 年

地点：奥地利布雷根茨

布雷根茨美术馆建筑外皮由切割精良的玻璃构成，固定在与金属夹钳上的尺寸完全相同的玻璃板上，既没有在上面打孔也没有进行额外的切割（图 17-7）[1]。它所呈现的建筑内部空间几乎完全被坚实的混凝土墙所围合，墙壁上没有额外的装饰，为观赏者创造出一览无余的整体空间（图 17-8）[2]。

与外界的联系除了从墙壁与楼板之间涌入的自然光线，便没有任何关系了。随季节的转换，光线成为空间中的一个重要组成元素，使人觉得建筑如同能够借助外表皮的玻璃吐纳呼吸（图 17-9）[3]。在半透明表皮下，有时内部若隐若现的混凝土是虚的，有时是实的，而表皮则化为虚幻的存在。直接通过玻璃表皮采光，营造一个充满光的世界，光线通过建筑表皮夹层侧面射入，再通过透明吊顶神奇而柔和地漫射入展厅，建筑中弥漫着光与影的微妙组合。内部空间作为光影的容器而具有宗教般的意义，神秘下泻的光线产生了一种仿佛远离尘世的感觉。被单调墙体包围而氤氲着柔和光线的空间，使人仿佛置身于中世纪的教堂。蕴藏在各个角落与空间中的张力，让人无法不去感触建筑中渗透的宁静和肃穆。

在抛弃了华丽的构图和繁琐的建筑符号之后，卒姆托运用简洁元素所营造的纯粹空间，给予人们更多冥想和退思的理由。他在建筑中有意识地除去基底，直接将建筑主体置于地面上，将建筑与基底的关系变为建筑与地面的真实接触，保持作品形式的完美，杜绝干扰，突显作品本身物质存在的重量感和质感，加强它与环境的联系（图 17-10）[4]。卒姆托似乎一直在不懈追求对空间的无限创造而带来的愉悦，努力捕捉真实物质与人类感知的结合点。[5]

---

① http：//upload.wikimedia.org/wikipedia/commons/3/3c/Kunsthaus_bregenz.jpg.

② http：//www.contemporaryartdaily.com/wp-content/uploads/2010/09/MG_5484.jpg.

③ http：//c1038.r38.cf3.rackcdn.com/group4/building39148/media/cfuh_wikimedia_commons_kunsthaus_bregenz.

④ 大师系列丛书编辑部.建筑大师丛书——彼得·卒姆托 [M]. 武汉：华中科技大学出版社，2007：147.

⑤ Peter Zumthor. Kolumba, Art Museum of the Cologne Archdiocese[J].Architecture and Urbanism,2008(04).

图 17-7　布雷根茨美术馆建筑外皮局部（左）
图 17-8　布雷根茨美术馆内部（右）

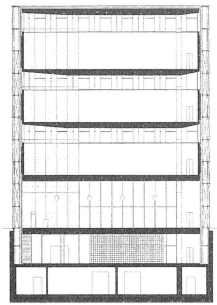

图 17-9　布雷根茨美术馆整体外观（左）
图 17-10　布雷根茨美术馆剖面图（右）

参考文献

[1]　Peter Zumthor. A Way of Looking at Things[J].Architecture and Urbanism，1998（02）.

[2]　Peter Zumthor．Kolumba，Art Museum of the Cologne Archdiocese[J].Architecture and Urbanism，2008（04）.

[3]　Peter Zumthor，Helene Binnet. Peter Zumthor Works：Buildings and Projects 1979-1997[M].New York：Princeton Architectual Press，1998.

[4]　Peter Zumthor. Thinking Architecture[M].Basel：Birkhäuser Architecture，2006.

[5]　New Collections of the World Architecture[M].Milano：EDIZIONI L'ARCHIVOLTO，2003.

[6]　（瑞）彼得·卒姆托. 超越世俗的呼唤 [J]. 世界建筑，2005（01）.

[7]　（瑞）彼得·卒姆托. 现实的魅力 [J]. 赵杨译. 世界建筑，2005（10）.

[8]　陈治国，梁雪. 当代西方建筑设计中的极少主义表现 [J]. 新建筑，2001（4）.

[9]　（瑞）彼得·卒姆托. 教建筑，学建筑 [J]. 冯仕达，刘士兴译. 世界建筑，2003（3）.

（李羡羡、艾红华）

18 韦恩·海格比（Wayne Higby）

韦恩·海格比（Wayne Higby，1943~ ）是美国陶艺家、教育家。他曾任教于奥马哈内布拉斯加大学、罗得岛设计学院，现任美国纽约州阿尔弗雷德大学陶瓷学院艺术设计教授和罗伯特·特纳（Robert C. Turner）陶艺基金会主席。他的作品被波士顿博物馆、洛杉矶艺术博物馆、大都会艺术博物馆、美国艺术博物馆和国家博物馆、伦敦维多利亚和阿尔伯特博物馆及日本东京现代艺术博物馆等等所收藏。他对美国风景的独特视角和他的作品从早期容器形式到后来的瓷砖、壁画装饰设计以及雕塑的表现都覆盖着他童年在科罗拉多（Colorado）时的记忆意象，包涵着艺术与设计的集合。

韦恩游走世界，长期接受东西方文明交织影响的洗礼，亨利·摩尔（Henry Moore）的浮雕、拉文纳（Ravenna）教堂的马赛克、吴哥窟（Angkor Wat）建筑的雕饰纹样，还有博大精深的中华文化都深深地吸引着他。在学术交流上他以清晰明了的演讲、短文和严谨的评论被大家所熟知；在陶艺界和建筑装饰领域他被公认为艺术设计的权威人士。自1991年以来，他频繁到中国旅行和讲学，先后被湖北美术学院、上海大学、景德镇陶瓷学院、中央美术学院、华南师范大学美术学院聘为荣誉教授。他把自己大型陶瓷设计作品的生产基地定在佛山和景德镇。2004年，他成为景德镇的荣誉市民。

"目送归鸿，手挥五弦"[1]（Hand Plucking the Five Strings, Eyes Nostalgically Follow the Homebound Swan Geese）是一种姿态；"俯仰自得，游心太玄"[2]（Bending and Rising with Self-Content, Soul Soaring Metaphysically）则是一种哲学。如果说初始的俯仰尚有佯狂的意味，带有不经意的无奈的话，那么《世说》[3]的首肯与游心的体验则升华了诸相的文化所指，提点出中国文人缘于太玄之广的心之游历而获致的自得是何等舒展。韦恩是西方人，有意思的是，他的西方文化背景并不妨碍人们在解读他的作品时"强加"给他一种东方式的"终极关怀"，观照他践行嵇康式的悟道体验。

赖以辨识韦恩的创作符号是变动不居的云和水。从20世纪70年代早期的《残

---

① 嵇康《赠兄秀才入军》

② 同上

③ 《世说新语》，南朝宋时期（420~581年）一部主要记述魏晋人物言谈轶事的笔记小说。南朝刘宋宗室临川王刘义庆（403~444年）组织一批文人编写，梁代刘峻作注。全书原八卷，刘峻注本分为十卷，今传本皆作三卷，分为德行、言语、政事、文学、方正、雅量等三十六门，全书共一千多则，记述自汉末到刘宋时名士贵族的趣闻轶事，主要为有关人物评论、清谈玄言和机智应对的故事。

云》（Partly Cloudy，1970）或《三角泉》（Triangle Springs，1970），经《黑色花岗岩采石场》（Black Granite Quarry，1975）和《橙色草甸沼泽》（Orange Grass Marsh，1976），到 20 世纪 80 年代的《有地平线的海滩》（Horizon Beach，1985）和钵碗风景系列如《要塞岩湾》（Fortress Rocks Bay，

图 18–1 韦恩·海格比《太阳黑子洞穴》，乐烧陶，1984 年

1982）、《太阳黑子洞穴》（Sun Spot Cave，1984）（图 18-1）[①]，乃至 20 世纪 90 年代的《晨曦中的海滩》（Morning Light Beach，1990）、《莫名凹槽》（Intangible Notch，1995）、《鲍威尔湖记忆》（Lake Powell Memory-Cliffs I，1996），再到 21 世纪的《形意海湾》（Sentinent Bay，2002）、《土云》（EarthCloud，2006）、《天井瀑布》（SkyWell Falls，2009），贯穿韦恩创作生涯的符号始终与云、水有关。而让人心醉神迷，亟欲一窥穷竟的，则是他将符号由具象向抽象演变的背后所展示出来的对精神家园的向往，及其为此而展开的游心太玄。

韦恩深谙"应会感神，神超理得"[②]的旨趣。当具体的云形水图不足以承载充盈的冥思之重时，他索性放开手脚，禀着"理绝于中古之上者，可意求于千载之下。旨微于言象之外者，可心取于书策之内"的信念开始"闲居理气，拂觞鸣琴，披图幽对，坐究四荒……"于是，如风起于青萍之末，他掠过了《要塞岩湾》、《有地平线的海滩》以及《晨曦中的海滩》，于"独应无人之野"之际品味"玄牝之灵，皆可得之于一图"的可能性。天、地、水的比重或地大于天，仿佛深入地壳（《要塞岩湾》）；或分部相当，穿插交织（《有地平线的海滩》）；匀平的画面引渡不了遭遇阻滞的思路时，突兀的三维岩石便顺理成章地梗阻在了巨型容器的口沿（《晨曦中的海滩》）；当思绪游历到鲍威尔湖时，记忆中的圣湖已然超越了有形的存在，水天一色的记忆凝固成了一片龟裂的翡翠，依稀可辨中有波光粼粼，有云蒸霞蔚，而翡翠壁面上的每一道裂纹，都结晶为一次冥思中的记忆碎片（fragments）……

韦恩不是中国文人，只不过他的旨趣恰好契合了中国文人孜孜以求的玄学理念。他的西方文化背景驱策他专注于乐烧（raku fired）[③]这种制作手段。在乐烧的制作过程当中，在不可知的心理预测挑战下，韦恩以平常心去寻找、酝酿爆发力。在内心深处游移的潜意识中，他知道，他也知道别人知道：那个催人迷狂的狄俄尼索斯（Dionysos）将会回来。

如今，韦恩仍在取之不尽，用之不竭的造物者之无尽藏中继续他的游心太

① Peter Dormer.The new ceramics，trends+traditions[M].London：Thames and Hudson Ltd，1986：157.
② 本文中除注明出处之外的引言均引自宗炳《画山水序》。
③ 乐烧源自日本，早在 16 世纪日本幕府时代即已出现，但仅限于传统茶道上的某一流派使用，特别是茶碗方面，因为创作空间得到充分的发挥，乐烧现在也普遍受到陶艺工作者的采用。

玄之旅。当"万趣融其神思"时，他"复何为哉？"宗炳可以认为绘画的目的不过是"畅神而已"，韦恩的陶瓷艺术设计又何尝不是如此？"神之所畅，孰有先焉。"

代表作品评析：

1.《莫名凹槽》（Intangible Notch）

时间：1995 年

特性：乐烧陶，3.4m×3m×0.33m

地点：美国宾夕法尼亚州莱丁市艾睿国际总部（Arrow International Headquarters，Reading，Pennsylvania）

解读韦恩的作品，早期刀砍斧凿般打造出来然后搁置在黑魆魆仿如布丁似的山头上的云块（《残云》），或拘谨地伫立在彩虹上面的云团（《三角泉》）透露出明显的挣扎与矫饰痕迹，图案化的波纹水印也摆明了浓重的装饰意味。甚至《黑色花岗岩采石场》和《橙色草甸沼泽》中的图解式拼装也仿如黑格尔所言"理念还没有在它本身找到所要的形式，所以还只是对形式的挣扎和希求。"[①]《晨曦中的海滩》则开始了一种挣脱有形束缚的尝试，块状和纠结成团的云开始松散、铺展开来，与岩石一起构成了如画的自然景观。《莫名凹槽》（图18-

图18-2 韦恩·海格比《莫名凹槽》，1995 年，乐烧陶，高 3.4m，宽 3m，厚 0.33m，藏美国宾夕法尼亚州莱丁市艾睿国际总部

2）[②]乃至后续的作品问世，具体的形式已然为抽象的符号所取代，天光、水色、涯岸均已消解，呈现在我们眼前的却是一派似真复幻，难辨其究竟为赭黄、白和蓝的色块组合，抑或分明就是云、水和岩壁的抽象化呈现。

《莫名凹槽》冷静、分析性的色块安排引导着韦恩尝试对冥冥中的不可知作出条分缕析的评估，组成大面积赭石墙面的无数个不规则图形则预示着大规模爆发的到来；与此同时，他的鲍威尔湖的系列记忆正酝酿着内省的深度，"澄怀味像"的修炼功夫提供的是大彻大悟的胸怀。

这是用心灵在吐纳万物。西方人自古希腊开始便崇奉的阿波罗式静观体验在这一阶段的作品中水银泻地般流淌出来，任孤傲的心灵如春云浮空般翱翔在天地之间，展开了宗炳"卧游"式的"畅神"之旅。

① 黑格尔. 美学·第一卷 [M]. 北京：商务印书馆，1979：95.

② Marlin Miller，Helen Williams Drutt English，Mary Drach McInnes，Lee Somers，Bruce Wood，Ezra Shales，Wayne Higby. *EarthCloud Documents*[M].Stuttgart：ARNOLDSCHE Art Publishers，2007：21.

2.《土云》（Earth Cloud）

时间：2006 年

特性：还原焰烧瓷壁饰

地点：美国纽约州阿尔弗雷德大学米勒表演艺术剧院

仿如交响乐奏向了高潮，随着小鼓节奏渐强，韦恩的思绪开始奔向激昂。如风的乐声，吹来了《土云》。2006 年，被称为世界上最大的手工制作的浮雕艺术瓷砖作品 Earth Cloud 在纽约州阿尔弗雷德大学米勒表演艺术剧院（Miller Performing Arts Center）成功安装（图 18-3）[①]。《土云》是韦恩倾心于还原焰烧瓷技术（reduction fired）[②]的产物，这点要归功于宋瓷带给他的震撼；《土云》既是他个人多年精心设计和打造的，同时也是团队众人智慧和劳动的结晶。

《土云》或许是韦恩最触目惊心的设计。成阵的瓷块如排空的巨浪冲出墙面，一时间，长风浩荡，高亢呼啸，恰如"惊涛拍岸，卷起千堆雪"[③]（图 18-4）[④]。一发不可收拾的情感符号欲突破心的桎梏破壁而出，而温润如玉的青瓷（celadon）则在还原焰的控制下为这场猛烈的爆发罩上了一层"威而不怒"的内敛色彩，（图 18-5）[⑤]使之既发散了狄俄尼索斯式迷狂的尽情适意，映射着韦恩对家乡山水的

图 18-3　韦恩·海格比和他的《土云》，2006 年，美国纽约州阿尔弗雷德大学米勒表演艺术剧院

① Marlin Miller, Helen Williams Drutt English, Mary Drach McInnes, Lee Somers, Bruce Wood, Ezra Shales, Wayne Higby. *EarthCloud Documents*[M].Stuttgart：ARNOLDSCHE Art Publishers，2007：88-89.

② 还原焰就是燃烧时生成还原性气体的火焰，在燃烧过程中，由于氧气供应不足，而使燃烧不充分，在燃烧产物中含有一氧化碳等还原性气体，火焰中没有或者含有极少量的氧分子。这种还原性火焰，在瓷器的烧制过程中有特殊的作用。

③ 引自苏轼《念奴娇·赤壁怀古》

④ Marlin Miller, Helen Williams Drutt English, Mary Drach McInnes, Lee Somers, Bruce Wood, Ezra Shales，Wayne Higby. *EarthCloud Documents*[M].Stuttgart：ARNOLDSCHE Art Publishers，2007：187.

⑤ 同上，p83.

图18-4 《土云》局部，还原焰烧瓷壁饰（左）
图18-5 温润如玉的《土云》（右）

缅怀，又在有序与无序的法度把握之中烙印了苏东坡式睿智豁达的人生感悟。韦恩说："土云是我的创作中永恒的主题……我们就是土云。"

3. 《天井瀑布》（SkyWell Falls）

时间：2009 年

特性：还原焰烧瓷壁饰，20m×9m×0.007m

地点：美国宾夕法尼亚州莱丁社会学院（Reading Community College）米勒表演艺术剧院

2009 年 8 月，大型浮雕瓷砖作品 Sky Well Falls（天井瀑布）在美国宾夕法尼亚州的莱丁市（Reading）米勒表演艺术剧院成功组装。作品共有瓷砖 352 片，共用网版近 600 个，分 5 次烧成；每片瓷砖长 60.96cm，宽 30.48cm，厚 0.7cm，离墙 7.5cm 由钢丝绳悬挂安装，效果非常壮观。（图 18-6）[①]这组对艺术瓷砖作品的安装方式，到目前为止还是十分罕见的，在美国国内和国际上引起了极高的社会反响。它是由韦恩和中国佛山个性艺术陶瓷厂合作完成的。

墙面位于剧院的大厅，高 20m，宽 9m，顶上有天光。设计剧院的建筑师说："你只能用墙体的下半部分做作品……"，而韦恩觉得，如果他决定在这面墙上创作的话，就一定会利用整个 20m 高的面积，而他所做的就是找到解决问题的办法。

韦恩认为，瀑布和 Earth Cloud 很相似，表现的都是自然。在这么一个 20m 高、9m 宽的竖长墙面上创作，瀑布可能会更有表现力。而且，既然想利用整面墙进行创作，作品的重量就不能太重。从作品的艺术表现方面，韦恩也

① 图 6~11 均由首都师范大学雕塑系教师李鸿韦提供。

 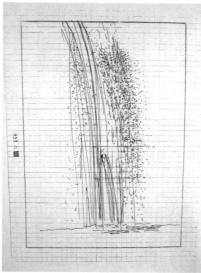 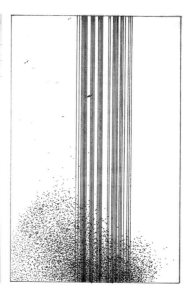

希望新的作品要与 Earth Cloud 有所不同，不要做成全手工。他想到了如果能把瓷砖用钢丝绳悬挂，从艺术展示角度，会很有意思；而且如果能和工厂合作生产，瓷砖就可以制作得比较薄，这样就可以解决作品的重量问题。材料的选择以及考虑如何解决潜在的问题，也是这个阶段重要的工作。经过反复的讨论，思考和实验，突然就有那么一刻，所有这些，比如钢丝，瓷砖，挂钩，瀑布，竖长的墙面，重量，工业生产等等因素交汇在了一起，创作的火花就此燃起。

韦恩做的是一件关于瀑布的作品，而不是真正的瀑布。他把写实的瀑布素描逐步变成简约可行的元素，也就是最终可以进入工业生产系统操作的元素。他尝试不同的方法，画了很多瀑布的手稿（图 18-7、图 18-8），不断提炼概括，直到感觉自己完全可以拥有这些线条和圆点。就这样，一步一步，他把这些简约的元素演变成为一种图案，而这种图案完全可以用来表达瀑布。从具象的素描速写变成越来越概括的图案，韦恩说："当我发现这些线条的时候，我意识到了这些意味着什么；圆点，就像溅起来的水花，不是写实的感觉，而是可以作为诗意般表达的元素"。

作品颜色的选择和剧院的环境有着密切的关系。韦恩最初对于把红色用到作品上有些迟疑，因为他从未用红色做过作品。经过反复推敲和多次实地论证，他最终选用了红色。因为在这里，剧院的主要建筑元素——墙面、屋顶和柱廊都是白色的；门和地毯都是有变化的红色。红色瓷砖和环境的颜色十分搭配，可以使得作品和整个建筑本身融为一体（图 18-9）。

这组作品，对于韦恩来说，还有着更深刻的涵义。作品有着很强的东方色彩和禅的味道。这和他的生活经历密切相关。2004 年，妻子的去世，对他是致命的打击。他的内心极其痛苦。于是，他开始学佛，来修补自己的生命，以求内心的解脱。他觉得自己学得越多，意识到的东西就越多。这组作品的主题——Sky Well Falls（天井瀑布）也来源于一本关于观音的书。他把这种对生

图 18-6　还原焰烧瓷壁饰《天井瀑布》，高 20m，宽 9m，厚 0.007m，藏美国宾夕法尼亚州莱丁社会学院米勒表演艺术剧院（左）
图 18-7　《天井瀑布》手稿一（中）
图 18-8　《天井瀑布》手稿二（右）

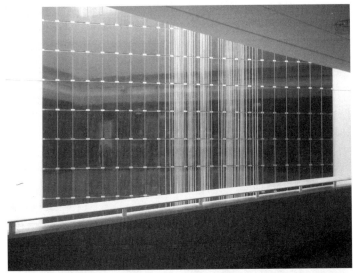

图18-9　从剧院三楼入口看《天井瀑布》（上）
图18-10　红色的《天井瀑布》（中）
图18-11　韦恩·海格比和他的团队成员在《天井瀑布》前的脚手架上（下）

命的领悟融入作品之中。瀑布，看起来好像一直都是一个样子，但实际上，没有一刻是一样的。水是流动的，它一直都在变化，而且是不可重复地变化，但同时还具有静止的感觉。当韦恩意识到这一点的时候，就被这种极具哲理的视觉形象牢牢地吸引住了："生命到死亡的转变，动态与静止……对啊，这就是我的生命……"（图18-10）所以，作品本身在很大程度上可以帮助韦恩去解脱失去妻子的痛苦和内心的挣扎，让他的生命继续前行。

作品于2009年6月底在佛山完成了生产，然后打包装箱，经过5个星期的漂洋过海，终于在2009年8月初抵达了美国宾夕法尼亚州莱丁市的米勒表演艺术剧院。

作品的安装方式也是一大亮点。瓷砖不是与墙体直接附着，而是采取了由钢丝绳悬挂的方式，背后有几个点固定支撑。首先把钢丝绳由墙体顶部离墙面7.5cm向下悬挂，并在底部临时固定；然后再用1cm宽的不锈钢条横向固定在竖直的钢丝绳上，使其按照瓷砖宽度等分。瓷砖之间不是紧密相连，而是留有与其厚度相等的缝隙。安装从底部向顶部进行。随着安装进度不断升高，把下面已经安装好的部分清洁干净，并用气垫膜覆盖保护起来，以防在工作过程中不慎将工具或螺丝钉等坠落破坏瓷砖。当整个工程安装过半时，便锯断在底部固定的钢丝绳，使作品可以在一定范围内轻轻浮动。因为这时瓷砖自身的重量足以把竖直的钢丝绳拉得很直，丝毫不会影响继续向上安装（图18-11）。当最后一片瓷砖安装完毕，整个气垫膜被揭开，所有的脚手架被拆走，完整壮观的景象便呈现在人们眼前。后经过灯光师反复调配光效，Sky Well Falls 才最终全部得以完成。

　　Sky Well Falls 是美国艺术家和中国陶瓷工业相结合的产物，它穿越了东西方文化的界限，印证了跨越国界的友谊。对于韦恩来说，它见证了其在中国旅行讲学 16 年的历程；而留给我们的，是一组充满当代气息，却又极富东方色彩的伟大作品。

参考文献

[1] The Board ofTrustees，University ofIllinois，*alfred now：contemporary american ceramics*.1994.

[2] Peter Dormer.The new ceramics，trends+traditions[M].London：Thames and Hudson Ltd，1986.

[3] Marlin Miller，Helen Williams Drutt English，Mary Drach McInnes，Lee Somers，Bruce Wood，Ezra Shales，Wayne Higby. *EarthCloud Documents*[M].Stuttgart：ARNOLDSCHE Art Publishers，2007.

[4] 李来源，林木 . 中国古代画论发展史实 [M]. 上海：上海人民美术出版社，1997.

[5] （德）黑格尔 . 美学·第一卷 [M]. 北京：商务印书馆，1979.

[6] 苏东坡全集（珍藏本全 6 册精装）[M]. 北京：北京燕山出版社，2009.

网络资源

[1] http：//art.alfred.edu/faculty/ceramic-art/wayne-higby.

[2] http：//en.wikipedia.org/wiki/Wayne_Higby.

[3] http：//www.craftinamerica.org/artists_clay/story_258.php.

（毛建雄、李鸿韦）

19　汤姆·梅恩（Thom Mayne）

汤姆·梅恩（Thom Mayne）1944 年 1 月 19 日出生于美国康涅狄格州的沃特伯里市，早年就读于南加州大学建筑系，1968 年取得学士学位。1972 年，梅恩与迈克尔·罗通迪（Michael Rotondi）一起创立了莫尔菲斯（Morphosis）建筑事务所。同年，他参与成立了南加大建筑学院，之后一直在洛杉矶南加大担任教授，在南加州影响了很多建筑师。梅恩于 1978 年获得哈佛大学设计学院硕士学位，1991 年，罗通迪离开了莫尔菲斯建筑事务所，他成为了其总负责人。他一生中赢得了美国建筑师协会金奖等无数荣耀，2005 年，61 岁的梅恩以加州交通运输局第七区总部（Caltrans District 7 Headquarters，Los Angeles，2004）的杰出设计获了建筑界的诺贝尔奖——普利兹克建筑奖。

梅恩受到弗兰克·盖里（Frank Gehry）突破传统建筑结构的影响，但他的表现手法较为严谨，并发展出了自己的建筑风格。他在设计案中首重基地的建筑物与建筑物之间的连结关系，并讲求独立建物的机能性，还有材料的发挥。他认为基地是有纹理的，环境与地景亦息息相关。梅恩也是少数在早期就采用电脑来分析基地、建构物体以验证自己理念的建筑师。因此他的作品，在外观上不如盖里那样大胆与自由，但却有一种抽象的、图腾式的量体感，材料运用也较为丰富多端。就像达·芬奇所做的解剖画那样，梅恩坚持将营建过程带入到设计图中，同时也把设计图的丰富表现带到他的建筑作品之中。在他的那些图纸上，建筑师的思想与冥想仿佛总能浮现而出，设计中的每个屋架的间柱和沥青屋面都被用图来表现，从而创造出一种独特的建筑意向。

也许是在洛杉矶受到盖里投身的"解放作品运动"①的影响，梅恩早期的试验作品喜欢采用轻骨架构造和低造价的材料，他以一种形式上的意趣，剪裁与拼贴那些破碎的片段与构图。这些借自盖里的手法，使他的作品为 20 世纪 40 年代洛杉矶爆炸性的城市发展增色不少。以美国西海岸为主要基地，梅恩早期的作品包括布雷德斯住宅（Blades Residence）、多伦多大学的研究生公寓（University of Toronto Graduate House）、洛杉矶科技高中、加州波莫纳市的钻石牧场高中（Diamond Ranch High School in Pomona，California）等。

---

① （英）内奥米·斯汤戈．弗兰克·盖里 [M]．北京：中国轻工业出版社，2002．

在梅恩的作品中蕴藏着非常激烈与动荡不安的情绪，事实上，他在用建筑强调一种未完成的状态。他认为这种破碎、分离的存在才是本质。梅恩所做的方案，似乎永远给人未完成的感觉，缺角的形式，材料的拼接，大胆的用色手法，梅恩是丰富的代名词，他是改变当代解构主义的关键性人物。当 1991 年梅恩成为莫尔菲斯的总负责人后，他更大胆地开始探索形式、媒介、城市与风景之间的多重关系，也使得莫尔菲斯的设计更为复杂。普利兹克评审委员会这样评价："汤姆·梅恩是狂躁的 20 世纪 60 年代的产物，其叛逆的生活态度和炙热的创作愿望形成了他的作品风格。"[①]

近年来，梅恩的设计频频出现在美国的各大城市中，他为旧金山联邦大厦 (San Francisco Federal Building) 做的设计，以穿孔的金属架构替代传统窗户；而第 6 街住宅，他把一栋郊区住宅形象转变成了一个发电厂的样子。最近，他完成了华盛顿的美国国家海洋大气所、辛辛那提大学研究中心 (University of Cincinnati Rec Center) 和奥地利海珀银行总部大楼 (Hypo Alpe-Adria Center) 等设计，其在台北建造的日月光访客中心也堪称经典。加州帕萨迪纳艺术设计中心 (Art Center Pasadena) 主席理查德评论梅恩："他最吸引我的是探险的天性，他的作品不仅将先行者的理念付诸实践，并超越了当代建筑的概念。"[②]

在形式和空间上，梅恩所受的正统建筑学教育也是不可忽视的，甚至是梅恩的核心语汇之一。在佩罗 (Perot) 自然科学博物馆方案中，我们可以清晰地看到这一点，那就是梅恩的建筑语言是在现代主义之下发展和变异的。

忽略梅恩的整体形式，你会发现柯布西耶的诸多建筑要素，包括对力量的赞美，现代结构和机器的关系等等，都是梅恩兴趣的所在。梅恩或多或少继承了解构主义一体化的倾向，但梅恩的大多数作品控制着他们的主导地位，通过技术和现代主义的命题。

另外不可忽视的一点就是梅恩同时继承着现代主义对几何的热爱，梅恩的建筑的出发点仍然在一个矩形之上，这一点和盖里抛弃了几何体量有着完全不同的方向。在梅恩的身上我们看到了不一样的解构主义和技术的应用。在对待一体化的处理上，他主动运用了分解和冲突的手法避免了其产生，即使是很巨大的使用空间，梅恩运用这些手法把他们化解为居住空间（即符合人体尺度的，可充分利用的空间）[③]。

梅恩的建筑设计一直致力于超越传统形式与材质的界限，开拓超越现代主义和后现代主义的边界。评审委员会对其大胆的建筑风格表示认可，并认为这种建筑风格"通过有棱角的线条和一种未完成的、开放的特质孕育出独特的、有点无根据的南加州文化"[④]。

① Edward Lifson. American Wins Architecture's Highest Award. NPR.org，2005-03-21.
② Mayne to get Pritzker[N].*The San Diego Union-Tribune*，2005-03-21.
③ Iovine Julie V.An Iconoclastic Architect Turns Theory Into Practice[N]. *The New York Times*，2004-05-17.
④ Lubow Arthur.How Did He Become the Government's Favorite Architect[N]. *The New York Times*，2005-01-16.

代表作品评析：

1. 布雷德斯住宅（Blades Residence）

　　时间：1991~1996 年

　　地点：美国加州圣塔芭芭拉（Santa Barbara）

　　布雷德斯夫妇（Richard &Vicky Blade）是美国铸铁艺术家，他们在加州圣塔芭芭拉的郊区住了 13 年。1990 年的一场大火烧毁了包括他们的房子在内的整片住宅，邻居们迅速地将他们的住宅依原样重建起来，而布雷德斯夫妇决定邀请莫尔菲斯事务所及其主持人梅恩协助他们盖一幢与众不同的住宅。

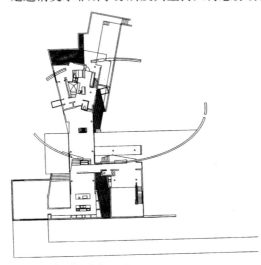

图 19-1　布雷德斯住宅一层平面图

　　在布雷德斯案中，梅恩用整顿基地地景的手段来达到模糊建筑内外疆界，所以他将这块约 530m² 的基地整成一个缓坡，在主要量体的北边是一个人工水池，并且以两道弧形的混凝土墙穿插于整个建筑量体中，使得室内与室外的"房间"无法有清晰的分界。于是建筑物与地景在本案中融合交错为一体（图 19-1）[①]。

　　由于业主也倾向不采用传统的房间形式，梅恩在设计布雷德斯住宅时便尝试让空间互相的"渗透"，举例而言，主卧室（图 19-2）[②]与更衣间、冲澡间、二楼悬臂而出的女主人书房，甚至是户外的空间之间并没有明显的分界，巧妙地被相透与融合。

　　两个类型的墙的使用，则是布雷德斯住宅设计表现的重点。一组是平行正交呼应社区的邻房及几何环境的墙面；另一组则是弧形的长型墙面穿插整座建筑物，并延伸至外部的空间。这幢住宅本身是如同在基地上的一些散落区块的集合，由墙面连接在一起，使得室内与户外的空间产生建筑的对话。

　　在布雷德斯住宅案中，梅恩达到的是将屋主使用的房间与基地中的自然之间的界限模糊化，这点也得到了屋主的认同，不过布雷德斯住宅是兴建在有邻房的社区中，将内外界限模糊的处理就会牵涉到隐私权的问题，幸而莫尔菲斯是一个擅于进行墙板变化的事务所，他们利用墙，特别是贯穿建筑量体的那道弧形的墙，来处理住宅中公、私空间的隐私处理。

　　但是在建筑物量体与自然的融合方面，虽然莫尔菲斯尝试将整个基地整理成

① 大师系列丛书编辑部 .TOP 事务所系列——摩弗西斯建筑事务所 [M]. 北京：中国电力出版社，2006：79.

② http：//www.flickr.com/photos/soniczen/150961952/sizes/l/in/photostream/

缓坡希望与建筑物成为一体，结果建筑物量体的呈现仍然是很强烈，不过建筑师在外墙用色上采用了与石头相近的灰色，算是另一层的自然呈现（图 19-3）[①]。

图 19-2　布雷德斯住宅的主卧室（左）
图 19-3　布雷德斯住宅外观（右）

2. 多伦多大学研究生公寓（University of Toronto Graduate House）

时间：2000 年

地点：加拿大多伦多

梅恩长久以来挑战室内外空间，公共私密空间，尤其是社区和大学的界限的传统，这也是他的研究生公寓住宅项目的设计策略。这个项目坐落于多大圣乔治校区的西北角，占地 19500m^2，提供了一个室外集会空间和近 450 人的住处。地段在校园的边上，与喧闹的城市接近，这为梅恩探索学校和城市的更加紧密的关系提供了推动力（图 19-4）[②]。

这个地段被设置成一个周边街区的形状，围绕着一个比街道低一层的大的敞开的庭院。这个项目有很多的内聚的私人组件，庭院（图 19-5）[③]有着很强的聚合作用——它为开会和集会提供了地方，它朝天敞开，为围绕它的居住单元提供了阳光和空气。

图 19-4　多伦多大学研究生公寓西面

建筑的大部分和它们的外部清晰度，都与地段的性格和方案呼应。而四个建筑元素也都与它们邻接物的体量呼应。两个主要的成分——地段东面边上的 10 层楼体块和西面边上的 7 层楼体块，通过位于南面的外表面的相互作用而包裹咬合在一起，在视觉上调和了它们体量上的不同。在北面的一个小一点的 4 层楼有一个有特色的屋顶，展现了一个更加亲切的居住建筑尺度。这个综合体的

① http：//www.flickr.com/photos/soniczen/150962206/sizes/l/in/set-72057594142298436/

② http：//upload.wikimedia.org/wikipedia/commons/8/85/U_of_T_Graduate_House.JPG.

③ 大师系列丛书编辑部 .TOP 事务所系列——摩弗西斯建筑事务所 [M]. 北京：中国电力出版社，2006：53.

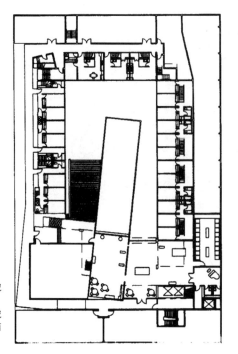

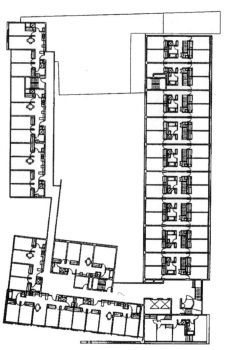

图 19-5 多伦多大学研究生公寓庭院层平面图（左）
图 19-6 多伦多大学研究生公寓综合体第五层平面图（右）

图 19-7 多伦多大学研究生公寓

西南角与街道平齐的位置，有一个很大的零售空间和咖啡厅，创建了一个活跃的城市节点，将这个校园的入口点与它的城市环境联系起来（图 19-6）[①]。

那个 10 层楼体块的"免停"设计是一个一流的解决方案，在建筑中提供了比标准双边走廊方案更多的可居住空间，同时也降低了维护的费用。突出的多孔板筛立面由不规则的开口组成，提供了一个内部规则秩序的对应物。

沿着西边的 6 层、7 层，一个光滑的玻璃走廊从建筑的边缘向南伸出，超出 13.7m 后停止在哈勃德（Harbord）大街的中间。一个可到达的"人类檐口"（Human Cornice）带有纪念碑似的大学名字的标记，向城市致敬。从几千米外就可以看到，标志多伦多尾部的最后一个"O"像顽皮的绰号一样在激烈地摇摆。这个檐口是抬起的并且是突出的，它激发了大众的想象，为学生和社区成员提供了一个对话空间，加强了大学和城市间的联系（图 19-7）[②]。

3. 海珀银行卡莱根福总部多用途中心（Hypo Alpe-Adria Center）

时间：2002 年

地点：奥地利卡莱根福（Klagenfurt，Austria）

---

① 大师系列丛书编辑部 .TOP 事务所系列——摩弗西斯建筑事务所 [M]. 北京：中国电力出版社，2006：53.

② http：//static.flickr.com/39/78321776_0d1c599e23_b.jpg.

业主是海珀银行（Hypo Group Alpe Adria 简称 HGAA），希望在奥地利的中型城镇卡莱根福兴建其银行总部，同时也包含办公室、商业空间、住宿及公共空间。这个案子在其有限的时间及预算条件下，自然地朝向较为简化的方向发展（图 19-8）[①]。

海珀多用途中心的位置是在卡莱根福的郊区地带，城市与整齐开阔的农地之交，梅恩遂在计划中保存了荒芜的虚空间，将其与这个由都市延伸而出的新都市空间整合在一起（图 19-9）[②]。

城市的轴线，即是梅恩的另一个概念出发点。其设计中将城市原本的南北向、东西向轴线由街区延伸到本中心的地景中。此外，则是以营造一个公共广场的概念，广场坐落在轴在线并是被安排在街道交叉口旁的位置，使得行人对其的可及性最高。

梅恩的设计中，在呼应这些都市的纹理之上则还有建筑密度的疏密以对应环境的概念，即基地南侧是密度较高，以仿效都市建筑型态为主的配置，近旁是繁忙的街区（图 19-10）[③]；北侧则是以低密度的建筑计划呼应这一侧的农地与郊区。

梅恩在这个案子的配置上以都市纹理作为参考的底图，分别是源自都市与乡村地景。设计的目标是塑造一个多用途的建筑，因此也参考了原有基础建设及都市建筑的类型，加以转化成为设计中的新元素。

这个案子的设计表现，除了延续莫尔菲斯事务所一贯采用以解构主义的论述架构，由基地纹理出发影响了

图 19-8　奥地利海珀多用途中心建筑设计模型

图 19-9　海珀多用途中心南侧

图 19-10　海珀多用途中心南侧局部（银行）

① http：//www.flickr.com/photos/iqbalaalam/2279645536/sizes/o/in/set-72157603379114131/

② http：//upload.wikimedia.org/wikipedia/commons/6/61/Hypo_Group_Alpe_Adria_Geb%C3%A4ude.JPG.

③ http：//www.hypo-alpe-adria.com/115/home.nsf/r/Headquarters/$file/headquarter2.jpg.

图 19-11 海珀多用途中心建筑剖面图

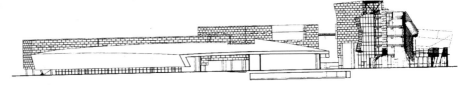

建筑量体的复杂穿插交互——倾斜的墙板、悬臂而出的走道等等，还必须由城市、郊区的对立与互动来看。在基地的南侧，五层楼高的建筑量体与北边大部分是两到三层楼曲线屋顶的建筑物产生对立，因此呈现了都市建筑与"地景"的互动性。在建筑物的密度分配上也有相同的概念。海珀多用途中心可说是对包含社会关系的都市环境的反映，建筑的配置、量体的密度、建筑的形式所呈现的可以说是卡莱根福的都市景观在基地上的延伸（图 19-11）[①]。

这项设计呈现的不仅是一个基地中的城市，也是梅恩心中的解构主义城市。

参考文献

[1] Thom Mayne. Morphosis[M]. London：Phaidon Press，2006.

[2] 大师系列丛书编辑部 .TOP 事务所系列——摩弗西斯建筑事务所 [M]. 北京：中国电力出版社，2006.

[3] 刘丛红，赵婉 . 反叛与创新——2005 年普利兹克奖得主汤姆·梅恩作品评析 [J]. 世界建筑，2006（3）.

[4] Bonnie Churchill. 超越时代的建筑骄子——汤姆·梅恩 [J]. 戚涛译 . 英语文摘,2005 (7) .

[5] （美）汤姆·梅恩 . 复合城市行为 [M]. 丁峻峰，等译 . 南京：江苏人民出版社，2012.

网络资源

[1] http：//en.wikipedia.org/wiki/Thom_Mayne

[2] http：//baike.baidu.com/view/482643.htm

（李美美、艾红华）

[①] 大师系列丛书编辑部 .TOP 事务所系列——摩弗西斯建筑事务所 [M]. 北京：中国电力出版社，2006：35.

20 克里斯蒂安·德·鲍赞巴克
（Christian de Portzamparc）

在这个多元意识形态并存的时代，基于人性化设计的深入研究与推崇，建筑师开始对建筑进行技术和形式的再创造以赋予其更多的内容和含义。异于以现代材料表现纤巧、轻盈的高技术形式为主流的现代建筑领域，被誉为"法兰西的建筑诗人"（French Architectural Poet）[①]的克里斯蒂安·德·鲍赞巴克（Christian de Portzamparc）（图 20-1）[②]则巧妙的运用空间筑构和光线复杂作用的手法，将矛盾冲突对立的多元并存且融入到建筑和城市空间，呈现出融合古典唯美主义气质与坚实的现代性开放式建筑。

图 20-1　克里斯蒂安·德·鲍赞巴克（1944~ ），法国建筑师，出生于摩洛哥（Morocco），1994 年获普利兹克建筑大奖

克里斯蒂安·德·鲍赞巴克是普利兹克建筑奖得主中最年轻的，也是首位得此奖项的法国建筑师，他 1944 年出生在摩洛哥的卡萨布兰卡（Casablanca），后定居马赛。从小就喜欢绘画的鲍赞巴克因欣赏勒·柯布西耶的绘画引发了其对建筑空间的兴趣。20 世纪 60 年代在法国巴黎美术学院（Ecole des Beaux-Arts in Paris），鲍赞巴克受教于鲍顿因（Eugene Beaudouin）工作室，接受法国传统文化的同时也汲取了现代建筑大师尤其是勒·柯布西耶经典的现代主义理念。后由于参观汉斯·夏隆（Hans Scharoun）的设计作品，他沉迷上一切能够想象的曲线，并影响他倾向于形式表现主义风格。经过不同类型的教育教诲和社会实践性的活动，他质疑并反驳延承传统历史均质性（Homogeneity）[③]肌理的城市密集规划理论，排斥和批判现代主义建筑思潮的各自为政和空间技术的高傲冷漠以及后现代主义建筑的矫揉造作。他认为建筑是整体城市有机地构成部分，探究多种对立极性之间的平衡关系，过去、现在甚至未来需共存重合，以表达历史文化记忆和现代社会个性的城市化建筑。

---

① http://www.twarchitect.org.tw/2005.11/A2-4.htm（French Architectural Poet Christian de Portzamparc）

② 大师系列丛书编辑部．大师系列第三辑——克里斯蒂安·德·鲍赞巴克的作品与思想 [M]．北京：中国电力出版社，2006：0．

③ 百度百科：均质性（Homogeneity）在城市地理学中是指，城市地域在职能分化中表现出来的一种特殊保持等质、排斥异质的特性。它是动态相对的，非地域本身所固有。

第一，强调建筑个性的丰富。鲍赞巴克提出，除了语言，建筑亦是一种真正能引发思想的方式。他积极探索语言所无法进行思考的领域，如造型与形体，遵照"拓扑学"（Topology）[1]原则寻求一种运动性和多样化的结构类型。他说："我期待在一座建筑中运用多种元素，这导致了对冲突与二元性的偏爱。柔顺的美被其他地方的刚直与坚固所揭示。我喜欢创造对比，互补和感知的二元性……我喜欢塑造浩大而具有扩张性的效果，但同时保留私密性的元素。"[2]他将自身喜爱的波形弧线、巨大的圆锥形和鲜艳的色彩转换成当下流行的肃穆庄严的纪念碑，这具有享乐主义（Hedonism）的严肃建筑，也是法国式建筑时尚与别致风格的外部展现。他所设计的建筑物的体量彰显自我明晰的性格，多样复杂的曲面或特殊形体经"分裂碎片化"（Fragmentation）的结构有机结合在一起，打破传统的横向与纵向的二元操作，赋予了建筑体量奇型混杂的个性形式，要么往上向扬，要么突然降落，再者是旋绕于半空中，呈露出非连续的异质性（Heterogeneity）[3]和自由韵律的优美动态，具有极强感触的场所识别性。

第二，空间性格的开放与统一。建筑是空间的表现，鲍赞巴克透过几何学中"莫比乌斯带"（Möbius strip，Möbius band）[4]（图20-2）[5]没有间断线条的形体，依据互动联系的原则，采取综合与分解结合的手法，把建筑空间各组成元素切割分离，在内部连续性的环境内对独立的元素进行重组。且将建筑所处环境的复杂多样性及可变性引入其中，避免均质重复的单调模式，元素之间的虚空营造成了充满活力和激情的空间，空间彼此间的复合亦如建筑中的建筑之意。显现与消失对比空间的变幻，也尽显了虚实相间的张力。整体

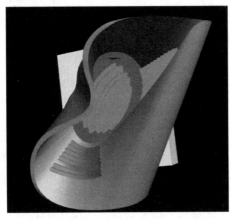

图20-2　奈良国际会堂（1992），坐落于日本奈良（Nara），运用莫比乌斯带造型

规划和开发室外空间，内部与外部场所的有机联系蕴含着极为人性化的空间尺度，这种自由交互的形式结合砖与混凝土蕴含的特殊气息使其建筑如同他的信念"让空间更惬意"（To make space pleasurable.）[6]，是一种空间的自我进步。

第三，关注城市脉络关系。"既要创造，也要改变。重新缝合城市的组织，将历史悠久的传统城市结

---

① 百度百科：拓扑学（Topology），是一种适用于各种空间现象最广义的几何学，即研究有形的物体在连续变换下，怎样还能保持性质不变。

② （法）吉勒思·德·比尔. 克里斯蒂安·德·鲍赞巴克 [M]. 王建武译. 北京：中国建筑工业出版社，2010：182.

③ 百度百科：异质性（Heterogeneity），同质化的对立面，群落环境的非均匀性。

④ 莫比乌斯带（Möbius strip，Möbius band）：一种拓扑图形，一种单侧，不可定向的曲面。

⑤ 大师系列丛书编辑部. 大师系列第三辑——克里斯蒂安·德·鲍赞巴克的作品与思想 [M]. 北京：中国电力出版社，2006：158.

⑥ Emmanuel Thé Venon. 鲍赞巴克访谈录——"建筑应该让我们生活得更好".

构与现代建筑结合起来。"①鲍赞巴克从未在建筑与城市之间划过界限，面对传统与现代城市交织并存的双重矛盾局面，他探索一种从单体到统一的"破碎"再建构的多元综合的开放式城市（Open City）。在满足建筑使用功能的同时，将传统城市结构有机地转接到现在城市肌理的既有脉络关系中，建筑轮廓的高低错落、自由的组成机构、建筑之间的不平行排列、光与色浪漫抒情的美感等使身临其境的人产生一种步移景异的空间感受，修复并创造了实用和精神需求相统一的诗意化生态城市。

　　建筑与城市，历史与现代，分离与协调，单一与多样，稳定与运动，对称与非对称，规范与异形，封闭与开放，虚与实……多种对立冲突极性的张力在鲍赞巴克的作品中展现为矛盾中的和谐统一。建筑史学家和批评家安达·路易斯·赫克斯泰勃尔（Ada Louise Huxtable）在纽约时报（New York Times）对其评价："鲍赞巴克的设计无一例外诠释了满怀愉悦的建筑学，它们远远超越了现代主义刻板僵死的繁文缛节和后现代主义脆弱肤浅的'金科玉律'。"（Without exception the buildings designed by Christian de Portzamparc are the expression of an architecture full of joy，one that far outstrips the rigidity of modernism and the cardboard of postmodernism.）②言简意赅地肯定了他在建筑界的实际表现。

代表作品评析：

1. 音乐之城（The Cite De La Musique）

　　　　时间：1984~1995 年
　　　　地点：法国巴黎
　　1984 年鲍赞巴克被委托设计巴黎更新计划中音乐之城项目，这错综复杂的鸿篇巨制成为建筑师职业生涯中的重要阶段，他也因此获得了 1994 年美国建筑普利兹克大奖。这个项目集国立高等音乐学院、音乐厅、博物馆、对外演奏厅、办公空间等多种功能机构于一身，位于巴黎北部拉维莱特（La Villette）公园南出入口附近。鲍赞巴克将基地构筑成西楼和东楼两座岿然对视、大相径庭的复合机能建筑群（图 20-3）③。

　　西楼稳固封闭的矩形构架回应了片区建筑的基调，修长而洁白的外立面采用曲面和退台的处理方法，轻盈飘然的姿态款款倒影了水池之中，如纪念

① 大师系列丛书编辑部. 大师系列第三辑——克里斯蒂安·德·鲍赞巴克的作品与思想 [M]. 北京：中国电力出版社，2006：35.
② （法）吉勒思·德·比尔. 克里斯蒂安·德·鲍赞巴克 [M]. 王建武译. 北京：中国建筑工业出版社，2010：197.
③ 大师系列丛书编辑部. 大师系列第三辑——克里斯蒂安·德·鲍赞巴克的作品与思想 [M]. 北京：中国电力出版社，2006：59.

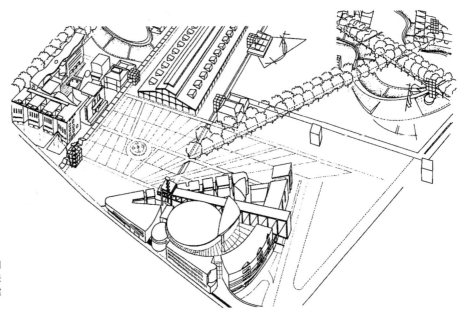

图 20-3　音乐之城透视图
（1984~1995），坐落于法
国巴黎，1995 年获法国建
筑银尺奖

性的雕塑状顺应了巴黎人传统的空间概念（图 20-4）[1]。那条富含韵律感的波浪形屋顶整合了其下丰富的离散体量，并与解构主义（Deconstruction）建筑大师伯纳德·屈米（Bernard Tschumi）设计的贯穿整个拉维莱特公园的步行游廊顶板遥相呼应。圆锥形的风琴演奏厅突兀耸立于基地之上，长廊、庭院、坡地、街道、天井等破碎独立的小体量嵌入和空间场所曲折变幻之间，形成一种共生的和谐关系。

　　平面呈三角形的东楼受传统形式的中庭约束，发展了以椭圆形的演奏厅为中心，围绕着螺旋环带状、倾斜形等多种独立功能的片段结构，形成极具动感和流动性的开放空间。音乐厅旁边设置了牛角形的建筑场所，解决了声学领域的音响效果问题（图 20-5）[2]。整个构图如一幅完整的音乐组曲，高低错落的地面标高，形式和尺度各异的不透明多色调体量，由穿插叠落的廊道协调了单体建筑内外环境的渗透。

　　建筑体量和空间的节奏构成室内肌理的色彩变化，交通与节点空间或被玻璃围护或者直接外露，光影和景观无处不在。音乐之城连同公园、道路形成了一个动态轴线开敞的中心广场，共同交织成的开放格局粘结了城市、公园与广场的脉络关系。

　　整座建筑的设计凸显了音乐在建筑中的视觉隐喻，对称的基地上呈现流动的形态，诗意地切合了作为音乐城的地位，建筑点、线、面、曲形在这优美的律动感知中超越了单纯的空间脉络，散发着艺术的多元特征。

① 大师系列丛书编辑部．大师系列第三辑——克里斯蒂安·德·鲍赞巴克的作品与思想 [M]．北京：中国电力出版社，2006：65.

② 大师系列丛书编辑部．大师系列第三辑——克里斯蒂安·德·鲍赞巴克的作品与思想 [M]．北京：中国电力出版社，2006：63.

图 20-4　音乐之城西楼
立面（左）
图 20-5　音乐之城东楼
牛角形场所（右）

2. 法国驻德大使馆（The French Embassy in Berlin）

时间：2003 年

地点：德国柏林

在音乐之城落成的 8 年后，2003 年 1 月，鲍赞巴克设计位于柏林的新法国大使馆最终落成。这一卓尔不群之杰作，再次完美展示了鲍赞巴克独特的理念和精湛的设计手法。

因第二次世界大战及柏林墙的勾划，柏林的城市品质一度消失殆尽。1989 年，柏林墙的拆除使得这座城市迎来了建筑热潮，诺曼·福斯特（Norman Foster）的国会大厦（Reichstag）圆形玻璃穹顶、伦佐·皮亚诺（Renzo Piano）的波茨坦广场（Postdamer Platz）、丹尼尔·里伯斯金（Daniel Libeskind）的犹太人纪念馆（The Jewish Museum）、多米尼尔·佩罗（Dominique Perrault）的奥林匹克竞赛和游泳比赛场（Olympic Velodrome and Swimming Pool）等国际顶级建筑师的作品齐聚于此，一同展示出柏林作为现代建筑之都的魅力。

法国驻德大使馆基地位于巴黎广场一侧，广场正对面便是弗兰克·盖里（Frank Owen Gehry）解构风格设计的 DZ 银行总部大楼（DZ Bank），紧邻纪念碑式的勃兰登堡门（Brandenburg Gate）。大使馆的建设场地被四周高墙围绕成"一个混凝土浴缸"（A Concrete Bathtub）[1]的 L 形狭小空间（图 20-6）[2]，外在建筑琳琅满目的创作风格成为影响整个设计的关键。在这些要素的挑战下，鲍赞巴克以塑造建筑自身内部冲突与对比的手法，布置七座相互关联的独立体块整合成了具有统一连续性的地标建筑，展现出流动自由的现代风格，同时也反映了柏林传统混合街区的功能品质。

出于对小尺度的历史街道肌理的尊重，鲍赞巴克熟稔地运用卡尔·弗里德里希·申克尔（Karl Friedrich Schinkel）的设计手法，新使馆朝向广场的立面以"严

---

① Francis Rambert. Le Figaro[N/OL].2003-03-10.http：//www.worldcat.org/wcidentities/lccn-n96-23948.

② 大师系列丛书编辑部 . 大师系列第三辑——克里斯蒂安·德·鲍赞巴克的作品与思想 [M]. 北京：中国电力出版社，2006：96.

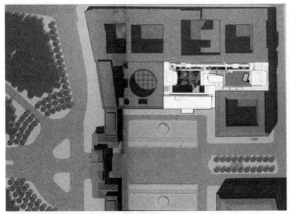

图 20-6　法国驻德大使馆
建设场地（2003），坐落于
德国柏林（上左）
图 20-7　法国驻德大使馆
外部立面（下）
图 20-8　法国驻德大使馆
内迷人的绿荫景（上右）

明而温雅（severe but warm-hearted）"[1]的形象与柏林的"批判性重建"[2]规划策略相得益彰。（图 20-7）[3]在内敛的外围形象框架中，引入了不对称性的楔形窗在外部创造出现代的活力之感，在内部形成韵律优雅、明快时尚的"壁龛"（Niche）[4]。建筑内侧朝向庭院的立面，垂直与水平线条错落穿插、外凸与内凹交互分布、各种材料的肌理效应等细部感受的对比和丰富多彩的层次感，充溢着动人心弦的诗意。鲍赞巴克以 8 字形流线和开敞的空间序列将形态各异的建筑体量交织成为一体。绵延的室内廊道循序展露引向大使馆的内部场所，空间峻直耀眼，产自巴黎的卵石铺地与带条纹的混凝土墙面交相辉映，成为往返人流所关注的视觉焦点。庭园里种植了青草、灌木、挺拔的白桦、常青藤等地被植物，在阳光的沐浴下闪烁着翩翩倩影（图 20-8）[5]。徜徉穿行其间，人们会被这沁人心脾

① http://www.tagesspiegel.de/.
② 维普资讯："Critical Reconstruction"——致力于小尺度的开发，丰富多样的建筑，及对战前狭小街道网格的再造。
③ 大师系列丛书编辑部. 大师系列第三辑——克里斯蒂安·德·鲍赞巴克的作品与思想 [M]. 北京：中国电力出版社，2006：97.
④ 壁龛（Niche），是个很新的家装名词，它是一个把硬装潢和软装饰相结合的设计理念。壁龛是在墙面上开洞，洞内两侧做暗藏光，使洞中装饰物展现一种纱罩一样的朦胧感，也可在洞内上方做点照明，以充分展示陈设物的精彩。
⑤ 大师系列丛书编辑部. 大师系列第三辑——克里斯蒂安·德·鲍赞巴克的作品与思想 [M]. 北京：中国电力出版社，2006：32.

的绿荫景色和意味无穷的延伸空间所深深感染。

　　除了与妻子伊丽莎白（Elizabeth）共同完成的室内设计之外，一系列世界著名艺术家的现代作品与建筑的设计一脉相承，装修与陈设如同游走的精灵为空间注入了一种鲜活的生命力。鲍赞巴克逾越种种界限，其建筑场所的表象与深远造就了令人难以忘怀的审美体验。

3. 比利时埃尔热博物馆（The Hergé Museum in Belgium）

　　时间：2007~2009 年

　　地点：比利时布鲁塞尔

　　比利时埃尔热博物馆（Hergé Museum）坐落于首都布鲁塞尔邻近的小镇，致力于展示比利时著名艺术家、漫画家"丁丁之父"埃尔热（Georges Prosper Remi）的代表作《丁丁历险记》（《The Adventures of Tintin》）及其一系列作品及珍贵手稿，并再现其辉煌的一生。设计博物馆的工作唤起了克里鲍赞巴克有关小时候对丁丁的记忆，他从埃尔热漫画作品的故事和人物中寻找博物馆设计的灵感，花了十多年的时间将漫画转化成建筑语言，通过空间构筑引发参观者的艺术感知力，设计出了一个丰富而具有纪念性的空间，充分体现了埃尔热作品的特点。

　　在四周树林的映衬下，博物馆白色高大的外墙如同一本打开的巨大画册，左右两边分别是鲜艳的漫画人物形象丁丁和埃尔热的黑色签名字样，一条蜿蜒的木制栈道直通博物馆底部（图 20-9）[①]。底层挑空的设计使建筑自由地呈现于开放的公共空间中，鲍赞巴克对形体的塑造与强调在建筑内部空间中得以实现。

图 20-9　比利时埃尔热博物馆外部（2007~2009），坐落于比利时布鲁塞尔

[①] http://www.yatzer.com/feed_1733_the_herg.

图 20-10　比利时埃尔热博物馆内部交错的空间

展览场地的不同形式和颜色的设计展现了埃尔热不同的绘画风格。空间的交错感由 3 层楼 8 个展厅产生，3 楼分布着 4 个展厅，从墙面横空而出的高低两座铁桥，跨过大厅伸入淡蓝色的展示区（图 20-10）[①]。从 3 楼到 2 楼，需经一个造型别具一格的楼梯，楼梯的中央悬挂着一盏由《丁丁历险记》中所有人物头像组成的巨型吊灯。由黑白相间图案构成墙面的方型电梯贯穿整个建筑直插屋顶，展现出一种实体与空间交错的拓扑形态。建筑内部的颜色设计明朗活泼，大量

① http：//www.yatzer.com/feed_1733_the_herg.

图 20-11 比利时埃尔热博物馆内部活泼的色彩

简洁色块点缀着流线型肌理，配上白色框架的玻璃窗格，意图模拟连环画的图案排版（图 20-11）①。整个大厅明亮、空旷，透过四面落地大窗，所有方位都能获得最佳的光照和对外取景，室外的绿树、蓝天近如眼前。人色阴沉时，倾斜的白色平面构成，会从内部发亮光，通过玻璃窗可以看到里面幻象的世界。置身在这座别致的建筑中，让不同程度的丁丁迷如同穿梭在漫画冒险故事的微观缩影里，体会到无穷尽的乐趣和遐想。

参考文献

[1] Frank Roost.Berlin's "Critical Reconstruction"：Benefits and Shortcomings of the Effort to Regain Traditional Urban Qualities[J].Time Architecture，2004（3）.

[2] http：//www.pritzkerprize.com/laureates/1994.

[3] http：//www.portzamparc.com/

[4] 大师系列丛书编辑部.大师系列第三辑——克里斯蒂安·德·鲍赞巴克的作品与思想 [M].北京：中国电力出版社，2006.

[5]（法）吉勒思·德·比尔.克里斯蒂安·德·鲍赞巴克 [M].王建武译.北京：中国建筑工业出版社，2010.

[6] 荆其敏，张丽安.西方现代建筑与建筑师 [M].北京：中国电力出版社，2006.

[7]（英）凯斯特·兰坦伯里，罗伯特·贝文，基兰·朗.国际著名建筑大师建筑思想·代表作品 [M].邓庆坦，解希玲译.济南：山东科学技术出版社，2006.

（唐倍）

---

① http：//www.idmen.cn/?action-viewthread-tid-5502.

21 艾斯林格（Hartmut Esslinger）

也许你不知道谁是艾斯林格，也许你也从来没有听说过"青蛙"设计公司，但是在你的身边肯定不会缺乏他们设计的产品，甚至你可能是他们设计的产品的疯狂粉丝。今天，全世界都在狂热追逐苹果公司的产品时，艾斯林格与苹果公司的渊源却已久矣。

图21-1　艾斯林格

哈特姆特·艾斯林格(Hartmut Esslinger)（图21-1）[①]，全球工业设计教父。1944年4月5日，出生在德国黑森林地区一个名叫博伊伦（Beuren）的偏远小村。第二次世界大战德国的环境对艾斯林格形成极大的影响，在这种变幻莫测的环境中形成了他独特的美学思想和意识形态。第二次世界大战后，随着德国开始重建工业基础设施时，艾斯林格的父母开了一间小纺织公司。在艾斯林格10岁时，举家迁往小城镇阿尔滕施泰格（Altensteig），并在闹市区开了一间服装店。从此，美学就这样闯进了艾斯林格的生活，漂亮的服装、最新的时尚杂志、观看时装表演和迷人的模特们进入他的眼帘，丰富着他的视觉享受和审美感受，新生代的设计大师就在这样的环境中孕育成长着。

高中毕业后，艾斯林格在部队服役完就读于斯图加特的理工学院，一所培养工程师的学校，最终因自己的能力和兴趣的驱使，将自己的生命投入设计的领域。于是，艾斯林格进入位于德国施瓦本格明德的设计学院（the College of Design in Schwa bisch Gmund），在这里开始了他不平凡的一生。

1968年夏天的一个晚上，艾斯林格召集同学参加由精时力钟表公司(Kienzle Clock Company)发起的设计竞赛。艾斯林格的参赛作品是一款电波表的设计方案，他怀着极大的愿望，希望赢得金奖，但是竞赛的评审员——包括精时力的首席设计师毫不留情的批评所有学生的设计都是"不现实的"，并且拒绝把金奖授予他们学生中的任何一个。但是15年之后，这种表已经到处都是了，而且只卖一百多美元。

这次短视而草率的否决却比任何荣誉更能激励艾斯林格在设计领域获得成

---

① http：//www.rickenglish.com/data/photos/56_1g_hartmut8256.jpg.

功，他发誓："我要改变设计界——打破迂腐刻板的限度，注入更多鲜活的力量。没有什么是不可能的。"①受这次竞赛的刺激，同年，艾斯林格创办了"艾斯林格设计公司"（Esslinger Design，即"青蛙设计公司"的前身）。高中时，艾斯林格因为热衷画画曾被母亲警告：所有的艺术家最后都会在贫民窟里穷困潦倒。

作为学生的艾斯林格急需在经济上获得成功，而不是像母亲说的那样成为一个"饥肠辘辘的艺术家"，他给自己定下了简单却充满雄心的创业计划②：寻找渴望出类拔萃的客户；练就商业头脑，为客户竭尽全力，而不是为自己；建立知名度——以一位具有远见的梦想家，而非以自我为中心的艺术家，以知名度作为创建公司的资本；创建有史以来最好的世界级设计公司；永远寻找最出色的人，不管是员工、合伙人还是客户。

1969年，艾斯林格凭借新修改的毕业设计方案，赢得德国首届"联邦设计奖"（Bundespreis Gute From）的学生奖，这对于一个新生设计师是极大的鼓舞。两年后，在柏林举行的国际消费电子展览（Consumer Electronics Show），艾斯林格为维佳（WEGA）设计"系统3000"，圆润大方的造型，无论是在外观、功能还是美感等方面受到大众的欢迎，艾斯林格一举成名，并赢得很多设计任务。

1974年，艾斯林格在当时德国最著名的设计类杂志《造型》（FORM）的封底刊登广告，开始塑造自己的公众形象。艾斯林格以一只跳跃的巴西树蛙的形象作为他们的徽标——后来改为一只绿色的青蛙，使用"青蛙"有更深层含义："青蛙"（Frog）这个词汇里包含了他祖国的名字——德意志联邦共和国（Federal Republic Of Germany）第一个字母的缩写。"青蛙设计"（frog design）常常以小写印刷，这是对德语语法法则的叛逆。③40年来，青蛙公司先后在美国加利福尼亚大学的坎贝尔（Campbell）和日本的东京设立事务所，为许多公司提供服务，帮助客户创造每年数十亿美元的可靠收入，青蛙设计的产品、提供的媒体解决方案以及推广的经验遍及全球。如青蛙设计曾为苹果（Apple）、路易·威登（Louis Vuitton）、汉莎航空（Lufthansa）、奥林巴斯（Olympus）、SAP、三星、索尼（Sony）、惠普（HP）、花旗集团、迪士尼（Disney）、西门子、本田和阿迪达斯等全球知名企业发展全球化的设计战略。今天的青蛙设计公司拥有450多名员工，9个事务所，成为世界顶级的创意咨询公司。

艾斯林格不仅是一位优秀的工业设计师，还是一名传道授业解惑者。他是德国卡尔斯鲁厄的设计学院（Hochschule fuer Gestaltung）的创始教授之一，并于2006年在奥地利维也纳的实用艺术大学（University of Applied Arts）担任整合工业设计（Convergent Industrial Design）教授。他获得了有美国纽约帕

① （美）哈特姆特·艾斯林格（Hartmut Esslinger）. 一线之间（a fine line）[M]. 孙映辉译. 北京：中国人民大学出版社，2012：15.

② （美）哈特姆特·艾斯林格（Hartmut Esslinger）. 一线之间（a fine line）[M]. 孙映辉译. 北京：中国人民大学出版社，2012：16.

③ （美）哈特姆特·艾斯林格（Hartmut Esslinger）. 一线之间（a fine line）[M]. 孙映辉译. 北京：中国人民大学出版社，2012：19.

尔森设计学院（the Parsons School of Design）美术荣誉博士头衔，以及世界上多项终身成就荣誉称号。艾斯林格尊重学生个体的特性，让学生体会如何运用理性知识和感性知识来培养创造性思维，为世界工业设计的发展作出不可估量的贡献。

为了让人更加了解设计战略对商业未来的重要性，2009 年，艾斯林格编著《一线之间》（A Fine Line），是他总结个人和"青蛙"设计之路的著作，讲述了他为人们耳熟能详的那些公司从事设计的幕后故事。所谓"一线之间"，是要跨越创新与模仿、卓越与平庸、利润与文化之间的细微之线。设计与商业，在青蛙的思考方式中，更像是一种化学性的渗透与反馈，而不是在各自的轨道上单打独斗。①正如小米公司董事长兼 CEO 雷军所说："《一线之间》首次将设计提高到战略的高度，还指出了在当今商业社会中，设计置于企业发展和商业进程生死攸关的决定意义。"

艾斯林格的设计哲学是形式追随激情（Form Follows Emotion），以独特的设计形式站在工业设计的高处，他获奖无数，享受着至高的荣誉。艾斯林格和青蛙设计公司赢得商业周刊 IDEA 红点设计大奖（Red Dot Design）、工业设计杂志（I.D.Managzine）和 iF 设计大奖等。艾斯林格是国际顶级战略设计大师、工业设计领域教父级人物、罗维终身成就奖（Luckly Strike Lifetime Award）得主。1990 年，他成为《商业周刊》（Business Week）的封面人物，被誉为是自 1930 年以来美国最有影响力的工业设计师、"高科技设计领域的首位超级明星"。他的作品被纽约现代艺术博物馆、史密森研究院和慕尼黑新艺术中心永久收藏。

代表作品评析：

1. WEGA 系统 3000

设计师：艾斯林格和青蛙设计团队

时间：1971 年

像众多的"车库公司"一样，艾斯林格在他租来的车库里创立青蛙，从一个只有 3 至 6 个人的团队发展成一间国际化的公司。

就在这车库公司，艾斯林格和他的设计团队得到一个让青蛙起飞的项目——WEGA 系统 3000（图 21-2）②。WEGA 的老板迪耶特·莫特（Dieter Motte）与青蛙合作时还是一间小公司，这次的合作对双方都是非常的重要，这是他们第一个大型的项目，他们对系统 3000 投入极大心血，希望能设计出

---

① 张晶．"艾斯林格向我们证明了，一个人的眼光可以塑造一个产品和一间公司"——红杉资本合伙人迈克尔·莫瑞茨改变商业的设计公司 [N]. 经济观察报，2010-11-01.

② （美）哈特姆特·艾斯林格（Hartmut Esslinger）．一线之间（a fine line）[M]. 孙映辉译．北京：中国人民大学出版社，2012：176.

令人耳目一新的产品。艾斯林格在设计中结合了电视机和高端立体声部件，利用塑料制造方面的创新优势，"系统 3000"的设计着重于塑料质地的立体声部件应用，里面是泡沫填充的电子元件。"系统 3000"在外观上给人带来极大的感官诱惑，让人有一种共鸣的震撼，使得产品显得极有现代感（图 21-3）①。由于塑料和泡沫的特性"系统 3000"比传统木质和胶合板填充的立体声轻便许多，这也是"系统 3000"能在柏林举行的国际消费电子展览受欢迎的原因之一，它使 WEGA 这一小公司变成世界重要的品牌。

"系统 3000"是艾斯林格编著《一线之间》封面（图 21-4）②设计的灵感来源。"系统 3000"设计像一个雕塑，从任何一个角度看都很精彩，表面纹理是渐变的浮雕小点③。现在我们可以通过触摸《一线之间》和"系统 3000"一样的微微凸起的小圆点的封面来感受立体声表面纹理给人奇妙的体验，这应该是我们对青蛙内心深处的温馨记忆。

图 21-2　WEGA 系统 3000 造型圆润大方，体现了功能性和形式感的统一（左）

图 21-3　WEGA 系统 3000 简洁大方的设计极具现代感（中）

图 21-4　艾斯林格编著《一线之间》，本书封面设计灵感来源 WEGA 系统 3000 造型表面纹理的处理，呈现浮雕效果（右）

2. Apple Ⅱ计算机系列

设计师：艾斯林格和青蛙设计团队

时间：1984 年

现在大家都在翘首苹果下一代产品的发布，苹果智能手机 Iphone 系列高居世界最受欢迎手机，人们对乔布斯的熟悉和尊敬无需再述。但是，苹果公司的发展有一个人起着非常重要的作用，那就是艾斯林格。

1982 年青蛙设计和苹果公司开始合作，当时乔布斯"野心"勃勃，计划着让苹果公司成为全球最大的消费电子品牌，许多人认为这是疯狂的，因为家用电脑在当时看来是遥不可及的！但是，"疯子"和普通人的区别是他对未来的远瞻性，及对事业的坚持与乐观。为了战胜对手赢得合作，艾斯林格将苹果定为成"来自加利福尼亚州的全球顶级公司"，蕴含着好莱坞、音乐与些许反叛，以及天然的性感。艾斯林格团队制作了很多模型陈列在苹果总部的一个会

---

① http：//www.google.com.hk/imgres.

② 作者拍摄

③（美）哈特姆特·艾斯林格（Hartmut Esslinger）. 一线之间（a fine line）[M]. 孙映辉译. 北京：中国人民大学出版社，2012：18.

图 21-5　Apple Ⅱ计算机系列，简约不简单的设计为苹果确立了独属于苹果的设计语言，是苹果进入平常百姓家庭的重大功臣，成就了苹果和青蛙设计。Apple Ⅱ计算机被惠特尼艺术博物馆（Whitney Museum of Art）永久收藏。

图 21-6　Apple Ⅱ计算机（局部）

议室，当乔布斯进入办公室看到方案时，笑着说："就是它了！"

"当时的另一考虑是绿色和环保，白色可以消除油漆可能带来的污染问题。"①艾斯林格认为：苹果电脑应该是小巧的、简洁的、白色的；所有的图形和文章都必须看起来干净且有秩序；最终产品要呈现出灵巧、有高科技感的外观，要用最先进的加工方式创造出来；所有的产品设计要以环保为原则，努力做到"无油漆、低成本"，谨慎使用丙烯腈—丁二烯—苯乙烯塑料以及其他化学原料②。"白雪"（Snow White）（图 21-5）③由此成了苹果独具个性的设计语言并开始为人所知，成为苹果史无前例的标志性产品。青蛙历时 9 个月努力终于赢得和苹果的长期合约。自此，青蛙设计的总部从德国的慕尼黑搬到了美国加州的旧金山湾区（Bay Area），这成为了它在成长为一间具有全球影响力的设计咨询公司的历程中的关键一步。

　　Apple Ⅱ计算机（图 21-6）④是青蛙和苹果合作获得巨大成功的项目，采用全身白色（图 21-7、图 21-8）⑤的设计，改革电脑的可用性和外观，苹果的用户界面和媒体内容极大地人性化了计算机技术，并因此建立了一种新的文化。1984 年，Apple Ⅱ计算机获得《时代周刊》的"年度设计奖"，因 Apple Ⅱ苹果的销售额从 1982 年的 7 亿美金，攀升至 1986 年的 40 亿美金。现在，Apple Ⅱ计算机已经被惠特尼艺术博物馆（Whitney Museum of Art）永久收藏。

　　乔布斯说："他是少数第一次就做对的狂热分子。"Apple Ⅱ计算机随着时

---

① 张晶．"艾斯林格向我们证明了，一个人的眼光可以塑造一个产品和一间公司"——红杉资本合伙人迈克尔·莫瑞茨改变商业的设计公司 [N]．经济观察报，2010-11-01．

② 艾斯林格对苹果公司的战略：(美)哈特姆特·艾斯林格(Hartmut Esslinger)著．一线之间(a fine line)[M]．孙映辉译．北京：中国人民大学出版社，2012：122．

③ http://image.baidu.com．

④ 同上．

⑤ 同上．

间而永恒，因而超越时间，经久不衰。青蛙的设计已经成为苹果的一种文化，双方都成就了彼此，同样站在世界之巅。

图 21-7 Apple II 计算机
（显示器与键盘）（左）
图 21-8 Apple II 计算机
显示器与键盘（局部）（右）

3. 迪士尼（Disney）产品

设计师：艾斯林格和青蛙公司

时间：20 世纪 90 年代

20 世纪 90 年代中期，青蛙和迪士尼开始合作，他们产生了一系列迪士尼消费电子产品和迪士尼游船的设计。

创新与文化的结合，并注重实用，这是成功的永恒法则。艾斯林格在设计迪士尼消费电子产品之初，他们直接找塔吉特（Target）、百思买（Best Buy）和电路城（Circuit City）这些零售商，了解他们愿意销售什么类型的迪士尼产品。通过与销售方的沟通，并对传统元素的尊重，艾斯林格他们设计出零售商真正想要的东西，设计出真正具有迪士尼特色的消费电子产品（图 21-9）[①]，如迪士尼个人电脑、电视、DVD 播放器以及内置歌曲的米奇卡拉 OK 麦克风系统。这些产品诙谐有趣，逗人喜爱和富有童趣，非常热销，并给公司带来了高额利润。这些产品现在已经成为了迪士尼消费电子产品的经典之作，迪士尼品牌的精髓。

迪士尼游船的设计是艾斯林格最喜欢的作品之一，因为那是他做的最大的东西。迪士尼希望艾斯林格他们设计一艘能吸引各个年龄阶层的游船，来延长一点他们度假地的家庭游览项目。设计家庭豪华游船，艾斯林格除了听取消费者的建议，还得到约翰·海明威（John Heminway）的大力支持。在设计中他们分析过法国诺曼底号游船的外观，看过虚构的《星际迷航：进取号》和最新式的未来主义飞行器，同时对各年龄阶层的人进行研究，了解他们心中梦想游

---

① http://baike.baidu.com/albums.

图 21-9 迪士尼消费电子产品系列，诙谐有趣，逗人喜爱和富有童趣，成为了迪士尼消费电子产品的经典之作

图 21-10 迪士尼游船 Disney Cruise Line，充满梦幻趣味的家庭游船，符合各年龄的人群游玩，据说船票已经排期到了 5 年以后

船的样子。艾斯林格他们设计的 Disney Cruise Line（图 21-10）①就是一艘出自大众心声的家庭游船，将海洋色彩与迪士尼的"红、白、金、黑"基调搭配在一起。还添加了很多浪漫元素，如米老鼠化身成水手和宝石一样的桥，没有离开迪士尼的传统元素。同时，艾斯林格听了从孩子们想法，给游船设计了两个烟囱和黄色的救生艇。艾斯林格设计的迪士尼游船把古典意蕴的优雅与未来主义的趣味神奇般地融合在一起，描绘的魔幻世界对父母和孩子同样具有吸引力。

青蛙的设计既保持了乌尔姆设计学院和布劳恩的严谨和简练，又带有后现代主义的新奇、怪诞、艳丽甚至嬉戏般的特色，在设计界独树一帜，在很大程

① Arting365.com.[2012-05-21]

度上改变了 20 世纪末的设计潮流。①

　　无论是艾斯林格个人还是青蛙公司，他们从未停止不前。

参考文献

[1]　Corcoran，Cate T.FROG FOUNDER：FREE TO BE YOU AND ME[DB].WWD：Women's Wear Daily，2005-12-14，190（127）.

[2]　Baker & Taylor Author Biographies.Hartmut Esslinger[DB].Baker & Taylor，Inc，2000-1-3.

[3]　Burrows，Peter. One Great Leap for frog design[DB]. BusinessWeek Online，2006-4-20.

[4]　Dennis Mccafferty. POWER TO THE PEOPLE[DB].VAR Business，2005，21（10）.

[5]　（美）哈特姆特·艾斯林格. 一线之间 [M].孙映辉译.北京：中国人民大学出版社，2012.

[6]　何人可. 工业设计史 [M].北京：高等教育出版社，2004.

[7]　张东. 艾斯林格：保护孩子的创造力 [N].中国教育报，2012-06-01.

[8]　张晶."艾斯林格向我们证明了，一个人的眼光可以塑造一个产品和一间公司"——红杉资本合伙人迈克尔·莫瑞茨改变商业的设计公司 [N].经济观察报，2010-11-01.

[9]　贺佳颖. 国际顶级工业设计大师艾斯林格来沪接受本报专访我更看重年轻人的叛逆积极的叛逆 [N].青年报，2012-05-16.

[10] 设计·人类的翅膀：世界工业设计大师艾斯林格中国行 [N].中国科技信息，2012（11）.

[11] 陈丹琼. 怎样和乔布斯一起工作 [N].环球企业家，2012（11）.

[12] 专访：艾斯林格——用情感做设计 [OL].[2012-05-21].http：//Arting365.com.

（谢宝珍、林舒瑶）

---

① 徐寒.世界艺术百科全书——工艺美术卷 [M].长春：吉林文史出版社，2006：579.

22 雷姆·库哈斯（Rem Koolhaas）

图 22-1　雷姆·库哈斯（Rem Koolhaas）（1944～　），荷兰建筑师，2000 年获得普利兹克建筑大奖

雷姆·库哈斯（Rem Koolhaas）（图 22-1）①是首位获得普利兹克建筑大奖的荷兰建筑师，他是一位身兼多职、兼而有之的记者、作家、建筑师和理论家以及城市规划师，丰富的人生阅历潜移默化地影响了他的建筑理念和创作。

库哈斯于第二次世界大战结束前期的 1944 年 11 月 17 日出生在荷兰鹿特丹市（Rotterdam），在第二次世界大战和 1968 年的"五月风暴"（Paris, May）②背景下的成长经历使得他有别于其他同时代的建筑师，对于全球化、传统等建筑问题有独特的理解。1963 年，19 岁的库哈斯高中毕业，在《海牙邮报》（Haagsche Post）开始了 5 年的记者生涯。记者的身份让他接触到许多艺术大师并深受影响。同时，热爱电影的库哈斯也兼做电影编剧，并和朋友成立了"1，2，3，等等"（Filmgroep 1, 2, 3, Enzovoort）的青年业余电影社团，有人曾评论他在建筑中的一些隐喻、意识流引导手法也与电影艺术中的蒙太奇③（Montage）手法有一定关联。这段经历也让他始终关注社会文化问题与建筑的关系，并能用一种超越美学的眼光关注建筑问题。

1968 年，库哈斯受奥列尼多夫（Ivan Ilich Leonidov）遗作影响，真正开始对建筑产生兴趣。24 岁的他放弃记者身份前往伦敦建筑协会学院（Architectural Association of Architecture，简称 AA）学习建筑。学习期间，意大利的"建筑变焦"（Archizoom）④和"超级工作室"（Super studio）⑤两个先锋派建筑师小组的建筑理念深刻的影响了库哈斯。后与其指导教师伊利亚·曾格利斯（Elia

---

① http：//www.izhsh.com.cn/topic/177/1136.html.
② 1968 年法国学生运动。1968 年 5 月在法国巴黎所爆发的社会运动，又有"五月风暴"之称。
③ 蒙太奇（法语：Montage）是音译的外来语，原为建筑学术语，意为构成、装配，就是把分切的镜头组接起来的手段。
④ 建筑变焦（Archizoom），又译为建筑伸缩派或建筑视窗，成立于 1966 年，关注当代建筑的理论问题和设计与当代社会与文化现实之间的关系。
⑤ 超级工作室（Super studio），成立于 1966 年，早期与 Archizoom 共同参与意大利 20 世纪 60 年代激进建筑的讨论，其设计方法等多借助于古典几何学语言。

Zenghelis）等人一起组成了一个非正式专业团体，即大都会事务所的前身（Office for Metropolitan Architecture，简称 OMA）。间或有一些学生加入，其宗旨为理论兼用实践重新诠释文化与现代建筑之间的关系。

1972 年，库哈斯毕业后赴纽约美国康奈尔大学（Cornell University）进行研究学习。从当时极具影响力的德国建筑师昂格尔斯（Oswald Mathias Ungers）那里学会了对实用和社会现实的关注以及对城市发展中现代性与历史性矛盾的解决方式等。1975 年，库哈斯在纽约城市与建筑学院（Institute for Architecture and Urban Study）做访问学者和客座教授，当时的院长美国著名建筑师彼得·埃森曼（Peter Eisenman）对其帮助和影响也颇大。同时深受现代主义建筑大师及 20 世纪 60 年代各种后现代思潮的熏染，库哈斯的审美取向及艺术品位逐步偏向通俗艺术。

1978 年，OMA 在荷兰国会扩建工程建筑竞赛中赢得名誉后，大量的订单促使他们于 1981 年在鹿特丹（Rotterdam）创设了分部，并成立了库哈斯研究机构（AMO）的前身——格罗茨塔特基金会（Grosztstadt Foundation），同年，出版了《癫狂的纽约——曼哈顿的回溯性宣言（Delirious New York, a retroactive manifesto for Manhattan）》理论研究著作。20 世纪 90 年代起，库哈斯担任哈佛设计学院（Harvard Design School）教授，并组建创作集团 AMO。其作品遍布世界各地，获得了许多奖项和荣誉。理论和实践成果的日益丰厚，在世纪之交的 2000 年，这位具有承上启下影响的建筑大师获得了普利兹克这一建筑界的最高荣誉，肯定了他对建筑界所作出的杰出贡献。而他继续以哲学家般思辨的目光不断追求建筑未来的发展方向。

从库哈斯的设计中不难看出，他的建筑尽管与传统、常规的建筑机制和规范相冲突，却总是给人带来观念上的撞击和思考，是一次全新的建筑挑战。

首先，他重整建筑内的逻辑系统从而赋予建筑新的结构空间特性，还原其本质。有着荷兰民族特性的库哈斯加之成长经历中遇到多位艺术大师的影响，使其形成一种实用主义的建筑观。他摆脱传统建筑观的桎梏，思考和诠释社会生活中简单而平常的各种问题，以探究建筑的创新。基于建筑实事求是的理念，库哈斯的作品不会刻意追求形式造型等视觉上的感受及简单的基本功能满足和抽象装饰，而采用简洁的建筑语言塑造出一种不拘一格、以满足人真正需求的建筑。他还擅于利用建筑的结构引领建筑创新，以构成不同的建筑空间。对预设的形体进行切割和变幻，将抽象的流线用建筑实体具象化，使得空间犹如建筑中挖空的空白区，以无胜有达到各空间的灵活支配。这种自由结构节制自省而不失功能性，差异中构成和谐，是一种全新的建筑本质。例如，在库哈斯的很多作品中利用到了坡道和卷折结构形成了建筑的流线组织和区域的划分。

其次，关注当代文化对城市和建筑的影响，理想务实的建筑观是库哈斯创作的理念基础。丰富的从业经验让库哈斯学会客观地看待事物，更多的关注建筑与人以及文化之间的关系。库哈斯认为人才是建筑存在的前提，立足于当代文化和城市生活，应该具有表达城市某种特性的功能。在库哈斯的作品创作过程中会将与建筑有关的人口、经济方面等等的数据进行分析和整理，并通过统计图标的形式体现，将这些数据与设计结合，引导设计的方向。并且针对不同的设计项目，会做出不同的数据收集，使建筑更合乎逻辑性，更多元的激发设计师的灵感。库哈斯对于大尺度的追求，是他建筑设计的代表特征。他认为建筑的巨大建筑体量能够给人以十分壮观的震撼感，得以协调现代城市中拥塞、混乱的现象，可以容纳多元和偶然的事件。各个事件之间也不会因此而缺乏独立性，反而会起到互生的作用。

最后，以前瞻性的姿态正视历史和现实，勇于创新。库哈斯特有的叛逆前卫和善于思考性使他审视当代建筑将如何成为新时代都市文化的载体，使建筑更符合时代和生活的需要。他有自己独特的历史观，从建筑的历史中汲取养分，创造性的运用，而并非照抄照搬，也不是简单的将历史符号重构。对于建筑形成过程中所受到的影响因素，他以一种乐观的心态去面对。建筑和建筑师们自身的缺点，他也会正视现实和建筑师有限的能力，不会刻意的掩饰建筑的缺点，而努力追求新的建筑语言，尽量的去解决和整理影响建筑的各种现实条件。他追求的是文脉和建筑之间动态的协调关系，不会盲目的追随历史和表面化的和谐。库哈斯侧重的动态文脉即充满了流动的生机和变化的都市文化，这种文化无疑能够给建筑带来一种更能符合时代和功能需求的特性。

库哈斯承继了现代主义建筑所延续的社会责任感，当下的政治性对于建筑的影响不再像以前那么强烈，取而代之的是经济、文化等因素的作用。库哈斯提供的这一新的思维模式对未来建筑的启示和影响将是不可替代的。

代表作品评析：

1. 荷兰康索现代艺术中心（Kunsthal）

时间：1992 年

地点：荷兰鹿特丹（Rotterdam）

荷兰康索现代艺术中心，位于荷兰鹿特丹的城市大道与博物馆公园南部边界，占地 7000m^2，这是一个大胆、多元并充满了惊喜的论述性建筑空间。

其所在的地理位置十分复杂，融合了都市干道的繁忙以及公园的幽静。整栋建筑由被东西向公路与南北向坡道所分割的四部分组成（图 22-2）[①]，由此方案的设计增添了许多难度。库哈斯用连续的坡道、走廊、楼梯将各个展室连接起来。这条南北向的螺旋坡道就是整个中心的主要通道，是构成整个空间的组织主线，也是建筑的主入口，同时也是屋顶花园的入口。这座结合坡道而设计的倾斜的屋顶花园，位于整座建筑的出口处。

其体量和外形类似密斯·凡·德·罗的柏林国家艺术馆（New National

---

① 大师系列——Rem Koolhaas [M]. 王晓华，张莉译. 北京：中国电力出版社，2008.

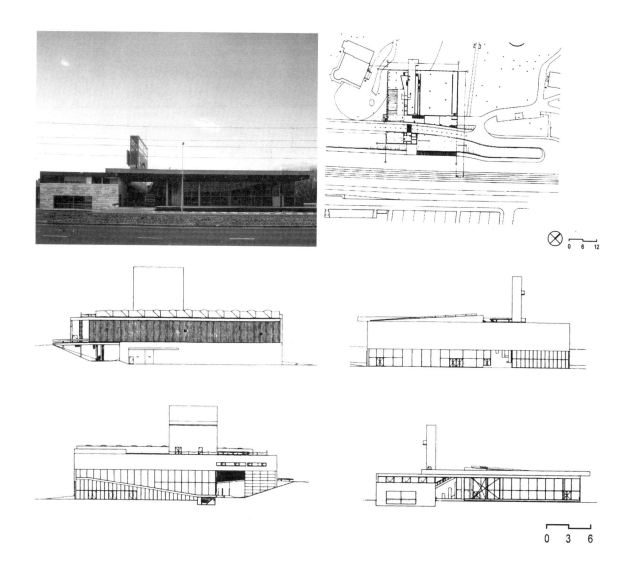

图 22-2　康索现代艺术中心（Kunsthal）（1992），位于荷兰·鹿特丹（Rotterdam），占地 7000m² （上左）

图 22-3　康索现代艺术中心立面图（下）

图 22-4　康索现代艺术中心总平面（上右）

Gallery，West Berlin），都是简洁且低平的正方形盒子（图 22-3）[1]。建筑在建材使用上结合了石头、木头、金属和半透明的玻璃等各种各样的材料，在结构的处理上也非传统模式。库哈斯由参观的路线出发，并将路线作为设计的主导，运用坡道将建筑的空间与功能良好的结合在了一起，形成了自由流畅的空间组织，化解了由于分割而造成的空间上的矛盾。巧妙的坡道设计除了起到了连接室内空间的作用以外，还将干道与公园两种氛围柔和，建立起了建筑自身与城市之间的联系（图 22-4）[2]。建筑的各个部分之间，仿佛有一个不间断的巨大螺旋体，形成了独特的参观路线，游览者可以在建筑内部，通过这样一种螺旋的路线游历整个空间。

　　艺术中心有多个不同入口，由南端堤坝处的主入口进入后，可以随着坡道逆时针盘旋上升，可自由徜徉于建筑的各个部分，最后到达建筑的屋顶，并由

① 大师系列——Rem Koolhaas [M]. 王晓华，张莉译 . 北京：中国电力出版社，2008.

② 大师系列——Rem Koolhaas [M]. 王晓华，张莉译 . 北京：中国电力出版社，2008.

通向室外的倾斜的花园平台作为出口，结束参观。

2. 乌特勒支大学教育馆（Educatorium of Universiteit Utrecht）

时间：1992~1997 年

地点：荷兰乌特勒支（Utrecht）

位于荷兰乌特勒支大学内的教育馆，是现代高等教育学院建设的先驱。这栋楼，是 OMA 设计过的第一个大学建设项目。在设计中非常注重环保意识，在该项目中所使用的建材，都经过精心挑选，小到用来冲洗厕所的供水材料，以确保建设是可持续的（图 22-5）①。

建筑内的三层公共设施由一个巨大的连续楼梯连接，其中包括可容纳1000 人的食堂、学习室、礼堂、会议室、考试中心、大型自行车停车场、休闲娱乐空间和门厅（图 22-6、图 22-7）②。库哈斯采用逐级登阶的形式，阶梯上是考试大厅和会堂，下面的空间被设置成餐厅，巧妙且有效地分隔开空间，同时软化了各块面之间的分化。这种单一界面的处理方式，不仅满足功能区分上的需要，使整个空间形成了一种不间断的连续性，具有简单的灵活性和流动感。

图 22-5 乌特勒支大学教育馆外观（Educatorium of Universiteit Utrecht）(1992~1997)，位于荷兰乌特勒支大学

在这座建筑中，贯穿建筑的坡道是建筑的主要空间流线组织元素，也是主要的空间划分界面，打破了以往建筑层层分划的分割方式。人们可以随着行进过程而进入建筑内部的各个不同空间，在建筑内享受流畅的行走、浏览过程。坡道与水平面形成角度，形成了类似于建筑

图 22-6 乌特勒支大学教育馆立面图

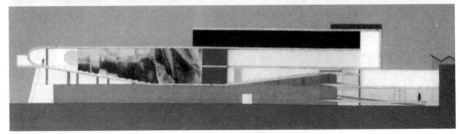

图 22-7 乌特勒支大学教育馆纵向剖面图

---

① 大师系列——Rem Koolhaas [M]. 王晓华，张莉译 . 北京：中国电力出版社，2008.
② 大师系列——Rem Koolhaas [M]. 王晓华，张莉译 . 北京：中国电力出版社，2008

平面中的隔墙。在立面上看，整个教育馆的连续阶梯在里面上形成呈放大的横放 U 字形，看上去更像是建筑的剖面，相对于以往建筑立面的形式无疑是一种创新，乌特勒支大学教育馆也由此得到了"无立面的建筑"的称号。

库哈斯用独特的手法将建筑中多元、复杂的功能和不同功能空间的系统整合起来，巧妙的运用差异而达到了一种和谐的空间关系，而不依赖于复杂的空间组织关系和多个空间形体的整合，形成了自然和谐的调和系统。

3. 荷兰房子 (A Dutch House)

时间：1992~1994 年

地点：荷兰

荷兰房子 (A Dutch House) 是为一对老夫妇设计的约 $5000m^2$ 的别墅，位于荷兰后冰川时期形成的 $5000m^2$ 的松林中 (图 22-8)[1]。整个别墅的外形随着空间功能和位置的移动而变化，包括四个卧室，厨房，客厅，书房和两个阳台。此设计的用料为水泥、钢材、玻璃、木材和砖。

应业主的要求，这栋别墅的设计在供老夫妇居住的同时，还需要满足夫妇二人的 3 个儿女偶尔回家居住的要求。此外，由于土壤中的某些不稳定因素，城市规定建筑的高度最高只能高于临近坡路 4m。因此，库哈斯根据地形将两部分设计成了上下结构的空间 (图

图 22-8 荷兰房子 (1992~1994)，位于荷兰

22-9、图 22-10)[2]，其总体的中心被放置在斜坡之上，另一部分空间被隐藏于地下。这样设计极大的节约了建筑面积的使用，从远处只能看到一部分的空间。上面部分供老夫妻长期居住，下面部分供偶尔回家居住的三个孩子使用。

并且，库哈斯巧妙地突破了建筑传统的旧有模式，基于人性化关怀利用墙体将建筑设计成两个彼此独立又能良好互动的永久性住宅，以避免下面部分因长期无人使用而造成的空旷。在两部分空间连接的处理上，库哈斯简单的运用了系列墙体和斜坡，将二者相互连接。下面部分由一整片围墙连接了整个内部空间，隔出的公共天井，也增加了功能区域的划分。其上二位老人居住的空间，使用了大面积的玻璃，被设计得在视觉上尽量显得通透，使得其显得更加灵巧，避免了给第二部分造成视觉上过重的压力。

---

① 大师系列——Rem Koolhaas [M]. 王晓华，张莉译. 北京：中国电力出版社，2008.
② 大师系列——Rem Koolhaas [M]. 王晓华，张莉译. 北京：中国电力出版社，2008.

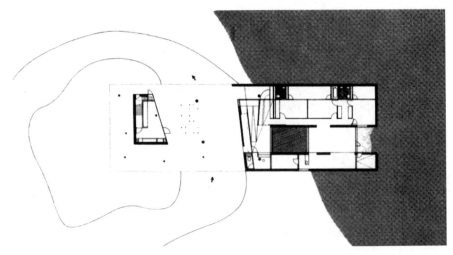

图 22-9　荷兰房子一层平面图

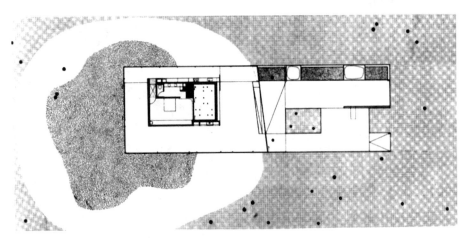

图 22-10　荷兰房子二层平面图

　　库哈斯用作品表达了功能和形式没有谁先谁后、谁主谁次的关系，建筑更应真正以人为本，不能脱离各种社会因素影响的建筑观念。

参考文献

[1] AMONA REM KOOLHAAS [II] 1996 2007 theory and practice[J].EL croquis，2007（134/135）：352-354.

[2] 刘松茼.普利茨克建筑奖获奖建筑师系列——雷姆·库哈斯 [M].北京：中国建筑工业出版社，2009.

[3] 大师系列丛书编辑部.大师系列——Rem Koolhaas [M].王晓华，张莉译.北京：中国电力出版社，2008.

[4] 韩林飞.白玉有瑕，魅力无穷——库哈斯现代主义建筑理论的最初影响 [J].建筑创作，2003（10）：26.

网络资源

[1]　http：//www.pritzkerprize.com/143/mono2000/ Koolhaasmon.pdf.

[2]　http：//fanyi.baidu.com/transpage?from=auto&to=auto&url=http%3A%2F%2Fmimoa.e
　　　u%2Fprojects%2FNetherlands%2FRotterdam%2FKunsthal.

[3]　http：//www.galinsky.com/buildings/educatorium/index.htm.

[4]　http：//en.wikiarquitectura.com/index.php/House_in_the_forest.

（唐倍、付饶）

23 菲利普·斯塔克（Philippe Starck）

我非常喜欢能够以谦恭的方式帮上忙，因为当我发现在向生活琐碎的需要靠近时会感到越发有兴致。[1]

——菲利普·斯塔克

图 23-1　菲利普·斯塔克

菲利普·斯塔克（Philippe Starck）（图23-1）[2]，全名为菲利普·帕特里克·斯塔克（Philippe Patrick Starck）。他是一位才华横溢且全面高产的法国设计师，集时尚的明星、疯狂的发明家和浪漫的诗人于一身的"设计鬼才"，也是极少主义[3]风格最重要的代表人物。菲利普·斯塔克于1949年在巴黎出生，自他出生的那年起便承袭了法兰西民族浪漫的和贵族的气质。斯塔克的父亲是一位飞行员和飞机工程师，他童年的秘密花园便是其父亲的工作室，童年的主要游戏就是在工作室里玩弄和拆卸各种画板、脚踏车、摩托车和其他东西，这些游戏激发他对设计的浓厚兴趣。学生时代的斯塔克便展现出他出色的设计天赋，16岁不到就获得了家具设计竞争的冠军。

20世纪60年代中期考进巴黎的 Ecole Nissim de Camondo 学院，1968年成立了自己的第一家公司，主要设计可膨胀式家具。次年，他那卓尔不群的设计才华很快被法国著名的时尚品牌皮尔·卡丹（Pierre Cardin）看中，随即被聘为艺术指导。20世纪70年代，斯塔克开始作为独立的室内设计师和产品设计师从事设计工作，主要是夜总会的室内设计。20世纪70年代末，他周游世界后回到巴黎成立了名为"斯塔克产品"（Starck Product）设计公司，期间他

---

① Interview, *5 questions for… Philippe Starck*[DB/OL]. Hospitality Design, 2011-11：78.

② Laszlo Taschen. *Modern Architecture A-Z*[M].Koln：TASCHEN，2010：928.

③ 极少主义（Minimalism）：是盛行于20世纪70~80年代的设计风格，是受到抽象主义艺术及密斯·凡·德罗（Mies Van Der Rohe）的"少就是多"的思想影响。

接到一张为他带来极大的国际荣誉的订单——为弗朗索瓦·密特朗（Francois
Mitterrand）总统改建爱丽舍宫（Elysées Palace）私人住宅的室内工程，这无
疑让他成为国际瞩目的焦点。20 世纪 80 年代，进入到他设计的高产时期，他
的设计从奢华的室内设计到简洁的家具、从机械化交通工具的设计到人性化的
清洁用品无不囊括其中，同时他开始设计风格的转变，开始重视仿生态设计①。
20 世纪 90 年代，斯塔克的设计方向开始转向电器和交通工具，而且致力于机
械产品设计的人性化。因此，当有人评价斯塔克的设计为"现代主义设计的刻
板面孔上一抹善意的微笑"时，你千万不要认为他只是在夸夸其谈。②斯塔克至
今仍然设计活跃在设计前线，保持着他那高昂的创作热情和各种新奇的幻想，
就像他一直坚信的那样："这个时代是建立在创造力上的"（It's a dynasty built
on creativity）③。

　　斯塔克至今获奖众多，例如在 1997 年获得美国的哈佛卓越设计奖（Harvard
Excellence in Design Award）、2001 年获得德国的红点设计大奖中最佳设计奖
（Red Dot Best of the Best Award）、2002 年又在德国获得 iF 国际设计大奖（IF
Design Award）等。在 2003 年他还为自己出版了一本名为《菲利普·斯塔克》
（Philippe Starck）的书，书中以幽默自己与其设计产品的形象来向大众展示他
的个性魅力与其得意之作。在 2008 年，斯塔克还主持了 BBC 栏目的真人秀节
目《为生活而设计》（Design for Life）。

　　斯塔克凭借他那独具匠心的设计和对大胆、前卫的时尚元素的运用已然让
他站在设计潮流的浪尖上，更是成为后现代设计的象征并以他的努力将后现代
设计这个概念更加具体，形成他自己的设计品性。

　　第一，商业化。斯塔克将设计师的鲜活与商人的精明集于一身，他曾说过：
"我觉得自己是个设计师，也是个商人。"④在进入 20 世纪中期资本主义世界进入
商品经济高速发展阶段，产品设计则呈现出明显的商业性，是经济活动和市场
营销活动的重要范畴。斯塔克在这个大语境下出现，他所设计的产品也必然带
有一定的商业气息。"艺术产品魔法般地多样化和一切话语的极端公开化、以
及艺术对物质生产领域的大规模的强力渗透和扩张，早已使艺术生产部门变成
了一个强大的商业化帝国。"⑤斯塔克以他一系列充满奇思妙想的创意设计，已经
成为国际上炙手可热的明星设计师、时尚人士追捧的对象和艺术界热评的人物，
这俨然使"菲利普·斯塔克"的名字成为一个"品牌效应"而招徕更多消费者。
在斯塔克的设计模式中，他通过"贴标签"的方式创造一个与消费者能够沟通
的艺术形象，实现通过品牌形象的塑造以引起消费者对设计作品的认知与喜爱，
使设计师通过其设计理念与消费者之间产生交流和共鸣。

---

① 仿生设计（Design Bionics）：是在仿生学和设计学的基础上发展起来的一门新兴学科，被认为是对机
　械时代美学，尤其是 20 世纪 80 年代出现的所谓"高技派"风格的反动。

② http：//zixun1.blog.163.com/blog

③ Alix Browne.*Profile in Style*：*Philippe starck*[DB/OL].New York Times Magazine，2008-03-16：134.

④ http：//zixun1.blog.163.com/blog

⑤ 庞彦强 . 艺术经济通论 [M]. 北京：文化艺术出版社，2008：17.

第二，极简化。在商业性的外衣下，还层层包裹着设计者的个性色彩和设计思想，斯塔克的设计简洁而时尚，其所设计的大量家具基本上没有任何"狭义后现代设计"[①]的那种繁复装饰，他是"极少主义"的拥护者。斯塔克整个设计生涯是紧紧与极少主义相连的，他提倡"非物质性"，即用极少的物质实现最大的功能同时以突破性的创意制造平民化的产品，表现出他对丰裕的社会模式各种弊端进行反思和对人性化设计的觉悟，正如理查德·迈耶所认为的那样：艺术与设计并不浮于表面，装饰并不等于艺术，"极少主义"的美学原则是不外乎是人文主义。勒·柯布西耶也曾说过说："精神的原则就是单一的意旨。(The spirit of order, a unity of intention)[②]"他的作品虽简洁但并不简单——用材极少、结构极度简单、造型简洁和表面设计的纯粹——既不同于现代主义的僵硬，也不同于后现代主义的繁琐，用最普通的线条勾勒出最让人惊叹的形状，看似随意而就的设计产品富含着设计者的创意思维。例如他设计的"Ara 王子"凳（由 Kartell 公司生产，1996）外观总体造型都极度简洁而不失时尚之范。

第三，生物形态化。斯塔克虽是工业时代极简主义风格的忠实拥护者，但也不免被来势汹涌的仿生设计风格所影响。形态是设计师设计理念、文化内涵和审美情感的载体，是设计师把设计理想传达给受众的最直接最形象的方式。在斯塔克设计的琳琅满目的众多作品里，生物形态的影子时常有意无意的出现在其中且携带有他与生俱来的法国浪漫主义的艺术色彩。他的设计已不仅仅停留在功能的层面上，而是更关心产品带给受众的心灵感受。例如在意大利公司设计的一件名为"MeuMeu 先生"抽象化牛头形状的干酪研碎器与勺（由 Alessi 公司生产，1992）和看似一株植物的根茎的"W.W"（由 Vitra 公司生产，1990 年）坐凳。这位商人似的设计师善用这些心理战术，以生物形态的形式潜伏于日常生活的产品中，来走进各个家庭的每个角落。而且他这种生物形态化的设计品性把生物的柔美和抽象形态融入到设计作品中，使作品的形象语言生动时尚起来，就如卡梅尔·亚瑟所说的——像斯塔克这样的"准生物形态主义"设计家的初衷，无非是想在僵死的设计界引入些富含人性价值的"活水"。[③]

斯塔克在设计上所携带的商业化、极简化以及生物形态化的各种趣怪创新的艺术意象，让他的设计意图更加明朗化。而后来他所拥护的"人性化设计"(Humanized Design)、"绿色设计"(Green Design)、"民主设计"(Democratize Design) 和"生态设计"(Ecological Design) 等则是他对于时代敏锐的洞察力和对人文环境的关怀之心使然，而 2012 年所展出的"Broom"椅子，则是他后期所拥护的这些设计理念的综合体现，这张椅子的特别之处在于制成它的材料是已经使用过的塑料和废料，他说："这张椅子是废物做成的。"[④]

从出道至今，斯塔克所涉及的设计范围包括建筑、家具、室内设计、交通

① 王受之. 世界现代设计史 [M]. 北京：中国青年出版社，2002；320.

② Richard Meier. Less is More[DB/OL]. Esquire，2008（09）：151~171.

③ （英）朱迪斯·卡梅尔·亚瑟. 菲利普·斯塔克 [M]. 北京：中国轻工业出版社，2002：17.

④ BRACCIALINI SRL，*Party Chairs*. WWD：Women's Wear Daily[DB/OL].2012-4-20：10.

工具、榨汁机、甚至到各样小件家居产品。他的室内设计代表作包括有巴黎的 Costes 咖啡馆（Costes Coffee House，1984）设计、东京的 Manin 餐厅（Manin Restaurant，1987）、香港半岛酒店（Peninsula Hong Kong Hotel，1994）和北京的兰会所（Lan Club，Philippe 2006）的室内设计等。产品设计有 Laguiole 不锈钢刀具套件（由 Alessi 公司生产，设计于 1986，生产于 1996），生物形态主义倾向初见端倪的"M 总统"桌（由 Baleri 公司生产，1981~1984）和斯塔克这种仿生态设计的明星产品多汁的 Salit 柠檬榨汁机（由 Alessi 公司生产，1990~1991），呈现出的是一只闪闪发亮的章鱼外形，它的存在让整个厨房散发出金属的浪漫气息，这种简洁有机的造型看起来富有艺术美感，而且还有"STARCK BY WARENDORF"厨具设计（由 WARENDORF 公司生产，2010）。这位年近花甲的设计天才还为 iPod 音乐播放器和 iPhone 手机设计名为 Parrot-Zikmu 无线音箱，这款由斯塔克设计的音箱充满艺术的美感，体现出科技带来的时尚生活，尽显他的个性才华。

代表作品评析：

1. 罗尔顿酒店（Royalton Hotel）室内设计

时间：1988 年
地点：美国纽约

法国的现代设计是基于法国豪华奢侈的设计传统的，具有明显精英设计主义设计特点，斯塔克被看成是法国奢侈设计的继承人和法国设计界文艺复兴的领袖。1988 年为纽约城罗尔顿酒店的室内设计正是充满着这种对法国大革命前"贵族风"的怀旧气氛。

斯塔克对待酒店的设计犹如是对待剧场的设计，这可以从酒店的大门设计布局看出个所以然——灯光的处理、窗帘的布置和那令人难以忘怀的舞台拱幕的设计（图 23-1）[①]。室内的大厅设计集中了盖里贵气的气派（图 23-2）[②]，整个大厅被是大片的编织物和丰富的颜色所围绕，弯曲而显自然形态的元素可以在角灯和椅腿上找到其痕迹。宫殿式的颀长走廊铺上一张编织着让人倍感困惑的图案的宝蓝色地毯，不禁让人注目细细观察。在这块毯子的右边（背向大门的方向）分别是接待处、电梯和盥洗室等，设置成一片交替出现的被抛光的黑色柚木，在灯光的照耀下显得高贵而典雅。而在毯子左边的是一排粗壮的柱子，而这些柱子就是斯塔克设计的最大亮点：他把柱顶部位切掉适当的高度来创造一种以为这些柱子没有到达天花板错觉，让人感觉这些柱子是各自独立的雕塑而非建筑构件。在两柱之间就是座位区，在座位区的墙上还成角的挂着镜子，

---

① Lewis Blackwell, Lucy Bullivant. International Contract Design[M].New York：Abbeville Press NY，1990：85.
② 同上．p88.

罗马式舞台拱幕设计

舞台式的窗帘布置

类似舞台的灯光设计

图 23-2　罗尔顿酒店大门
剧院式的设计

弯曲而显自然形态的元素

温暖红色的大门与
清幽深蓝色的地毯
之间的对比

图 23-3　室内大厅的艳丽
设计

角度的设置刚好可以反射到斯塔克所设计的家具。室内的摆设家具（图 23-3）①，
也是出自斯塔克的设计头脑，酒店内的摆设家具都是高品格的产品而且都是限
量发售，是"在斯塔克为室内设计出可观赏的风景，这是创作的自我意识过

---

① Lewis Blackwell，Lucy Bullivant. International Contract Design[M].New York：Abbeville Press NY，
1990：86.

石板、钢材和皮革等材料打破传统客人套房中柔软的元素，然而还注意保留着让人感觉舒服自在的模式

程——在大众传的扶持下以经济为直接目的，去创造一种高品位的家居用具"[1]。而酒店的客房套件可是设计师的匠心独运之作（图 23-4~ 图 23-5）[2]，室内所包裹的远非传统客房中的软质地的材料，而是石板、钢材和皮革等，虽然这些都是硬质地的材料，但斯塔克的设计也是把住在这里的客人感到舒服自在放在第一要位。

斯塔克的室内的设计与美国所崇尚的反历史性的"贵族风"潮流相合拍。罗尔顿酒店之意蕴是一种由卓尔不群的艳丽和亲切可人的优美两对矛盾有机整合后产生的，是对室内空间新的诠释。自然地，偏爱绮丽幻觉的美国文化很快就被他捕获，并有力地煽动起 20 世纪 80 年代末美国"贵族风"运动，其中以纽约城为最盛。

图 23-4 酒吧间里的家具设计中椅子的设计，坐垫是皮革材料，椅腿具曲线和自然形态特征（左）
图 23-5 酒店客房套间（右）

2. "路易二十" 椅（Louis 20 Chair）

时间：1992 年

"路易二十"也被称为"路易 XX"椅（图 23-6）[3]是斯塔克于 1992 年为美国的一位歌手兼设计师威廉姆斯（Pharell Williams）设计，并由 Vitra 公司生产制造。斯塔克凭借着"路易二十"椅来向人们阐明自己对环境心怀友好的态度和他后期关于"绿色设计"的设计倾向。他认为只有将道德和诚实融入到设计过程中才能造就永恒耐久的设计。这椅子高 840mm，宽 580mm（图 23-7）[4]，

图 23-6 "路易二十"椅子（黑色）

① 朱迪斯·卡梅尔·亚瑟. 菲利普·斯塔克 [M]. 北京：中国轻工业出版社，2002：15.
② Lewis Blackwell，Lucy Bullivant. International Contract Design[M].New York：Abbeville Press NY，1990：88.
③ Mel Byars. The Best：Tables·Chairs·Lights Innovation and Invention in Design Products for the Home[M]. New York：Roto Vision SA，2001：239.
④ Mel Byars. The Best：Tables·Chairs·Lights Innovation and Invention in Design Products for the Home[M]. New York：Roto Vision SA，2001：239.

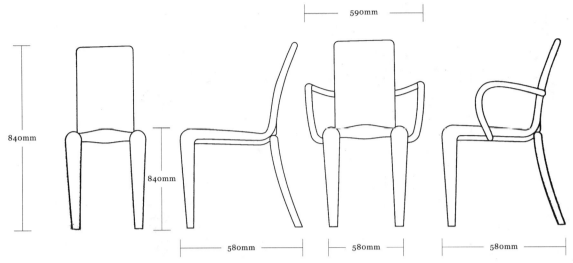

图 23-7 无手柄与有手柄 "路易二十" 椅子的尺寸图

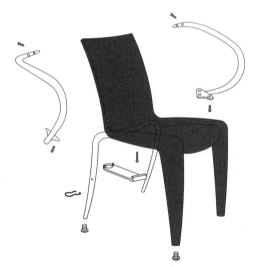

图 23-8 "路易二十" 椅子
的固定拼合图

是由两种可循环利用的材料做成的：聚丙烯和已经循环利用过的铝。一整张经过熔喷聚丙烯工艺模压成型的椅身和两条椅前腿，这纯黑颜色（还有红色、绿色、蓝色等，其中还有半透明的颜色）的聚丙烯椅模在光的注视下显得时尚而典雅。而椅背和两条椅后腿所用的材料是铝，其中还有同款式的椅子，不过是在原有的椅子上多加了一双铝材所制的扶手柄。整张椅身和两条后腿之间仅仅由 5 个螺丝固定拼合（图 23-8）[1]，而且这两个由螺丝拼合的部件可以简单的拆离。

无论在海报上还是在公众上出现的斯塔克总是给人一种幽默顽皮的感觉，自然作品中斯塔克也不会内敛他的这种个性。斯塔克的幽默风，不只是流于名字的设定上，还有他的对这张椅子所寄予的幽默创意内容。他对造型进行了幽默的变化，要是从正面来看椅子看上去纯粹是一件极简化的优品，但是你稍稍变换一下角度就会恍然发现，椅子后面的两只椅腿被设计师偷偷的换成两根纤细铝制的圆柱，与纯黑颜色的由聚丙烯制作成的具有厚重感的椅子形成鲜明的对比，这俨然是带有斯塔克独特的搞怪风。

3. "Hot Bertaa" 水壶

时间：1991 年

"Hot Bertaa" 开水壶（图 23-9）[2]是 1991 年斯塔克为 Alessi 公司设计的，所

---

① Mel Byars. The Best：Tables · Chairs · Lights Innovation and Invention in Design Products for the Home[M]. New York：Roto Vision SA，2001：239.

② http：//www.flickr.com.

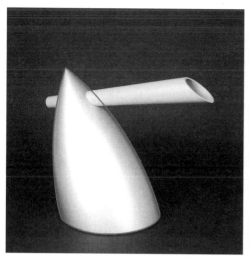 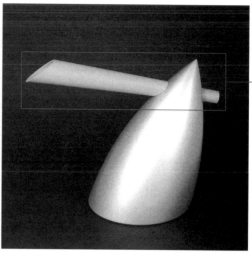

显露在壶身外面
的塑料圆筒形是
长度不一的

采用的材料主要是塑料和铝，整个瓶身运用了铝材，显现一种流线型泪珠结构形式（这种泪珠型的形象屡屡在斯塔克的作品中出现）。"流线型"的设计可以追溯到新艺术运动（Art Nouveau）时期，这场运动的发源地是在法国，身为法国土生土长的设计师，本国的历史文化可以说是斯塔克最可靠的借鉴素材，而"泪珠型"（Tear Drop）大约在 1900 年已经出现，主要是运用于交通工具的形式设计，后来演变成一种潮流，由此可以看出斯塔克的设计不是完全抛弃以往的设计经验。而且水壶的表面作光滑的处理，更是散发出机械美的魅力。

壶嘴和手柄设计是用那时非常流行的塑料制作而成圆筒形，这个圆筒形横插在壶身的上半部位，特殊的是显露壶身两侧外面的塑料圆筒形长度并不是相同，而是一侧较长一侧较短（图 23-10）[①]，可以看出这时期创作突出强调结构的不均衡分布，而且在整体上来说，这个时期也注重多种材质在单一设计产品中的整合。

"Hot Bertaa"开水壶的外形犹如一个小型雕塑艺术，而且融合了象征性的技术表现主义的建筑风貌，有人说设计界的斯塔克如同雕塑界的布朗库西（Constantin Brancusi）[②]。这样消费者通过购买这样一件家具回家，附带的还为自己办公室或者家里置入一件可观性极强的艺术品，包括其所强调的建筑式体认而感受到的世界。

图 23-9 "Hot Bertaa" 开水壶侧视图，所采用的材料主要是塑料和铝，"泪珠型"的壶体设计（左）
图 23-10 "Hot Bertaa" 开水壶的正视图（右）

参考文献

[1] David Raizman. History of Modern Design[M].New Jersey：Prentice Hall Inc，2004.

[2] Laszlo Taschen. Modern Architecture A-Z[M].Koln：TASCHEN，2010.

[3] Lewis Blackwell，Lucy Bullivant. International Contract Design[M].Abbeville Press

---

① http：//www.flickr.com
② 布朗库西：罗马人，20 世纪现代伟大的现代雕塑家。

NY，1990.

[4] Mel Byars. The Best：Tables · Chairs · Lights Innovation and Invention in Design Products for the Home[M]. New York：Roto Vision SA，2001.

[5] Peter Gössel.The A-Z of Modern Architecture Volume 2：L-Z[M]. Koln：TASCHEN Gmbh，2007.

[6] Alix Browne.Profile in Style：Philippe starck[DB/OL]. New York Times Magazine，2008-03-16.

[7] Interview，5 questions for… Philippe Starck[DB/OL]. Hospitality Design，2011-11.

[8] Richard Meier. Less is More[DB/OL]. Esquire，2008-09：151~157.

[9] 王受之 . 世界现代设计史 [M]. 北京：中国青年出版社，2002.

[10] （英）朱迪斯·卡梅尔·亚瑟 . 菲利普·斯塔克 [M]. 连冕译 . 北京：中国轻工业出版社，2002.

[11] （美）瑞兹曼 . 现代设计史 [M]. （澳）王栩宁，等译 . 北京：中国人民大学出版社，2007.

[12] 艾红华 . 西方现代设计史 [M].2 版 . 北京：中国建筑出版社，2010.

[13] （英）约翰·沃克，朱迪·阿特菲尔德 . 设计史与设计的历史 [M]. 周丹丹，易菲译 . 南京：江苏美术出版社，2011.

[14] 庞彦强 . 艺术经济通论 [M]. 北京：文化艺术出版社，2008.

[15] 耿晓杰，张帆 . 百年家具经典 [M]. 北京：中国水利水电出版社，2006.

（肖允玲）

24 扎哈·哈迪德（Zaha Hadid）

迄今为止唯一获得普利兹克建筑大奖的女性建筑师——扎哈·哈迪德（Zaha Hadid）（图 24-1）[1]，也是一名画家、设计师。扎哈·哈迪德于 1950 年出生在伊拉克的首都巴格达，后加入英国国籍。有着国际化开放视野和艺术修养的家庭氛围的熏陶，扎哈从小就具备了西方的开放思想，以及桀骜不羁、特立独行的性格。因其父亲世交的儿子是一名建筑师，对扎哈产生了极深刻的影响，致使她在 11 岁的时候就萌生了要成为一名建筑师的念头。

图 24-1 扎哈·哈迪德（Zaha Hadid），1950 年出生于伊拉克首都巴格达（Baghdad），后加入英国国籍，画家、设计师

1971 年扎哈毕业于黎巴嫩首都贝鲁特美国大学（The American University of Beirut）数学专业，第二年在全世界前卫建筑实验地的伦敦建筑联盟学院（Architectural Association of Architecture，简称 AA）攻读建筑学硕士学位，其导师是世界顶级的建筑大师雷姆·库哈斯（Rem Koolhaas），在这期间，她学会了如何连接其他学科与艺术之间的内在关系，并善于将其中的前沿思想融入到建筑设计之中形成综合性艺术。毕业后，扎哈进入库哈斯主持的大都会建筑事务所（Office For Metropolitan Architecture），同时与库哈斯一同在 AA 建筑学院执教。库哈斯称扎哈是一个"在自我轨道上运行的行星"。扎哈从库哈斯那学会了关注社会问题和从城市角度理解建筑的设计方法，并将其自身所幻想的乌托邦形式和社会思想完美的融入到建筑设计之中，创造出如梦幻般的"绘画式建筑"。在扎哈的毕业设计作品《马列维奇的构造》（Male-vich's Tectonik），以及后来设计的辛辛那提当代艺术博物馆（Museum of Contemporary Art in Cincinnati）全面体现了她的"抽象绘画式建筑"。

1979 年，扎哈离开大都会事务所，到英国伦敦开辟自己的天地，在探索属于自己的设计风格的同时积极参与设计竞赛，虽然道路崎岖而坎坷，却逐渐形成了属于自己的建筑形式和空间特点。1977 年至 2003 年期间，她在设

---

[1]（意）古内乔. 世界著名建筑大师作品点评丛书——扎哈·哈迪德 [M]. 袁瑞秋译. 大连：大连理工大学出版社，2008：16.

计之中融入 20 世纪早期的俄国构成主义和至上主义等先锋艺术元素，呈现出几何形式的建筑语言，具有"动态构成"的特点。如维特拉消防站（Vitra Fire Station）。2003 年至今为"塑性形态期"，以非线性、流动性为设计表现主题，运用自由非几何形的连续曲面，使得建筑的形态充满流动感。例如，广州歌剧院（Opera House in Guangzhou）。

扎哈不仅善于将绘画艺术巧妙地糅合于建筑之中，更将绘画作为自己表达建筑创意的重要媒介。她认为，以往的建筑构思草图和表现图不能够将自己超前的设计理念贴切的表达。她那独特的艺术绘画水平颇高，使得她在绘画领域也获得了很高的成就，并在世界各地举行了大型的展出，一些作品还被国际专业机构永久收藏。扎哈的创作范围十分广泛，几乎所有的设计领域内都出现过她的作品，如家具、舞台设计、汽车和餐具等等，都同带给人特立独行的感受。

扎哈的作品融多元文化于一体且极具时代特色，富有强烈的个性和创造性。她给予我们的不仅仅是那些肉眼可见的构成意味和非线性的设计作品，更令人惊叹的是这样一种勇于突破、坚持不懈的设计精神。[①]

扎哈强烈个性化的设计理念使其设计手法也极具个性化。她的建筑颠覆常规，主张充满狂热的自由精神，既是对现代主义建筑的有益扩充，又是对总体化建筑的全新挑战。

第一，在创作中，她以信息化时代与社会生活为主题，并致力于将自然、社会和时代的复杂性作为设计的主要策略，从而体现出建筑与人类之间的密切关系。在当今时代的影响下，数字化的设计手法、时间和非线性关系中的复杂性定义都给扎哈的设计带来了无限灵感。扎哈在设计中将建筑的这些复杂特性进行再现，通过场域、叠加和置换等方式将所解构的建筑的各个部分进行重合。为了体现时间概念的共时性和历时性，扎哈积极的探索建筑与时间融合的最佳形式，利用复杂的建筑形体体现时间感，且运用简洁几何形体之间的非线性系统中的混乱与无序形成融合多种异质的、不协调因素的建筑，经数字化技术的支持，让建筑以柔和的方式呈现出当今社会偶然性、随机性和复杂性的特点。

第二，扎哈以"非总体化"[②]的"超理性"[③]设计思维变更建筑的形式、空间和结构技术观念。扎哈所设计的建筑作品颠覆了理性的稳定和秩序，形成了复杂和反重力等的非理性景象，但这些具有强烈视觉冲击力的建筑形式并不单单是追求形式主义的结果，其中融合了非常缜密的设计理念和现实条件因素。同时，为了满足使用者深层开放的空间需求，扎哈追求塑造四维连续的空间，利用建筑中的交通空间（走道、楼梯等）塑造流动和连续空间，消解建筑空间的封闭性，实现空间和时间的连续性交融，也有利于人们的创造性行为和活动，人们

---

① http://bjyouth.ynet.com/article.jsp?oid=3106627.

② 哲学中指一种对总体化进行批判的态势，因压迫性的总体化限制了独立、自主的个体的发展，阻滞了人的自由本性和创造本能。

③ 刘松茇，等.普利茨克建筑奖获奖建筑师系列——扎哈·哈迪德 [M].北京：中国建筑工业出版社，2008：37.超理想不是非理性（无意识），而是自由的精神，它高于感性意识和理性意识，是对建筑发展的超验性的思考。

在其中能够自我定向。结构是扎哈设计的建筑中永恒不变的重要角色，她创造出的梦幻般的建筑形体和空间语言，缺少不了高技术结构体系的支持，且常需要超越现有的结构技术。其实，在这样定义下造就的结构体系，是对建筑的空间以及形体的探索，结构造型由此具备了非理性的特点，也得到了不断的创新和发展。

第三，她以大胆激进的景观思想为指向，探究出建筑、城市和自然等的内在联系。扎哈主张建筑分担并融合城市功能，综合考虑城市中各种因素对建筑的影响，将这些因素引入建筑的同时，加以梳理和组织，或强化或分解，进而全面阐释。在设计中不仅强调地表的自然特征，也运用艺术化的手段塑造出一个精神化的艺术场所。在她的景观概念里，由它们引入并加以改进的"场"①的概念是十分重要的。在这个基地之上，建筑和非建筑的因素之间没有特定的主次关系，还形成了动态连续的场域。充分考虑那些有价值的环境要素，并将这些要素进行提炼和升华，从而赋予景观和建筑新的形式和定义。她将建筑的"抽象意义"，即建筑具有的社会和文化意义，以前瞻性的姿态结合在了设计之中。同时，她擅于在动态的、联系的角度去观察自然、城市和建筑之间的关系，通过深层探究这三者之间潜在的共同点和可创造性，将自然的元素巧妙地与建筑的抽象表现"糅合"，必要的时候，还可以以建筑的语言回应、重构、介入自然形态的条件之中。

总之，扎哈打破秩序以开创、不怕挫折的创新精神，把其他领域的先进、前沿思想融入到建筑设计之中，运用崭新的设计手法和美学观念，利用建筑诠释了时代和社会的复杂性，为当代西方建筑的发展注入了崭新的活力。

代表作品评析：

1. 德国维特拉公司消防站（Vitra Fire Station）

时间：1991~1993 年

地点：德国莱茵河畔威尔城（Weil am Rhein）

位于维特拉工业区的德国维特拉公司消防站（图 24-2、图 24-3）②，坐落在德国莱茵河畔的威尔城，目前主要用于举办展览会，是扎哈从业以来的第一个建成作品，极具个性的超现实主义风格使之在没有建成之前就备受关注。

基于建筑场地的限制性和功能要求，包括停放 5 量消防车的车库，供 35 人使用的餐厅、会议室、训练房、俱乐部、更衣室和卫生间。在对周边地区地理环境的研究调查后，扎哈根据沿街的各个景观，运用视觉冲击力强的几何元素设计成一座巨大的楔形状消防站，使得它在大面积的工业化厂房之中脱颖而

---

① "场"在建筑界也有场地的意思，景观即是场地，整个场域应是动态发展的，且具有水平连续性。

② 刘松茹，等.普利茨克建筑奖获奖建筑师系列——扎哈·哈迪德 [M]. 北京：中国建筑工业出版社，2008：26.

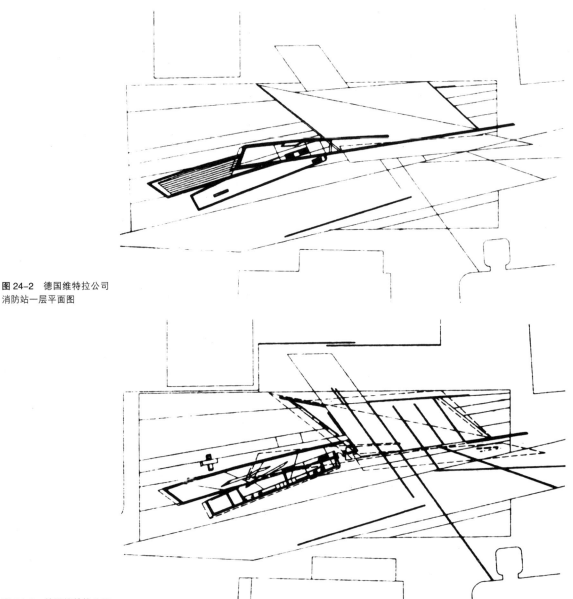

图 24-2 德国维特拉公司
消防站一层平面图

图 24-3 德国维特拉公司
消防站二层平面图

出，并与周围的环境融为一体。在设计时，扎哈将这些功能分布在了 3 个体块内。立面开窗的实墙内是车库，小窗内是更衣室和卫生间，大的无框玻璃窗内是训练室，楼梯则被放在了交错的建材层块之间。

整个消防站是一个多角度、多方向的形体，在正面观察只是一个封闭式的建筑，站在其他角度则会给人以不一样的感受。扎哈将动力学中的匀、变速运动融入消防站的功能、造型设计中，用速度感体现时间与空间的渗透，提供了紧张而不安定的建筑体验，富有表现力的结构加强了建筑的动态性。建筑的墙体没有一面是完全垂直的，运用倾斜、不稳定的结构，形成动感十足的体块，仿佛高速运动中暂时交汇而成，随时可脱身而去。屋顶随着倾斜的墙体集聚到

同一方向，各线性板片之间因聚拢形成的张力逐渐加强，相互冲突的形体间所蕴涵的强大内力都向叠合的锐角顶点聚合，使建筑产生了强烈的运动态势。扎哈说："这个建筑表达了随时相应警报的紧张情绪，以及在任何时刻都能投入到行动中的潜力。"[①]

入口处三角形雨棚是整个构图形式的亮点（图24-4、图24-5）[②]，似乎是一把要向天空中急速斜刺去的飞刀。悬挑距离长达12m的雨棚投射在墙上的阴影随时间流逝而不断变幻，与纤细、交错的钢管束柱和尖锐的钢筋混凝土板结合，材料所有的特性都得以充分体现，动感强烈、视觉冲击力极强。

整个建筑中，扎哈将三角形等几何形体进行叠加、倾斜和错位，对比强烈的形体，充满了冲击力和不稳定感，建筑因此呈现出一种差异性、不稳定性和复杂性的结构方式，而非以往整体性、稳定性和单一性的建筑结构。"扎哈·哈迪德要告诉人们，这是一座被凝固而又富于动感的建筑，表现的是接到报警时的紧张状态，是在各个瞬间可能产生的爆发力。"[③]

图24-4 德国维特拉公司消防站（Vitra Fire Station）（1991~1993）外观，位于德国莱茵河畔的威尔城，目前主要用于举办展览会（左）

图24-5 德国维特拉公司消防站入口雨棚处（右）

2. 美洲之门酒店（Hotel Puerta America）

时间：2003~2005 年

地点：西班牙马德里（Madrid）

美洲之门酒店全称为斯尔肯普尔塔美利坚酒店（Silken Puerta America Hotel），位于地理位置优越的美洲大道 41 号（Avenida de America 41）。酒店的投资方以优质服务为主题，邀请了 19 家优秀的建筑和设计事务所来精心设

① http://www.artcn.cn/Article/hysj/jzsj/200606/10028_2.html.
② （意）古内乔.世界著名建筑大师作品点评丛书——扎哈·哈迪德 [M].袁瑞秋译.大连：大连理工大学出版社，2008：34，100.
③ （意）古内乔.世界著名建筑大师作品点评丛书——扎哈·哈迪德 [M].袁瑞秋译.大连：大连理工大学出版社，2008.

图 24-6　美洲之门酒店走廊（左）

图 24-7　美洲之门酒店客房（中）

图 24-8　美洲之门酒店客房（右）

计，以打造一座拥有 342 个房间的超豪华五星级酒店，每层 30 个房间，每个房间都能让客人欣赏到各种现代风格和陈设。

扎哈负责设计酒店的第一层，她以数字化的设计和先进的施工技术为基础，设计出了一连串带有曲线美的流动性空间。扎哈称，自己幼年时期酷爱波斯地毯和编织艺术，并从中吸收了集体的智慧，得以把僵硬的客观转变为有质感的外表，把简单的空间变为豪华的空间。这个设计仿佛就是编织出来的空间，将高技术的简约与动感融入空间界面处理之中，创造出了复杂多变、充满动感的崭新的塑性空间。

在走廊，所有的墙壁和门都标有发亮的引导标识（图 24-6）[①]，通过从大厅到走廊的变光灯的照明转换色调，营造出了一种与众不同的室内氛围。客房内所有的空间要素，如地面、墙面、天棚，甚至卫生洁具、床、椅子等，都整合成为一个几乎完全连续的光滑曲面塑性空间，来到这里的人仿佛遁入一片熔融状态的介质之中。空间在局部被割裂，又在不同的空间层面上连接起来，形成一种不连续的连续状态，显得室内空间无限延展，营造了一个打破常规而具有活力的房间布局。宽敞、明亮和单色的陈设（全白色或全黑色）随着灯光的变化调节室内气氛（图 24-7，图 24-8）[②]，产生了一个使客人能够沉浸其中的舒适空间。

扎哈把传统建筑中界面分明的元素以一种自由形态的连续界面形态呈现，用连续的空间界面来限定建筑的空间，使得空间给人一种开放、流动和不确定的"四位连续"空间感。这样一种界面的连续，不仅仅是一种物质形态上的连续，更是一种空间在时间上的连续性。

3. 罗森塔尔当代艺术中心（Rosenthal Center for Contemporary Art）

时间：1998~2003 年

地点：美国俄亥俄州辛辛那提（Cincinnati）

罗塞塔尔艺术中心坐落于辛辛那提市中心，是一个灵活多变、开放型的展

---

① （意）古内乔. 世界著名建筑大师作品点评丛书——扎哈·哈迪德 [M]. 袁瑞秋译. 大连：大连理工大学出版社，2008：62.

② （意）古内乔. 世界著名建筑大师作品点评丛书——扎哈·哈迪德 [M]. 袁瑞秋译. 大连：大连理工大学出版社，2008：60，63.

览场所，专门用来举办当代艺术、装置、表演和其他大型展览活动，以收集和展出全世界艺术家们挑战传统的前卫艺术创作和发明。

在设计中，扎哈把一系列不同尺度和材料的长方体以看似无序的、非线性的方式安插于一个母体，形成复杂的组织关系，使建筑具有多层次的丰富结构，体现了建筑与城市、整体与片段，混沌与秩序的同构（图 24-9）[①]。建筑中有些没有实际功能的虚空间以三维的立体方式安插在建筑基地，与功能空间和开放的交通空间要素相结合，没有主从关系，彼此之间存在多种不确定的连接方式和使用方式，来支持多种可能活动，具有动态性和不确定性。

扎哈认为："一个位于快速发展的城市中心区的建筑，它的城市作用休现在它对公共建筑的密切参与上。"[②]建筑地面和后墙成一个连续的面，城市的人行道、艺术中心的入口、门厅和交通引导系统被设计成一个从第六街（The Sixth Street）和沃尔纳特路（Wallner Road）开始，地面被逐渐抬高并向上卷起的"城市地毯"，吸引了周边地区行人，营造出充满动感的公共空间。大堂的临街立面的玻璃幕墙使得门厅在空间和视线上都向城市开放，人们可以自由停留，就像一个开敞的人造公园，使基底和建筑具有了城市公共性，为城市提供了具有活力的公共空间（图 24-10）[③]，以一种挑战现有秩序的、破碎的建筑形式激活了周围沉闷的街区环境。

这座建筑成功地体现了扎哈动态连续的建筑理念，各种材质的长方体构成的展厅和中庭空间相连，漂浮于中庭之上，由"之"字形扶梯连接，参观者可在任意位置上，于同一时刻感受不同高度上各个单元的景观，从而产生复杂多

图 24-9 罗森塔尔当代艺术中心艺术表现图（左）

图 24-10 罗森塔尔当代艺术中心（Rosenthal Center for Contemporary Art）（1998~2003），位于美国俄亥俄州辛辛那提（Cincinnati）（右）

① （意）古内乔. 世界著名建筑大师作品点评丛书——扎哈·哈迪德 [M]. 袁瑞秋译. 大连：大连理工大学出版社，2008：48.

② 鲁安东. 拟表—空间现象与策略设计 [J]. 建筑师，2004（08）：31-39.

③ （意）古内乔. 世界著名建筑大师作品点评丛书——扎哈·哈迪德 [M]. 袁瑞秋译. 大连：大连理工大学出版社，2008：49.

样的空间感受。在此空间"眼睛可以逗留，可以仰望，可以远眺，可以近观，犹如闲庭信步一般。"①"作为'不同数量和质量特征的要素在特定空间上的镶嵌体'，景观就是一个场域。它是一个基底，在其中各种建筑要素和非建筑要素之间没有地位上的主次与轻重，相互之间存在着复杂和互动。"②

参考文献

[1] （意）古内乔 . 世界著名建筑大师作品点评丛书——扎哈·哈迪德 [M]. 袁瑞秋译 . 大连：大连理工大学出版社，2008.

[2] 刘松荷，等 . 普利茨克建筑奖获奖建筑师系列——扎哈·哈迪德 [M]. 北京：中国建筑工业出版社，2008.

[3] 大师系列丛书编辑部 . 扎哈·哈迪德的作品与思想 [M]. 北京：中国电力出版社，2005.

[4] （美）阿龙·贝茨基 . 扎哈·哈迪德的建筑与设计 [M]. 克里斯托弗·米尔顿·保罗译 .London：Thames and Hudson 出版社，1998：6-8.

网络资源

[1] http：//www.ycwb.com/big5/ycwb/2006-12/22/content_1326500.htm.

[2] http：//www.zaha-hadid.com/desigh/hotel-puerta-america/

[3] http：//www.studa.net/West/060112/ 11551851-3.html.

[4] http：//designmuseum.org/design/zaha-hadid

[5] http：//www.51abcd.com/Article/documents/ 357.html.

[6] http：//tech.163.com/06/1223/ 12/331C69G700092321.html.

[7] http：//writly.cn/?action-viewthread-tid-524.

[8] http：//abbs.cn.com/bbs/post/view?bid=36&id=2005341&sty=1&tpg=4&age=0.

（唐倍、付饶）

---

① 赵榕 . 从对象到场域 [J]. 建筑师，2005（02）：79~85.
② 赵榕 . 从对象到场域 [J]. 建筑师，2005（02）：79~85.

25 龙·阿拉德（Ron Arad）

无聊是创造之母（boredom is the mother of creativity）。①

——龙·阿拉德

从 18 世纪末的工业革命开始物品的制造被机器生产所取代，由于社会的不断进步发起很多设计运动，如新艺术运动、工艺美术运动、立体主义和风格派等，打破旧的思想，改变了当时社会的美学意识形态，设计风格从以前的繁复浮华变得简洁、重视功能性。到 20 世纪 30 年代，受装饰艺术运动和包豪斯功能主义的影响，芬兰大师阿尔瓦·阿尔托（Alvar Aalto）主张运用自然材料的有机设计对现代设计起到很大的推动作用。多次设计运动赋予了设计深厚的底蕴，设计得

图 25-1 龙 阿拉德像，大卫·贝利（David Bailey）摄于 2009 年

到快速的发展，设计思想变得更加丰富和多样，为后辈的设计师提供养分的同时也给他们巨大的挑战。要在现代设计获得成功，除了有独特的设计理念，还要不断创新和有自己的个性。有这样一位设计师，他以大胆、独特可以说是有些怪异的设计风格获得极大的成功，其创新的意识使他处于世界设计的领导地位，为我们带来崭新的、对生活时尚的理解，他就是以色列著名的雕塑家、建筑师和设计师——龙·阿拉德（Ron Arad）（图 25-1）②。

阿拉德 1951 年出生于以色列的特拉维夫（Tel Aviv）。1971~1973 年阿拉德就读于耶路撒冷艺术学院，1974 年到英国建筑最高学府的"建筑联盟学院"（Architectural Association, London）学习建筑，师从著名建筑师彼得·库克（Peter Cook），直到 1979 年。后来定居英国。阿拉德拥有以色列人的优秀品质：坚韧的民族精神，并且崇尚智力，对事情会勇敢尝试，极具冒险精神。

毕业后两年，阿拉德就独立创立工作室 One Off，这个工作室的概念是"自

---

① Charlotte，Peter Fiell.Designing the 21ˢᵗ Century[M].Koln：Taschen，2003：36.

② http：//www.m-eng.com/ftp/New%20Design/Ron_Arad_by_David_Bailey.jpg.

己生产"，利用街上找到的旧物、铜铁等旧物利用，此工作室诞生许多优秀的作品，Rover Chair（流浪者之椅）是 One Off 工作室的代表作品。Rover Chair（1981 年）是他的第一件作品，这把椅子是来自一个报废的 Rover Car（罗孚车），这件作品几乎全是他用手工完成的，也正是这把椅子把阿拉德推进了家具行业。后来生产了 Transformer 椅和电控的 Aerial 等。在这之后，阿拉德与其他几位先锋派年轻设计师定期在此展示自己的建筑及家具设计。

1984 年，阿拉德在米兰 Zeus 博物馆举办个人设计作品展，1986 年阿拉德为 Vitra 公司设计了 Well Tempered 椅和 Schizzo 椅。1987 年阿拉德在 Kassel 举行作品展。1989 年，阿拉德与卡罗琳·托尔曼（Caroline Thorman）一起建立"龙·阿拉德设计事务所"（Ron Arad Associates），集中设计产品设计。1990~1995 年期间，阿拉德在维特拉（Vitra）设计博物馆举办名为"Sticks and Stones"的个人设计作品巡回展。1994 年，阿拉德在意大利 Como 建立 Ron Arad 工作室，并开始为包括 Vitra、Kartell、Moroso、Driade、Artemide、Alessi、Fiam、Capellini 等世界知名家具品牌设计产品。2010 年在伦敦 Barbican 艺术画廊举行名为"Restless"大型作品展览。他的作品被公共机构展览和收藏，如法国蓬皮杜艺术中心、纽约市艺术博物馆、伦敦 V & A 博物馆和德国 Vitra 设计博物馆。[①]

阿拉德是一位非常天才的设计师，喜欢收藏和研究家具的朋友应该对他都不陌生。他是个设计多面手，设计作品涉及家具、产品、艺术、建筑等多个领域。他对钢铁、铝和聚酯氨酸等材料情有独钟，一直坚持对新材料和新材料加工方法的研究，特别表现在焊接、打制钢铁和用粗糙材料铸造新的富有戏剧性的外形，融合了外形的趣味性和先进科技的试验性是阿拉德设计作品的主要特征。[②]阿拉德设计了大量的作品，除了前面提到 Rover Chair、Transformer 椅和电控的 Aerial 椅，还有混凝土音响 Concrete Stereo（1983）、Well-Tempered 椅（1986）、Schizzo 椅（1987）、Big Easy Volume2 沙发（1988~1989）、Tom Vac 椅（1997）、B.O.O.P 系列花瓶（1998）、New Orleans 系列椅（1999）、Carton Uitle Heavy 椅、四种运动的盒子（Box in Four Movement）、L'After spring 椅"白天的床"[③]、Loop Loom 椅、D.Safa（D·沙发）[④]、Lolita 水晶灯（2004）、Three Skin 椅（2004）、Pizzakobra 灯具（2007）、Voido 摇摇椅（2008）等等非常优秀的作品。

阿拉德同时也是一名优秀的建筑师，他设计过一些令人难忘的空间，如维拉特夫歌剧院大厅（1994~1998）和伦敦 Canary Warf 区的 Big Blue，山本耀司（Yohji Yamamoto）在东京的展区（2003）和以色列 Holon 设计博物馆（2010）等。

① Charlotte，Peter Fiell.Designing the 21ˢᵗ Century[M].Koln：Taschen，2003：40.
② LILI. Ron Arad 的钢铁意志：Holon 设计博物馆 [J]. 北京：缤纷，2010（07）：112.
③ 2008 年 9 月 25 日在伦敦菲利普斯拍卖会，L'After spring 椅"白天的床"以 109.250 英镑拍卖。
④ D·沙发是工作室 One Off 从伦敦搬到意大利前设计的最后一件家具，2008 年 9 月 8 日在纽约佳士得拍卖会，以 206.500 美元交易。

除了设计之外，阿拉德还在好几所大学教设计，1994~1997 年在维也纳的设计学院（Hochschule fur angewadte Kunst，Vienna），1997 年至今，阿拉德受聘为英国伦敦的皇家艺术学院，教授工业设计及家具设计方面的课程，在教学中他注重开发学生的潜能。阿拉德的设计获奖无数，早在 20 世纪 90 年代就已经是设计史中不可缺少的人物了。

代表作品评析：

1.Big Easy 沙发系列

时间：自 1988 年至今

制造商：意大利 Moroso

设计不是一种技能，而是捕捉事物本质的感觉力和洞察能力。所以，设计师要时刻保持对社会的敏感度。[①] 阿拉德在这方面有着很强的掌控力，在家具方面，阿拉德的发展方向似乎完全与众人不同，像雕塑，又如建筑，在一种流动的观念中带人们进入他创作的金属世界。作为一个多才多艺的人，阿拉德在产品与建筑之间有很大的自由。所以当我们看到他创造出完全超乎想象的东西时，觉得这便是他。

Big Easy 沙发是阿拉德 One Off 工作室优秀作品之一，是 Well-Tempered 椅的变奏版，从轻巧的四块贴片变成一件沉甸甸的雕塑体。[②] 在 20 世纪 80 年代末他设计制造了一种颇有自然、粗犷和不规则味道的金属沙发（图 25-2）[③]，作品中有种男性的征服感，和混凝土音响一样，以粗糙的外观与物品本身闪亮的钢材料作用形成强烈的对比反差。阿拉德喜欢采用金属，他认为这种材料够宽宏大量，可以弯曲、滚打、打磨和切割，他说："我对金属有着不同寻常的感情，当我接触真空铝工艺时，我兴奋不已，这种只有在航空工业和汽车工业中才使用的工艺有着特有的魅力，尤其当它出现在家具中时，让人们耳目一新。一块铝被充气般的膨胀开来，表面的纹理被撑平，让我为此惊叹不已。"[④] 所以，在他的作品中有很大部分是金属材质。

Big Easy 沙发的高度（87cm）和它的倾斜角度坐上去会给人一种很舒服的感觉，你坐在钢板上，钢板本身的属性会让你感觉它像水床——冰凉酷爽（图 25-3）[⑤]。就像 Well-Tempered 椅给人们的感觉一样，第一次坐以前，总会有点犹豫。"实际上，坐上去还真舒服！"这是阿拉德在记录人们第一次坐 Well-Tempered 椅时的反应。

---

① 原研哉. 设计中的设计 [M]. 济南：山东人民出版社，2006：190.

② 巧诗，周耀恩. 神话的背后，Ron Arad 设计回顾展"Restless"[J]. 南京：明日风尚，2010（05）：72.

③ David Raizman. History of Modern Design[M]. New Jersey：Prentice Hall Inc，2004：359.

④ RON ARAD[J]. 北京：Design·产品设计，2005（01）.

⑤ http：//upload.wikimedia.org/wikipedia/commons/2/2c/Ron_Arad_-_The_Big_Easy_chair_in_chrome_steel.jpg.

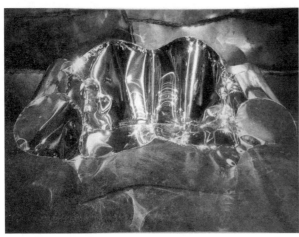

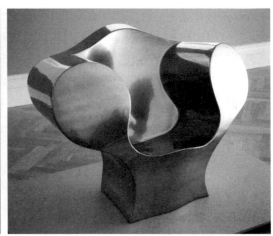

图 25-2　龙·阿拉德 "Big Easy Volume2" Sofa，高 87cm，不锈钢，1988 年（左上）

图 25-3　龙·阿拉德 "Big Easy Sofa"，不锈钢，1990 年（右上）

图 25-4　龙·阿拉德为巴比肯美术馆（the Barbican Art Gallery）设计的 "好脾气椅"（Well-Tempered Chair）的限量版的 "好透明椅"（Well-Transparent Chair），透明聚酯，2010 年（左下）

图 25-5　办公室里的《书虫书架》（Bookworm），铝，1993 年，意大利 Kartell 生产（右下）

阿拉德天生就不是个墨守成规的人，多年来 Big Easy 沙发采用聚乙烯和玻璃纤维等新材料、新技术不断再版，阿拉德尝试各种可能用于自己的设计（图 25-4）[①]。

2. 书虫书架系列（Bookworm）

时间：1993 年

材料：铝

制造商：意大利 Kartell

20 世纪 90 年代，受后现代主义的影响，设计出现很多不同的风格，设计师们无不追求时尚和展现自己的个性。阿拉德在此表现得非常成功，1993 年为 Kartell 设计的蠕动的书虫书架（Bookworm）（图 25-5）[②]，是一款打破常规，挑战经典的设计。阿拉德运用轻盈具有弹性的金属，利用其柔韧性制造成曲线的、动感的形状，可以根据使用者的需要来放置书架，挂在墙上或放在地上，

---

① http：//www.flickr.com/photos/barbican/4349229718/sizes/o/in/photostream

② http：//www.flickr.com/photos/klickli/2803291765/sizes/o/in/photostream/

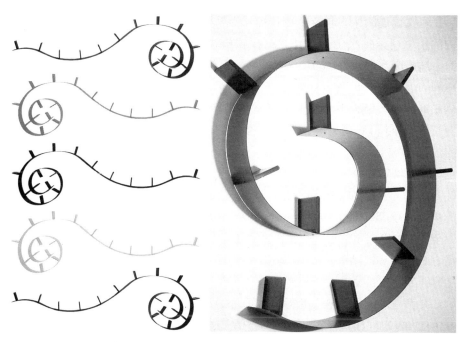

图25-6 书虫书架之一——820cm 型，铝，1993 年，意大利 Kartell 生产（左）
图25-7 书虫书架之二——520cm 型，铝，1993 年，意大利 Kartell 生产（右）

它颠覆了传统书架收纳书籍的方式，Bookworm 是阿拉德在 20 世纪 90 年代最成功的家具设计。

　　Bookworm Shelf 给书架带来新的意义，比较以前的传统书架样式，它具有革命性的突破。毫无疑问，阿拉德的设计是大胆前卫的，他让一个弯曲的书架承受任何所需的形状，使用者可以按自己意愿来使它组成无限的形状（图25-6）[①]，而不会牺牲书架原有的韧性和功能。你可以让书架像蛇一样的挂在墙上，你可以说书架是从这边而不是从那边开始使用，以满足使用者的最大需求。阿拉德设计的书虫书架系列作品融入了他本人的性格的写照，同时反映一种社会心态的——厌倦单调与平淡，追求刺激，勇于不断尝试新事物。Bookworm 无与伦比的优雅，具有强烈线条感和运动感（图25-7）[②]，趣味性在作品中展现无遗，是阿拉德至今最受欢迎且销量最高的设计。由于 Bookworm 独特的形状对它的安装技术的要求是非常高的，Bookworm 和它的安装费用还是非常昂贵的，但作为"艺术家具"，它仍受到普遍的国际性关注。

3. 摇摇椅（Voido Rocking Chair）

　　时间：自 2005 年至今

　　制造商：意大利 Magis，Driade 等

　　进入 21 世纪日益全球化，在设计形式和风格上也显现出多元化的格局，谁能引领主流就能在这个领域占有一席之地。阿拉德的设计总是出其不意，打破常规，带着让人惊叹的创意和轻松的姿态震撼着设计界。

① http：//media.madeindesign.com/nuxeo/divers/4ce0e3a6-eb05-45fa-a7a0-d58fac750b01.jpg.

② http：//media.madeindesign.com/nuxeo/divers/a8a68597-3b03-4ebf-9178-3ee6a8f11b29.jpg.

　　阿拉德连续十多年反复创造摇摇椅系列，创造出不同的造型、材料和结构的摇摇椅，每次创作出新式的摇摇椅都引起极大的反响，受到公众的热捧。摇摇椅系列（Voido Rocking Chair），包括 Looming、Lloyd、MT、Voido、Volume、Southern Hemisphere、Gomli 等，这些摇摇椅设计考虑了坐具造型、体积的问题，从而改变了人们对重量的传统看法。阿拉德说："去看人家不会留意的事情，问题关键在于如何造和做什么。"[1]这让阿拉德获得比别人更人的成功。

　　摇摇椅系列中 Southern Hemishhere（图 25-8）[2]是引人注目的，其至会使人惊呼这是椅子么？应该是一座雕塑吧！"打破常规，挑战传统"是阿拉德强烈的个人符号。Southern Hemishhere 椅以一种富于雕塑感的形式展现在人们面前，以至于把它以雕塑的形式放置在室外环境中，都不会觉得有半点突兀，反倒觉得它是一座有机雕塑。阿拉德就是一位喜欢打破经典，挑战人们视觉和触觉，随时让人大吃一惊的设计师。

　　并不是仅仅只有创造出新奇的东西才算创造，把熟悉的东西当成未知的领域再度开发也同样具有创造性。[3]阿拉德在这方面做到不留余力，阿拉德为 Driade 设计的金属版 MT 座椅（图 25-9）[4]得到人们的青睐，它是阿拉德意大利工作室的精工之作，经 4 位意大利熟手工匠历时 9 个月才完成。椅子运用曲线的设计，在满足它功能的同时使用者得到感官的享受，也是表达他自己对造型的想法。

　　"Gomli"（图 25-10）是阿拉德近年最引人注目的作品，它是一张以真人身体为原型的坐具。没有人坐的时候它是垂直的，呈现出一个人体流线的雕塑。如果有人坐上去，它又会因为重力的关系，平躺成一把躺椅。"Gomli"这个作品的名字灵感来源于阿拉德的一位朋友——艺术家安东尼·格姆雷（Antony Gormley），他最出名的作品就是以自己身体作为模型的雕塑。阿拉德把它定位成任何人，身材无论是胖瘦的人坐上去都是舒适的，代表一种大众坐具概念，

图 25-8　摇摇椅 Southern Hemishhere，高级塑性铝，2006 年（左）

图 25-9　电控摇摇椅 Fauteuil MT，抛光铜，2005 年（中）

图 25-10　摇摇椅 Gomli，聚酯胶、玻璃纤维，2008 年（右）

① 巧诗，周耀恩. 神话的背后，Ron Arad 设计回顾展"Restless"[J]. 南京：明日风尚，2010（05）：75.

② http：//put.edidomus.it/domus/binaries/imagedata/22%20southern%20hemisphere_400x600.shkl.jpg

③（日）原研哉. 设计中的设计 [M]. 济南：山东人民出版社，2006：34.

④　http：//www.flickr.com/photos/artabancom/3236670838/sizes/l/in/photostream.

椅子造型本身隐喻"隐形就坐者"的意思。和其他的摇摇椅一样，"Gomli"的形象犹如雕塑般，感性的认识和理性的推理达到某种平衡感，使作品具有强大的震撼力和感染力。

阿拉德有着静不下来的性格，喜欢把玩他的物件，他也以一种把玩的充满趣味性的心态来设计自己的作品。为了让他的摇摇椅能在场馆中摇动，阿拉德特地请人安装了一个小型机械装置，定时拨动椅身，使之前后晃动。

阿拉德的设计既富于情感又注重实效，在作品中释放他自己的个性与情感，给予人真实的感受和惊喜。设计要求的是创新，阿拉德以一种新的视点来创作，在他的作品中总是能够看到无限的张力，这让他以设计大师的姿态屹立在设计行业的前列。

参考文献

[1] David Raizman. History of Modern Design[M]. New Jersey：Prentice Hall Inc，2004.

[2] Charlotte，Peter Fiell. Designing the 21st Century[M].Koln：Taschen，2003.

[3] Kim Jamet，Sheila.Mad about arad[DB].Interior design，2005-04，76（04）．

[4] Busch，Akiko.Ron Arad and the Elegance of Mutation[DB].Metalsmith，2010，30（02）．

[5] （日）原研哉．设计中的设计 [M]．济南：山东人民出版社，2006.

[6] （英）Patricia Bueno. Chairs 名家名椅 [M]．于利明，于历战，彭军译．北京：中国水利水电出版社，2007.

[7] 香港设计中心艺术与设计出版社．设计的精神 [M]．沈阳：辽宁科学技术出版社，2008.

[8] 胡景初，方海，彭亮．世界现代家具发展史 [M]．北京：中央编译出版社，2005.

[9] 巧诗，周耀恩．神话的背后，Ron Arad 设计回顾展"Restless"[J]．南京：明日风尚，2010（05）．

[10] LILI.Ron Arad 的钢铁意志：Holon 设计博物馆 [J]．北京：缤纷，2010（07）．

[11] RON ARAD[J]．北京：Design·产品设计，2005（01）．

（谢宝珍、艾红华）

26　隈研吾（Kengo Kuma）

> 建筑自身存在的形体是可耻的。我想让建筑的轮廓暧昧化，也就是说，让建筑物消失。[1]
>
> ——隈研吾

图 26-1　隈研吾（Kengo Kuma）——日本著名建筑设计师

一位在中国建筑界耳熟能详，炙手可热的建筑师，在日本建筑界被视为"新弥生派"的代表，他，就是隈研吾（Kengo Kuma）（图 26-1）[2]。

隈研吾 1954 年生于日本神奈川县辖区，日本著名建筑设计师，享有极高的国际声誉。1987 年设立"空间设计"事务所，1990 年创办隈研吾及其合伙人建筑事务所，近期主要作品有 Z58 水 / 玻璃、马头町广重博物馆、长城脚下的公社——竹屋、1995 年威尼斯双年展"日本馆"等，并获得了多项国内国际大奖，其中包括 1997 年日本建筑学会奖、2000 年日本建筑学会东北宪章设计大奖以及 2002 年获得芬兰自然木造建筑精神奖等。

隈研吾的父亲虽然是商人，但他对建筑和设计极为感兴趣，经常带他去日本各地参观建筑。1964 年，日本举办奥运会，东京市大兴土木，建造了一批宏伟壮观的大建筑，其中就有建筑大师丹下健三设计的代代木国立体育馆。隈研吾当时被这座脱离传统建筑构造和造型，成为划时代作品的体育馆所吸引，萌生了当建筑师的念头，"从那里我意识到建筑能影响人们。如果奥运会没有在东京举办，我想我也不会成为一个建筑设计师。"

20 世纪 70 年代，正是后现代主义建筑思潮席卷西方时期，这时的日本也不甘落后，涌现出黑川纪章、矶崎新等后现代建筑风格的建筑大师，他们还形成了自己独特的并带有和风特色的设计风格，以再现历史主义的手法，挪用欧

---

① 尹宁 . 以存在感为耻的建筑师：评隈研吾的建筑 [J]. 上海：艺术世界，2008.
② http：//houshidai.com/master/kengo-kuma.html.

陆古典建筑语言，对其进行重新组合拼贴或抽象，以适应新建筑的发展要求。

隈研吾是这股风潮的后起之秀，他也曾接受过典型的西式教育。1979 年获东京大学建筑学硕士学位后，他赶赴纽约哥伦比亚大学进修，于 1986 年返回日本，那个时期，隈研吾也设计了一系列造型奇异的建筑，例如 1991 年，他为马自达汽车公司设计的"M2"项目，一根比普通柱子放大 8 倍的古希腊爱奥尼式巨大柱子耸立中央，俨然一派古典建筑废墟的风格。他被建筑评论界贬为"是向都市恐怖主义的倾斜"。这可以说是日本泡沫经济崩溃前建筑师追求标新立异的最疯狂表现。随着泡沫经济分崩离析，隈研吾也遭受到攻击，"M2"成为殡葬厂，自此，他被"逐出"东京建筑圈 12 年，期间没有接到一个东京的工程项目。

1992 年，他被迫移居日本偏僻的小城镇，参与一些小工程。然而，这段被流放的痛苦经历，也正是隈研吾脱胎换骨的关键。他利用这段时间去学习、去思考到底建筑的本质是什么，并且慢慢深入接触各种自然的材料、各地的建筑传统以及工艺，也做了很多尝试。正是在这个过程中，他学到了传统建筑的伟大之处，同时"负建筑"理论也由此应运而生。

归纳起来，隈研吾的设计理念及学术贡献主要有：

（1）让建筑消失　　负建筑

1995 年，在建造"龟老山展望台"的时候，隈研吾产生了让建筑的轮廓暧昧化，即消除建筑的建筑性，让建筑物从自然中消失，最大程度地融合在环境当中。这一想法，逐渐奠定了他关于"负建筑"的理论。其独特性也在于他善于利用环境特征来创作，并随着环境特征的变化而变换建筑形态。可以说，他的作品已经不是一种静态的呈现，而是更多地让人感受到建筑与人类、与自然的对话。

隈研吾的建筑理念一方面是以传统美学的基础反叛现代主义的传统，而另一方面则是东方的，追求简素和自然，带有道家和禅宗的趣味。他想表达出的建筑是与它们周边的环境和平共处，和谐共存，并且试图将建筑与环境相融合，不去破坏或战胜它们的直接背景，告诉人们建筑要依附于环境，而不是孤立的，或从周围环境中分割出来的。建筑的本意是为人而服务的，它最初目的就是居住地更为舒服，在现实中努力设计和建造"负建筑"——最适宜的建筑[①]，在不刻意追求象征意义，不刻意追求视觉需要，也不刻意追求满足占有私欲的前提下，出现俯伏于地面之上，在承受各种外力的同时又不失明快的建筑模式。[②]这也正是隈研吾最想表达的。

（2）新生材料作为建筑主梁的应用

"负建筑"与隈研吾的另一个基本概念"反造型"息息相关。这里提到的反造型，就是要消解造型，反对建筑与周围环境的格格不入，要将建筑融合于

---

① （日）隈研吾. 负建筑 [M]. 济南：山东人民出版社，2008：7.
② （日）隈研吾. 负建筑 [M]. 济南：山东人民出版社，2008：12.

环境之中。而"反造型"首先是从"反混凝土"开始，他认为，在材料的质感上，"混凝土盒子这样封闭的形式让我的身体感到难受，困在这样的盒子里，呼吸不畅，身体拘束，就连体温好像被吸走了似的。"

"我一直在找寻 21 世纪建筑的基本驱动力，在 19 世纪是石头和木材，20 世纪是混凝土，21 世纪会是什么呢？我认为是新的材料，也可能是老的材料的新用法"[①]。隈研吾在建筑材料的选择上，喜欢采用各种各样不同的天然素材。在建筑设计实践中，隈研吾极力避免使用混凝土，却对自然材料的研究与创新充满热情，芦川石材美术馆利用了当地产的石材，广重美术馆利用了当地的杉木，高柳町的阳乐屋和三得利美术馆利用了看似柔软的日本和纸，长城下的竹屋利用了中日文化中柔弱却充满力量的竹子，这些都是隈研吾利用当地的自然材料创造出"以柔克刚"的建筑的典型例子。也正是隐匿在材料中那种纯粹的、久远的自然属性，激发了他的创作灵感，引出他对建筑图像的独特诠释，从中更折射出一种来自东方的中庸美学观念。

（3）隈研吾的主要著作

《自然的建筑》[②]：从另外的角度解析建筑，只有建立在极度宽容的基础上才能实现的建筑。

《十宅论》[③]：通过透视日本十种不同阶层的人居住的十种住宅，来解读日本传统、又带有"舶来"色彩的文化及住宅风格。

《负建筑》[④]：建造一种既不刻意追求象征意义又不刻意追求视觉需求的建筑——让建筑消失。

代表作品评析：

1. 长城脚下的公社·竹屋（Gehry House）

建筑位置（Location）：北京（Beijing，China）

设计时间（Designing period）：2000.12~2001.04（December 2000-April 2001）

施工时间（Construction period）：2001.04~2002.04（April 2001-April 2002）

建筑设计（Design）：隈研吾（日）& 合作人事务所（Kengo Kuma & Associates）

在中国，大多数人认识隈研吾通常就是从他设计的这个"竹屋"开始的，这个用竹子搭建起来的建筑，会让人眼前一亮，记忆深刻，他利用竹质材料建构的独特空间真正实现了"结庐在人境"之感（图 26-2）[⑤]。

---

① 隈研吾：负建筑是 21 世纪的潮流，隈研吾在采访中说的话。

② 隈研吾. 自然的建筑 [M]. 济南：山东人民出版社，2012.

③ 隈研吾. 十宅论 [M]. 朱锷译. 上海：上海人民出版社，2008.

④ 隈研吾. 负建筑 [M]. 济南：山东人民出版社，2008.

⑤ http：//www.chinaacsc.com/

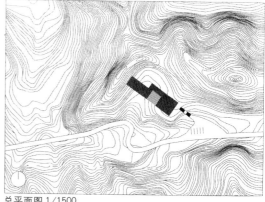

总平面图 1/1500

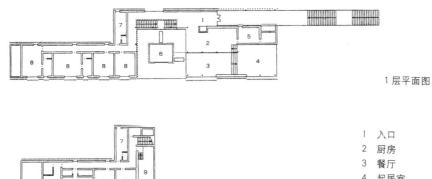

7

1

5

6

2

8

8

8

3

4

1 层平面图

图 26-2 长城脚下的公社·竹屋，建筑外观及周边地理环境（左）

图 26-3 竹屋地形总平面图（比例为 1：1500）（右）

7

5

10

8

8

9

地下室平面图

1 入口
2 厨房
3 餐厅
4 起居室
5 仓库
6 客厅
7 浴室
8 客房
9 机械室
10 职员室

南立图

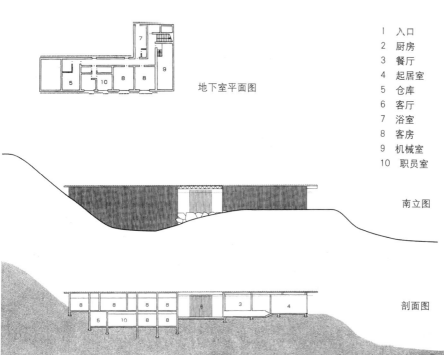

剖面图

图 26-4 一层平面图，地下室平面，南立面图及剖面图。

　　这座建筑第一个独到之处就是它的"底座"，按照传统建筑的做法，首先要做到"三通一平""七通一平"，但这座"扎根"在长城脚下的建筑，却充分地利用地形建造，按照原样安置在陡坡上，不做任何土地平整的工作（图 26-3、图 26-4）[①]。隈研吾考虑到，在这片丘陵地带采用"平整派"的手法，就会葬送这种

① 隈研吾建筑都市设计事务所.国外建筑设计详图图集 16[M].北京：中国建筑工业出版社，2005.

蜿蜒起伏地形难得的闪光点，他首先想到的是尽量不动土地，把建筑的底部变成曲线，以此来配合起伏的地势，他把这样的做法称为"万里长城模式"[①]。

第二个独到之处，也是最引人关注和思考的就是建筑新材料的应用——竹子。竹子真的能作为建筑的主梁吗？这样的疑惑，曾经也在隈研吾的脑海中出现过，"难道不能用竹子做支撑建筑的立柱，而只是做装饰吗？我虽这么想，但脑子中没有任何具体的构想"[②]。最后他还是把这样的问题解决了，在接到在中国万里长城脚下设计住宅的邀请前，他就已经完成了第一座竹屋。

他之所以在这里也选用竹子为主材料，是有原因的，隈研吾回忆说，当他被邀请接手这个项目时，就在想有哪一种材料是被中国和日本文化普遍认知的，他脑海中第一个闪过的材料，就是竹子。竹子是中国的符号和象征，在世界任何地方看到竹子，人们就会想到中国，在长城上建这样一座建筑是很有意义的。

所以这座由竹子建起来的住宅，从屋里到屋外，甚至推拉的门窗和卫生间的脸盆，都尽可能使用竹子。竹屋的外部（图 26-5）[③]，由大片的竹墙围合，并且作了玻璃和竹子两层格栅，其中一部分竹格栅可以开闭。拉上竹门时，阳光可透过竹墙的空隙洒进屋内，以便控制视线和日照。内部空间也用一些竹墙和竹柱来分割、联络或装点，室内地面的设计，隈研吾也是顺着这种起伏来设计，尽量不去改变原有的地平面。最为让人心动的，要算是那个浮在水上的竹茶室（图 26-6）[④]。

图 26-5 竹屋外部结构——由大片竹墙围合，有玻璃和竹子两层格栅

① 隈研吾 . 自然的建筑 [M]. 济南：山东人民出版社，2012：108.
② 隈研吾 . 自然的建筑 [M]. 济南：山东人民出版社，2012：102.
③ http：//houshidai.com/master/kengo-kuma.html.
④ http：//houshidai.com/master/kengo-kuma.html.

图 26-6 竹屋中最具禅意
并浮在水面上的竹茶室

中国建筑界的同行评论说：如果有一位古代中国文人或僧侣穿越时空，来到这片山谷，他一定会避开那几栋工业气息浓厚的建筑，走进隈研吾的竹屋，径直下到竹茶室，那正是焚香、冥想、静坐和对弈的绝佳空间，是面对长城和大山"相看两不厌"的处所。可能这也正是隈研吾所向往的，融于自然中，最适宜的建筑。

2. 石材美术馆（Stone Plaza）

建筑位置：日本栃木县

施工时间：2000 年

建筑设计：隈研吾（日）及合伙人事务所

这个项目要求扩建东京和山形之间的芦野地区，这里是 19 世纪 30 年代的老房子，保存着大正时代在芦野建造的石仓库，最初它们是米仓。这些房子在战争中有所毁坏。但它们是传统石结构系统有趣的历史见证者。由于地震的缘故，那种构造在日本已经很少使用。受生产芦野石和其他石材的一家重要公司的委托，这个项目的基本设想就是要把它改造成为一座展示石艺术和工艺的美术馆（图 26-7）[①]。整个项目要求有一个入口大厅、两个美术陈列室、三间小展厅、一间小图书馆、一间茶室、以及办公室和各种服务场所（图 26-8）[②]。

刚拿到这个项目时，隈研吾考虑用玻璃来作通路的墙面，让极具现代感的玻璃小房子和原有的沉重石建筑形成鲜明的对比。但是"建造'石材美术馆'

① http：//commons.wikimedia.org/wiki/File：Stone Plaza.

② （日）隈研吾建筑都市设计事务所. 国外建筑设计详图图集 16[M]. 北京：中国建筑工业出版社，2005：18.

图 26-7　石材美术馆外观建筑图

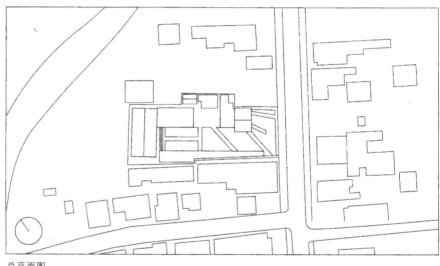

总平面图

1　入口大厅
2　办公室
3　水池
4　图书室
5　画廊
6　茶室
7　展室

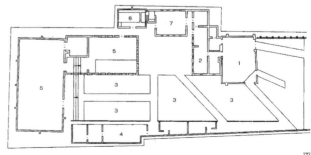

平面图

图 26-8　石材美术馆总平面图及内部功能分区平面图

的时候，由于限定使用石材，我只能接受提出的要求，然后在这个框架内来考虑这个问题，怎么用才能让迄今为止让我一直敬而远之的石材设计出清爽、通风透气的建筑"[①]。最终，他想追求一种新手法来代替那样的"对比"，即采用与现有建筑相同的原材料——本地产芦野石。在处理方法上，建造比现有石仓库建筑略显轻巧的墙壁。[②]

在石材美术馆的设计中，隈研吾决定尝试用石材制作格栅和多孔型结构的组砌，这两种方法将光线细分，空气流通，给建筑品质带来了很大的提升的经验。他对于材料的应用总让人感到新奇，自古至今，几乎从来没有人质疑过石材的不透明性，但是当它被切得足够薄时，光线就会投射过去，此时石材的纹理也会变得清晰可见。"多孔型叠砌石墙的部分空穴里嵌了薄大理石片。我尝试了各种各样的石材，6mm 厚的大理石的透光性最好。"[③]用这样的手法确保了室内的采光，让柔和的光线洒在房间里，并在地面上留下了明确的投影轨迹。这既证明了不同于半透明玻璃的均质表面，又反衬了它周围材料半透明的程度（图 26-9）[④]。隈研吾只用了石材的一种材料，却构筑了两种不同形态的石墙，由此可见，他对于材料的了解已经达到了一种前所未有的精细程度。他之所以选择不透明的材料去开发它的透光性，这本身就是就是对石材固有认识的挑战，对建筑新材料应用的探索。

图 26-9　同样的石材表现出两张不同形态的石墙

"如果我们能把自然材料从这种束缚中解脱出来，使它处于仿佛浮游于宇宙的自由独立的粒子状态，那我们就可以重新迎来自然的回归"。这就是隈研吾的粒子概念，"也是我从设计石材美术馆中学到的最重要的东西。使建筑材料化为粒子，光、风、声音就可以自由地穿过。以粒子为媒介，环境与主体就能更紧密地结合起来。"[⑤]在进行广重美术馆设计时，粒子的概念放到了更为重要的地位。

3. 马头町广重美术馆（Ando HiroshigeMuseum）

建筑位置：日本栃木县
施工时间：2000 年
建筑设计：隈研吾（日）及合伙人事务所

① （日）隈研吾建筑都市设计事务所.国外建筑设计详图图集 16[M].北京：中国建筑工业出版社，2005：61。
② 同上 18 页。
③ 隈研吾建筑都市设计事务所.国外建筑设计详图图集 16[M].北京：中国建筑工业出版社，2005：28.
④ 隈研吾建筑都市设计事务所.国外建筑设计详图图集 16[M].北京：中国建筑工业出版社，2005：29.
⑤ 隈研吾.让建筑消失 [J].建筑师，1990（3）：79-80.

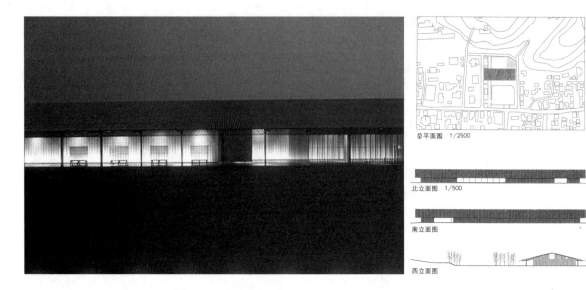

图 26-10　马头町广重美
术馆建筑外观夜景图（左）
图 26-11　马头町广重美
术馆建筑总平面图及南、北
建筑外立面图（右）

总平面图 1/2500

北立面图 1/500

南立面图

西立面图

　　隈研吾全面运用这种"粒子概念"进行设计的另外一个建筑，就是马头町广重美术馆（即安藤广重美术馆）（图 26-10）[①]。

　　神户青木家收藏了安藤广重 4300 多幅浮世绘绘画真品，"为了公开青木的收藏，同时使之成为地区文化的辐射源，而建造了面向大众的广重美术馆。"[②]安藤广重是江户时代浮世绘的代表性画家，他的作品因其对自然及其变化的视觉表现而闻名，他成功地把较为模糊的形态固定在了画作上，选择具体外形的自然元素，用混合色将它们表达出来。这种绘画方法给印象派以后的近代绘画带来了很深的影响。把这样的绘画手法借鉴到建筑上，并把它重新转换为建筑语言，以八沟杉制的木格栅为手段，将其表现出来，这就是隈研吾此次设计的出发点和目的。

　　为什么一定要用杉木做建筑的主要材料？广重美术馆设在栃木县山上，山上是杉树林。"用杉木建造，未必就能建成像杉树林一样的建筑。我向往的，是那片森林中空气的质感和光的状态。我想要把树林的这种状态原原本本地移植到建筑中去。"[③]同时又因为安藤广重使用垂直线条描绘雨的特色，让隈研吾找到了建筑与环境的媒介——杉树百叶。杉树能与当地环境很好的融合，杉树百叶又能很好的表现出广重绘画中的多样性。在安藤广重美术馆中，隈研吾就是利用杉树百叶这种粒子使建筑与周围环境相融合，从而达到让建筑消失的目的（图 26-11、图 26-12）。[④]

　　建筑的细部是多层次性的贯穿，屋顶基本分为 3 层。外侧一层，是由 30mm×60mm 一个个木条遮阳的八沟杉格栅构成，每间隔 120mm 排列，最内

① http：//www.chinaacsc.com/
② http：//www.flickr.com.
③（日）隈研吾. 自然的建筑 [M]. 济南：山东人民出版社，2012：76.
④（日）隈研吾建筑都市设计事务所. 国外建筑设计详图图集 16[M]. 北京：中国建筑工业出版社，2005：38-39.
　（日）隈研吾. 让建筑消失 [J]. 建筑师，1990（3）：79-80.

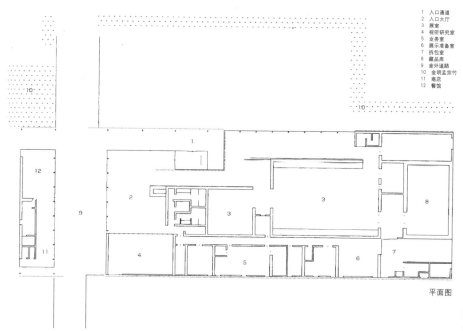

1 入口通道
2 入口大厅
3 展室
4 视听研究室
5 业务室
6 展示准备室
7 拆包室
8 藏品库
9 室外道路
10 金明孟宗竹
11 商店
12 餐馆

平面图

图 26-12 马头町广重美术馆平面图

侧，也有同样尺寸的格栅按同样距离间隔所排列，两层格栅中间夹着一层具有防水性能的金属屋顶，局部屋顶上还设置了玻璃天窗，保证了室内外空气的流通。室内的光线也会随着阳光射向屋顶角度的不同，格栅的落影也会随之变化，其形态也在时刻改变，产生不同的光影效果（图 26-13）[①]。

图 26-13 马头町广重美术馆屋顶格栅构造及产生的光影效果

① 隈研吾建筑都市设计事务所. 国外建筑设计详图图集 16[M]. 北京：中国建筑工业出版社，2005：33-34.

综上所述，从隈研吾的作品中可以看出建筑是可以从抽象化的倾向中逃脱出来的，这需要通过建筑细部这个具体的事物来实现。他除了对自然材料的偏爱外，同时还注重文化传统与建筑的融合。"如果每个地方的建筑都变得一样，世界就失去了它的多样性。"①作为一位建筑师，必须学会尊重每个地方的地域文化，建设具有当地特色的建筑，才能让人感受到自然、建筑与人文的统一之美，这样的建筑才是真正意义上的建筑，具有"灵魂"的建筑。

他尊重环境，崇尚自然，提倡建筑在自然中隐退的建筑理念，逐渐实现着他消解建筑的思想，并在此基础上形成了一种连接物质和环境、过去和未来的继承，深刻的展现了他对建筑认识的价值取向以及对径直穿越文化层面的反思。他，就是隈研吾。

参考文献

[1] （日）隈研吾.负建筑[M].计丽屏译.济南：山东人民出版社，2008.

[2] （日）隈研吾.自然的建筑[M].陈菁译.济南：山东人民出版社，2012.

[3] （日）隈研吾建筑都市设计事务所.国外建筑设计详图图集16[M].北京：中国建筑工业出版社，2005.

[4] （日）隈研吾.让建筑消失[J].建筑师，1990（3）.

[5] （日）隈研吾.日本石美术馆设计[J].建筑与文化，2007（07）.

[6] 隈研吾与实验建筑，建筑的消失与存在[N].每日新报艺术专刊，2008-05（44）.

[7] 隈研吾.自然负建筑[J/OL].后时代，2011.

[8] 隈研吾官方网站：http://kkaa.co.jp/

（丁文洁）

---

① 隈研吾与实验建筑.建筑的消失与存在[N].每日新报艺术专刊，2008-05（44）.

27 原研哉（Kenyahara）

从无到有，当然是创造；但将已知的事物陌生化，更是一种创造。①

——原研哉

原研哉（はらけんや，Kenya Hara），享誉国际的日本平面设计大师（图27-1）②，日本设计中心代表、武藏野美术大学（むさしのびじゅつだいがく/Musashino Art University）教授。1958年6月11日原研哉出生于日本冈山县一个偏远山村，从小习剑道，六岁时开始学习油画。1977年顺利考入武藏野美术大学造型学部，跟随井周太郎先生学习设计学和设计符号学。③1983年获得武藏野美术大学硕士学位之后进入日本设计中心工作。1992年于日本设计中心设立原设计研究所。1998年原研哉设计了长野冬季奥运

图27-1 原研哉近照

会的开、闭幕式手册和2005年爱知万国博览会的宣传案，这些作品都展现了源自日本传统文化的设计理念。2000年，原研哉担任"Re-Design"④（21世纪日常用品再设计）和"纸和设计"展览会的策展人，获得极大的好评。2001年参与"松屋银座"百货公司（Matsuya Ginza）的翻新工程，主要负责其中的广告立案部分，但实际上却参与了建筑空间和广告宣传设计工作。2001年~2004年，担任HAPTIC（使触觉愉悦）策展人。从2001年，便成为无印良品（MUJI）咨询委员会的一员。2002年至今，原研哉担任无印良品的设计总监。原研哉的原设计工作室主要涉及业务有海报、包装、推广项目与活动计划等整体设计

① （日）原研哉. 设计中的设计 [M]. 朱锷译. 济南：山东人民出版社，2006：39.

② http://blog.163.com/moro80@126/blog/static/166300187201182202257912/

③ http://zh.wikipedia.org/wiki/%E5%8E%9F%E7%A0%94%E5%93%89.

④ Re-design：再次设计，是重新面对自己身边的日常生活事物，从熟知的日常生活中寻求现代设计的真谛，给日常生活用品赋予新的生命。http://baike.baidu.com/view/1265452.htm.

工作。伊势丹（Isetan）、味之素（Ajinomoto）、竹尾花纸（Takeo Fine Paper）、米其林（Michelin）等，都是他的客户。①

原研哉的设计成果繁多，其涉及的领域也远远不止平面设计，他担任过策展人、接手过商品包装设计并参与到空间设计当中，所获奖项更是举不胜举。目前为止，获得奖项有：ICOGRADA 国际平面设计社团联合会优异奖第 17 届工业设计双年展 ICSID 设计优异奖以及 2000 年 Mainichi 设计奖。2001 年开始，作为主要创作成员参与为无印良品（MUJI）进行的广告推广投放，其广告在 2003 年获东京 ADC 大奖。其书籍设计在日本和国际上也获得众多奖项，包括 Kodasha 出版文化奖、Hiromu Hara 奖、Yusaku Kamekura 设计奖。因在设计领域的成就，曾获日本文化与设计奖。他将他的设计理念编辑成文字，自 2000 年起著有《Re-Design》、2006 年《设计中的设计》、2008 年《白》，同年与桥本麻里，大智通合作著书《家——如何打造一个舒适的家》，2009 年原研哉与阿部雅世合著《为什么设计》，2011 年 6 月出《设计私语录：通心粉的孔洞之谜》，2012 年 3 月出版《欲望的教育：美意识创造未来》。②

原研哉的工作，并不仅限于视觉领域方面，他还致力于探索各种各样与感觉相关的媒介以实现信息的传达。他的信息建筑的思维方式，就是根据人所具有的各种不同的感官而来。人有五感：视觉、触觉、听觉、嗅觉和味觉。他说："感觉，就是以这样一种很难说清的方式互相渗透、互相联系在一起……在人脑中出现的形象，是同时由几种感觉刺激和人的再生记忆相互交织而成的一幅宏大的图景。"③也就是说，我们在感受事物时，并不是单一的感觉到它，而是同时多个感觉在对它起作用。比如我们在吃冰欺凌和吃火锅的感觉，奶油的冰冰凉凉、软软甜甜和火锅沸腾火辣的感觉可以说很难用单一的味觉来形容。可以说我们能感受到的还有触觉和视觉，当我们的舌尖碰触到冰凉的奶油时，是清凉的、怡人的，而火锅就是火辣辣、酣畅淋漓的感觉。所以这是综合的感受。就如设计领域，所呈现出来的作品不是单单具有视觉上的冲击力，也要使之产生其他感官上的共鸣。

在原研哉的设计中，似乎秉承着一种"无为"的价值观。他欣赏这种看上去空无一物，但却具有深刻内涵的事物。正所谓"有容乃大"，只有当空无他物，才能海纳百川。有一家他很钟爱的"无何有"旅馆，他称之为"收纳了庭院景观和前来度假的旅客的时间的空容器。"④这里没有繁琐的装饰，一切日用品和室内外布局都是那样的简单。这里也没有都市喧嚣的痕迹，最惬意的是图书室，原研哉喜欢这样静静的待在这里，倾心享受这一切"无何有"的生活。

在他的设计生涯中，大学时代的老师向井周太郎在设计思想上对他影响颇

① http://baike.baidu.com/view/1265452.htm.

② http://book.douban.com/subject_search?start=0&search_text=%E5%8E%9F%E7%A0%94%E5%93%89&cat=1001

③ （日）原研哉.设计中的设计 [M].朱锷译.济南：山东人民出版社，2006：72.

④ （日）原研哉.设计中的设计 [M].朱锷译.济南：山东人民出版社，2006：161.

深，而让他关注日本事物的则是艺术家野口勇（Isamu Noguchi，1904~1988）
和产品设计师深泽直人（Naoto Fukasawa, 1956~　）①。在他的各类作品中，最
有带代表性的当属 1998 年的长野冬季奥运会开、闭幕式节目手册和 2005 年的
爱知县万国博览会的设计案、1998 年梅田医院标识设计和 2002 年无印良品海
报设计。

代表作品评析：

1. 梅田医院标识系统设计

　　时间：1998 年

　　地点：日本山口县光市

　　梅田医院有别于一般医院，它是一所妇科和小儿科的专门医院，同时也是
一家技术和育婴理念都非常先进的医院。"我希望医院的标识系统能够潜移默
化地向入院者传递出这种观念。"②为了营造出一种柔和、温馨并极具亲和力的空
间，医院所有的标识都采用白色的纯棉布来设计，标识的台座部分被固定在医
院的墙面及大化板上（图 27-2）③，房间号和提示信息则印在白色的棉布上，标

图 27-2　梅田医院标识 1

① http：//blog.renren.com/share/232648169/690567064.
②（日）原研哉. 设计中的设计 [M]. 朱锷译. 济南：山东人民出版社，2006：82.
③ http：//www.ndc.co.jp/selection/98umeda.html.

图 27-3　梅田医院标识 2

识被设计成可以方便脱卸，便于拆洗的如沙发套般的带松紧的罩子。

众所周知，白色的纯棉布是很容易变脏的。那么原研哉为什么要设计这样的标识？又或者这样的标识设计为何不采用耐脏的材质进行改良？他自己回答了这里隐含的一个设计点："我们经常清洗容易脏的东西。"[1]也就是通过这样一种暗示，来明确传达医院在清洁工作上的力度，即时刻保持标识的干净与整洁体现了梅田医院的态度：我们是最好的。我们一般认为白色是无色的，正因为它的"无"，便可以承载更多事物，更具有包容性。在白色棉布的承载下，红色的指示性标识传达着一般标识所不具有的感觉，给在院住着的妈妈们增添了一份温暖、安全和舒心（图 27-3）[2]。整套标识，简洁、温馨，没有多余的装饰性元素。

2. 长野冬奥会开幕式的节目手册

时间：1998 年冬

地点：日本长野

打开册子（图 27-4[3]、图 27-5[4]），我们首先看到的是画面右边竖着书写的日文，视线往左移动映入观者眼帘的是横着书写的英、法文字。这种由右及左的排版方式，是一次新的尝试，让人眼前一亮。当然这样的排版方式自有它独特的用处，特别之处在于把一系列节目安排在手册中呈现的更加明确，

① （日）原研哉 . 设计中的设计 [M]. 朱锷译 . 济南：山东人民出版社，2006：84.

② http：//www.ndc.co.jp/selection/98umeda.html.

③ http：//www.ndc.co.jp/hara/works/1998/06/post_44.html.

④ http：//www.ndc.co.jp/hara/works/1998/06/post_44.html.

图 27-4　长野冬奥会手册内部效果 1

图 27-5　长野冬奥会手册内部效果 2

图 27-6　长野冬奥会手册
封面及"冰一般"的字体
效果

有序、指示性更清晰。

同时，设计师考虑到这场奥运会的季节性特点，在设计该手册时，便思索着怎么来传达出冬天雪地白雪皑皑的感觉。"我希望封面能够使用一种白色松软的纸张……使得文字部分凹陷下去，而且凹陷下去的部分呈现出冰一般的半透明效果。"①因此，经过不懈努力，原研哉和长野冬奥会造纸厂商合作将具有"冰一般"感觉的纸呈现在观者面前，那一排排整齐的"脚印"，让人瞬间感受到冬意。在冬奥会节目手册的封面上（图 27-6）②，我们看到用压凹和烫金技术印制的半透明状的文字、奥运五环和冬奥会标志以及以烫金技术呈现的一团深红色熊熊燃烧的奥运圣火图案，整个画面首先在色彩上就给人很强的视觉冲击力和强烈的触觉震撼，那一团艳丽的红，似乎想要在这寒冷的冬日给人以力所能及的温暖。

这个设计构思，展现着日本的传统文化并结合着先进的现代图形表现技法，充分体现出设计师深厚的设计内涵和表现力。我们不禁感慨，这是用心在感悟生命，体验生活的设计。

3. 无印良品（MUJI）——地平线海报系列

时间：2002 年 6 月

地点：南美洲玻利维亚中部乌幽尼（Uyuni）盐湖、内蒙古草原

无印良品创立于 1980 年秋，最初是西友集团的一部分。③这个名称，由日暮真三提出，最终由田中一光先生确定。受田中一光先生的邀请，原研哉在 2001 年 1 月加入无印良品。

日本 20 世纪 60、70 年代的平面设计呈现出简洁、巧妙和富有深刻的导向性及趣味性的特点。④同时，受极简主义意识影响，无印良品也追求简单造型和简化的生产过程，生产的商品中透露出朴素、简洁的诉求。无印良品的广告语是：

① （日）原研哉 . 设计中的设计 [M]. 朱锷译 . 济南：山东人民出版社，2006：77.

② http：//zhan.renren.com/zoezen?from=ownerfollowing&checked=true.

③ （日）原研哉 . 设计中的设计 [M]. 朱锷译 . 济南：山东人民出版社，2006：110.

④ 艾红华 . 西方设计史 [M].2 版 . 北京：中国建设工业出版社，2010：134.

图 27-7　地平线系列——乌尤尼盐湖景色

图 27-8　地平线系列——内蒙古草原景色

"有品质而且价格便宜"[①]。无印良品生产的范围几乎涵盖了日常生活的方方面面，有家具、家电、服装、日常生活用品等等。当然，无印良品不是在追求廉价，而是在保证质量优良的条件下，给顾客以适当的价格。

在收获到空前良好的市场反响后，无印良品获得了巨大的成功，发展迅速，因此，很快便从西友集团旗下独立出来，更名良品计划公司。[②]

自 2002 年接手无印良品开始，原研哉一直在思考公司未来发展的方向：在全球消费群体越来越成熟的情况下，如何顶住压力，立足世界呢？因此，在 2003 年的广告主题中，"空无一物的容器"，即一种"虚无（Emptiness）"[③]的视觉形象成为原研哉青睐的广告概念。为了表现这一概念，按照摄影家藤井宝的提议，将"地平线"作为表现的素材。在经过一段时间的考察后，选定了位于南美洲玻利维亚中部的乌幽尼盐湖和内蒙古草原作为最终的拍摄地。之所以选择这两个地方，第一主要在于乌幽尼盐湖是世界上最大的干涸盐湖，非常纯净、辽阔。空无一物的地平线像是一个巨大的容器，就如同中国画中的"留白"，看起来虽无其他，但意味深远。偌大宽阔的白色盐湖面与天相接，空旷无垠，仿佛张开伟岸臂膀的母亲要揽你入怀，多么和谐，安宁（图 27-7）[④]。第二内蒙古茫茫大草原的辽阔无边，让人也情不自禁地瞬间沉浸了大自然的美（图27-8）[⑤]。原研哉为无印良品设计的"地平线"系列海报中，简单的素材加上文字，依然恰到好处地延续着无印良品的简约风格。

① （日）原研哉. 设计中的设计 [M]. 朱锷译. 济南：山东人民出版社，2006：111.

② 同上。

③ "虚无"即看似空无一物，却能容纳百川。

④ http：//www.rapidbbs.cn/forum.php?mod=viewthread&tid=44998&extra=&page=1

⑤ http：//www.rapidbbs.cn/forum.php?mod=viewthread&tid=44998&extra=&page=1

参考文献

[1]（日）原研哉 . 设计中的设计 [M]. 朱锷译 . 济南：山东人民出版社，2006.

[2]（日）原研哉，阿部雅世 . 为什么设计 [M]. 朱锷译 . 济南：山东人民出版社，2010.

[3]（日）原研哉 . 欲望的教育 [M]. 张钰译 . 桂林：广西师范大学出版社，2012.

[4] 艾红华 . 西方设计史 [M]. 2 版 . 北京：中国建设工业出版社，2010.

[5] 王受之 . 世界现代设计史 [M]. 北京：中国青年出版社，2002.

（闫丽萍、陈琳琳）

28 凯瑞姆·瑞席（Karim Rashid）

将设计民主化，让公众都在第一时间，此时此地（而并非过去）参与进来，使设计远离阶级和奢侈、世俗以及陈旧的传统……这是一个没有区别的世界，既无种族之分，也不以经济地位论高下。①

——凯瑞姆·瑞席

凯瑞姆·瑞席（Karim Rashid）（图 28-1）②，是当代美国工业设计界最耀眼的设计明星、设计理论家。他钟爱白色和粉色，喜欢用半透明而色彩丰富的塑胶材料，作品清新、多变、性感，被誉为"塑胶诗人"③。他的设计包罗万象，从高级香水到狗食盆，时而可爱有趣，时而梦幻性感，被称为"设计鬼才"。

凯瑞姆于 1960 年出生在埃及开罗。父亲穆罕默德（Mahmoud）是埃及人，艺术教授、装置设计师。母亲乔伊斯（Joyce）是英国人。他父母的经历是一个经典的好莱坞爱情故事。20 世纪 50 年代穆罕默德得到埃及

图 28-1 凯瑞姆·瑞席像

政府的奖学金在巴黎学艺术，遇到了去那里度假的乔伊斯。两人相恋，继而在希腊结婚，后移居埃及，并在 1958 年和 1960 年生下儿子哈尼（Hani 为纽约著名建筑设计师）和凯瑞姆。凯瑞姆幼年时期在英国和加拿大度过。为了寻找理想生活，他们一家不断变更着生活的城市，开罗、巴黎、罗马、伦敦、多伦多……这种成长经历让他拥有一种"全球性"的情绪。1982 年，他进入加拿大渥太华的卡尔顿大学学习并获得工业设计学士学位。其后，他在意大利那不勒斯市继续他的研究生学习。完成学业后，花了一年的时间在米兰的 Rodolfo Bonetto工作室工作。

---

① 刘峰 .Karim Rashid 的哲学 [J]. 缤纷，2008（12）：54-56.

② http：//www.yandp.tv/tag/new-york-city/

③ Shzree & Tan. The Poet of Plastis[J]. The Peak（Singapore），2008（8）：74-79.

1993 年，他移居到他梦想居住的地方——纽约，开设了自己的工作室。在最初的 5 年，凯瑞姆遭遇了他人生的"滑铁卢"。但他并没有放弃，而是实践着人生的信条：坚定、勤勉和天赋。"在找项目找客户上我遇到相当大的麻烦，我像疯子一样坚持着。我估计我一定接触了几百家美国公司，最终得到了第一个项目。我确信这将成为我最好的作品。它很成功，是为新墨西哥州圣达菲一家叫 Nambe 的公司设计的，这家公司生产碗一类的桌上用品，卖给 Bloomingdales 之类的店。"①此后，凯瑞姆开始了自己作为独立设计师的生涯。

凯瑞姆是一名多产的设计师。他设计的作品超过 3000 多项已投入生产，获得 300 个以上的奖项，以及曾在 40 个国家参与工作，证实了他的设计天分。他已有 20 项作品获得世界 14 家国际著名艺术博物馆永久收藏，并且在全球各地设计博物馆和画廊举办艺术展览。迄今为止，他已经获得各类设计大奖，包括 Red Dot 大奖、Chicago Athenaeum 优良设计奖、I.D. 杂志年度设计奖、IDSA 工业卓越设计奖等。他还是一位著名的设计理论家，在许多杂志与媒体发表论文，推广他的设计理念。包括：美国的"时代"杂志、英国的"泰晤士财经报"、纽约时报、绅士等。2001 年开始，他陆续出版了一些设计著作：《I want to change the world》（Rizzoli，2001）、《Evolution》（Universe，2004）、《Digipop, a digital exploration of computer graphics》（Taschen，2005）、《Design Your Self》（Harper Collins，2006）、《Karim Space》（Rizzoli，2009）。

作为一名设计理论家，凯瑞姆认为设计应为大众服务，希望通过设计改变我们的生活，因为好的设计是可以激励、鼓舞我们生活的热情。他还热衷使用新的技术、材料和生产方式，对产品的形式、色彩、装饰进行探索，从而形成了自己鲜明的设计风格：

第一，"极简的感性"②（"Sensual Minimalism"or"Sensualism"）。凯瑞姆的作品有相对较少的装饰，专注于对象的本质，而不是对象的形式，所有的部分都是有机不可分割的。同时是流畅的、温和的、有机的、人性的，这就是为什么它是感性的。他认为所谓风格是过去已存档，已标签分类好的。设计风格是设计师自己创造出来的。现在的消费者面临诸多选择，因此一个设计如果没有风格，那就需要有另外的内容，或者更符合大众。他乐意尝试所有材料，但是更喜爱塑料和液体聚合物的世界。他认为由于高科技的发展，塑料部件可以使产品更加民主。因为塑料远胜于那些天然材料并具有可被感知属性的可能和机会，只有塑料有机会成为高度复杂的、有机的形式和对象。凯瑞姆设计过上千种产品，其显著的特点是造型简洁、线条流畅。譬如：为 KENZO 的香水设计了小顽石（Ryoko）和晨曦新露（Summer by Kenzo）的香水瓶。作品从生活

---

① Radhika Seth.12 Inspirational and Exclusive Interviews on Yanko Design，Yanko Design，2012-03-29. http：//www.yankodesign.com/2012/03/29/12-inspirational-and-exclusive-interviews-on-yanko-design-%e2%80%93-karim-rashid/.

② Karim Rashid. designboom interview[OL]. 2002-02-10.http：//www.designboom.com/eng/interview/rashid.html.

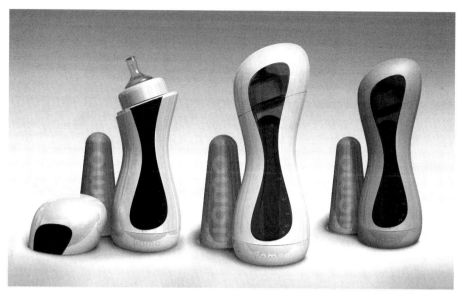

图 28-2 liamo 自动加热奶瓶

中汲取灵感，形式新颖、创意独特。他作品中常用的装饰来自他的纹身。在他身上，有 15 处纹身，每个纹身代表一个最近频繁往返或有互动的城市，如"＋"衍生变化的 KR 图腾，"｜"是一个古老的符号，也是全球性的"Symbol"。他喜欢用一些很小的象征图案去作为他的作品标签（图 28-2）[①]，这是一种隐晦地把自己名字加到产品上的方法。他的一个艺术创新是创造了"Karimalogos"符号（类似象形文字），并运用于设计作品中，以传递情感、思想和理念。如 2006 年为 Georg Jensen 设计了 Artist（艺术家）挂坠，每件挂件都融入了设计师独有的个人理念。

　　第二，颜色的意义。凯瑞姆的作品最显著的特点是对鲜艳色彩的运用，尤其是粉色。"粉色代表一种积极的情绪，是一种新的黑色。"[②]他认为黑色虽是很安全的颜色，适合许多场合，但是黑色有约束感。"我喜欢能产生迷幻的效果的亮色，因此，我喜欢浅绿色、橙色和粉色这类颜色。我倾向于使用这类色彩，他们可以强烈表达出我们这个信息时代，因为我试图以一种怪异方式评论现在人们的生活方式。"[③]他还认为，颜色是最便宜的装饰手段。例如你可以往一面墙上涂柔和的颜色，就可以产生良好的效果，但是人们往往害怕使用它。其实不必刻意搭配，柔和的色调可以轻易地起到装饰的作用，比如粉色、黄绿色、银灰色等。他试图使用颜色打破性别差异，使社会和谐。比如：Oaza Zdravlja 药店（2009），Oaza Zdravlja 药店位于塞尔维亚，主色调为清新明亮的黄绿色，象征着生命、健康、自然，店面设计充满现代感，前卫时尚。

　　第三，为未来设计。"作为一个画家的儿子，凯瑞姆明确艺术和设计之间的区别。前者是一次性的，后者是多产的，中间没有灰色地带。但是，这并不

① http://www.gadgetgrid.com/2009/05/19/a-self-heating-baby-bottle-a-time-saver-for-parents/
② Harris，Kathryn.In my Barbie World[J]. The Guardian（UK），2009（3）：62.
③ Koshy，Manisha.As Diverse as Plastic and Poetry[J]. Middle East Interiors（UAE），2007（7）：52-58.

意味着一个人不能同时创建。"①说到产品设计，凯瑞姆认为要少讲品牌，因为工业革命以后的产品都是低成本大量复制出来的。而从 20 世纪 70 年代以后产品就变得更具学术性，并且融入了很多艺术元素，设计师也将自己的设计意念融入产品中。从某种意义上讲，设计师的文化理念改变了我们的生活。一个好的设计就是要带给人们更多不同的体验，正因为我们真正能够拥有的事物和生存的空间有限，所以我们要去体验新鲜的事物。我们给这些摆放在空间内的事物赋予生命力，让人们有机会去感受世间的万物。他曾在《Evolution》中直言不讳地宣示自我主张：埃及的文明古国血液在他体内奔流，北美开放式教育的背景在他脑中跳跃、蜕变，舍弃金字塔顶端的吹捧，他矢志带领大众利用设计和社会沟通，培养新的生活态度。而凯瑞姆正实践着这一美学观，他的作品更符合大众的审美心理，引发了人们的积极情感，建立良好和谐的人、物关系，使人们得到了精神和物质上的满足。作为一个设计师，应该抱有这种理想——改变世界，不是对这个世界改头换面，而是对文化本身做出一定贡献。如他为加拿大家庭用品牌子 Umbra 设计的一张塑胶椅子，廉价椅子能让更多人去享受自己的设计。他毫不讳言负责低成本设计比起那些贵价产品更具挑战性之外，亦要控制生产成本，例如选择物料以及生产方式等因素，是设计贵价产品时不会遇到的问题。

第四，凯瑞姆具有自觉的人文关怀意识。第亚尼说："设计一向处于主导我们文化的两个极之间，一极是技术和工业现实，另一极是以人为尺度的生产和社会乌托邦。"②设计是物质与精神创造的统一体。凯瑞姆认为设计的完整性、重要性，已不单是视觉层面的东西，还需要有嗅觉的东西。产品本身就需要和用户沟通。对产品的知觉，需要近距离的感官接触，同时，在心理上因强烈的功利需求而趋向于占有，使产品呈现为一种纯粹使用对象的存在，把知觉主体引向生活体验的空间。或许有一天生活可以完全物质化，因此要把产品融合到生活以及社会。一件好的产品可以提升人的精神或生活质量。它表现为一种动态文化，应该"追求和高扬一种无目的性的抒情价值……能引起诗意反应的物品。"③

凯瑞姆以他独特的方式弱化了群体和等级化的身份认同的差别，比如使用塑料材质使产品更低廉、更民主化；使用柔和的色彩弱化两性之间的差别；他以一种基于历史感的未来责任心进行设计，以期影响人们的生活方式和生活质量。

凯瑞姆曾为许多国际知名品牌服务，他以不同的风格改变了产品设计的美学和消费者文化的本质。他所跨足的设计领域包括室内外空间设计、时尚精品设计、家具设计、照明设备设计、艺术品设计以及各式各样的产品设计。他的

① Allen, Cindy.Hall of Fame[J].Interior Design（USA），2010（12）：38-39，147，149，520-524.
② 马克·第亚尼.非物质社会——后工业世界的设计、文化与技术 [M].滕守尧译.成都:四川人民出版社，2001.
③ 马克·第亚尼.非物质社会——后工业世界的设计、文化与技术 [M].滕守尧译.成都:四川人民出版社，2001.

主要代表作有：室内外设计作品有开罗的 Komb House（2002）（图 28-3）[1]、德国银行休息室（Deustche Bank Lounge，2006）、德国的 Prizeotel（2009）、米兰的 Corian Smart-logic（2010）；时尚精品设计有为 Sceye 设计的 Kar 眼镜（Kar Eye Glasses，2005）、为 Acme 设计的 Icons 钱包（Icons Wallet，2007）；家具设计有为 Pure Design 设计的 DJ 操控台（DJ Kreemy Table，2003）、blobulous 椅子（2008）、为丹麦 BoConcept 设计的 Ottawa 系列（图 28-4）[2]（2012）；照明设备设计有为 La Murrina 设计的 Slke Chandelier（2007）、为 Vialight 设计的 Kross 台灯（Kross Table Lamp）（2008）、为 Artemide 设计的 Cadmo（2008）；艺术品设计有为 Atlantis 设计的 Ego Vase（2010）；产品设计有为 Acme 设计的宝珠笔（Ikon Pens，2005）、为 Umbra 设计的 Garbino 可回收垃圾桶（1996）、为 Gorenje 设计的 LED 厨卫家电系列（2010）；包装设计有为 Issey Miyake 设计的 Issey Miyake FireTriBlob（2002）、为 Kenzo 设计的小顽石（Kenzo Ryoko，2005）、为 Paris Baguette 设计的 Jus（2010）。

图 28-3　梦幻般的空间 Komb House（左）
图 28-4　Ottawa 家具系列（右）

代表作品评析：

1. Garbino 可回收垃圾筒

时间：1996 年

凯瑞姆于 1996 年为 Umbra 公司设计的垃圾桶（图 28-5）[3]，是极简的感性风格，桶身线条流畅、色彩鲜艳，功能强大。在色彩上推陈出新，提出"色彩即生活！"在功能上扩大垃圾桶的开口面积，考虑到垃圾更容易投递进去，并设计了提手位置，方便使用者清空垃圾物。在材料上，设计使用了可回收及可分解材料。凯瑞姆的垃圾桶设计最能体现他诗意设计的设计理念。他以简单方案发挥对象功能，以鲜艳的色彩、民主的材料，通过提高美、舒适、情趣和功

---

① http：//knstrct.com/2011/01/30/karim-rashids-komb-house-in-cairo/
② http：//sheji.pchouse.com.cn/zuopinku/1203/187865.html.
③ http：//www.sumarepi.jp/spice/2009/11/post-45.html.

图 28-5　Garbino 可回收
垃圾筒（左）
图 28-6　blobulous 椅子
（右）

能等，便提升了产品的品质。

这件作品是近年最成功的工业设计产品之一，世界上两百万人都在往他设计的垃圾桶里扔垃圾；这个垃圾桶创造出了另一种设计价值，即材料选择使被人类忽略在房间或街道角落的垃圾桶也呈现出清新的色彩和轻盈的体态。2008年还推出了小型号同款产品 Garbini，以玉米制成的塑料作为原料。

透过 Garbino 可以发现的凯瑞姆的设计理念，他期望垃圾不再成为人们生活中沉重与厌恶的元素。他认为，设计应为生活服务，应和生活交融在一起。

2. Blobulous 椅子

时间：2008 年

在 2008 年米兰家具展上，展出了由凯瑞姆设计的 Blobulous 椅子（图 28-6）[①]，它被誉为现代工艺品重生的代表作。这一系列的椅子，为仿生设计，形态犹如水滴，线条圆润，并且在造型上增加接触面积，采用半包围的一种设计，使人们更有归属感。在材料上，采用了玻璃纤维和毛毡坐垫制成，轻盈且舒适。在颜色上，有 6 种靓丽的颜色，颜色多彩并注重搭配。

该设计以有机弯曲的外形隐喻水滴在波浪中的运动状态，恰似设计师截取了其中的一个瞬间。在后工业化的住宅中，使用环境将更加放松、柔软，而设计师就是想通过该座椅来表达出这种未来模式。Blobulous 椅证明了一种新的机缘来迎合我们日新月异的全球生活方式，水滴结构可能成为我们周围环境的形态，而有机系统则将改变我们的传统类型。所以 Blobulous 椅是现代工艺品的一次重生。

3. Gorenje 厨卫家电系列——LED 新时尚

时间：2010 年

凯瑞姆于 2010 年为 Gorenje 将厨卫家电做成了系列设计（图 28-7）[②]，造

---

① http：//www.designdaysdubai.ae/blogs/projects/blobulous-chair/colombari-chromo-blobulous-2/

② http：//www.gorenje.com.

图 28-7　Gorenje 家电系列之一

图 28-8　Gorenje LED 颜色变化图

型简洁，而且在 MoodLite 技术的帮助下，可以触动光色的变幻，就像是一场光影展示，色彩变幻（图 28-8）[①]的瞬间给人无限自由的瞎想。七种颜色，七种心情，神秘白，嫩粉，玫红，深紫，天蓝，橙绿，橙黄，这个设计应用 MoodLite 技术，外形时尚、功能良好。色带不仅仅是整个外形设计的点睛之笔，还能发挥出它独特的功能；不仅细节部分有不同的色调来点缀，而且烤箱启动时，色带还起到照明的作用，若色带呈红色是，表示当前烤箱温度过高。

　　这件作品在 2010 年伦敦设计大赛中获得产品创新金奖。它首次把光的感应带进了厨房，并提供了全方位的感官体验。它创新性地应用先进技术第

---

① http：//www.gorenje.com.

一次使用户能够改变他们家用电器上的颜色。凯瑞姆不只是创造了一些新的工具，同时也改变了厨房自身的氛围。通过设计一个边缘柔化处理的小烤箱装饰板，把手做成一个纵向的 LED 装饰灯——LED 带可以更换，通过这种方式把色彩带进厨房。他通过自己的设计理念潜移默化地影响受众，使产品自身与用户沟通。

参考文献

[1] Shzree，Tan. The Poet of Plastis[J]. The Peak，2008（8）.

[2] Harris，Kathryn.In my Barbie World[J]. The Guardian，2009（3）.

[3] Koshy，Manisha.As Diverse as Plastic and Poetry[J]. Middle East Interiors，2007（7）.

[4] Allen，Cindy. Hall of Fame[J].Interior Design，2010（12）.

[5] Meyer，Nancy. Karim Rashid：Changing the World Through Design[J]. HNF,2001（12）.

[6] （法）马克·第亚尼. 非物质社会——后工业世界的设计、文化与技术 [M]. 滕守尧译. 成都：四川人民出版社，2001.

[7] （美）唐纳德·A·诺曼. 设计心理学 [M]. 梅琼译. 北京：中信出版社，2003.

[8] 刘峰.Karim Rashid 的哲学 [J]. 缤纷，2008（12）.

[9] 王受之. 世界现代设计史 [M]. 北京：中国青年出版社，2002.

网络资源

[1] http：//www.karimrashid.com

[2] http：//www.designboom.com/eng/interview/rashid.html

[3] http：//www.yankodesign.com

（赵琴、陈琳琳）

29　亚历山大·麦昆（Alexander McQueen）

　　1969年3月17日，亚历山大麦昆（图29-1）[1]出生于英国伦敦东区（贫民区），父亲是一位计程车司机，母亲是一位社会科学教师，在家中排行第六。小时候，他便在家里帮三个姐妹动手制作衣服，从那时起，麦昆的时装设计师梦想开始萌芽。16岁起，麦昆离开学校，进入历史悠久的萨维尔巷（Saville Row）裁缝服装店担任"安德森与谢泼德"（Anderson & Shepherd）的学徒，期间他学会了英伦传统精致的裁剪技巧。随后他又跟随时装解构大师"吉凡克斯"（Gieves & Hawkes）学习，并加入知名剧场服装品牌"安琪尔与贝曼"（Angels & Bermans）公司工作，在这里麦昆熟练掌握了从16世纪至20世纪前卫的裁剪和制版方法。20岁那年，麦昆为设计师立野浩二（Koji Tatsuno）工作了一段时间。一年后，他前往米兰，成为设计师罗密欧·纪礼（Romeo Gigli）最为信赖的助手。

　　1991年，麦昆回到伦敦，进入圣马丁艺术学院主修艺术硕士学位。1992年自创品牌"Alexander McQueen"，并在硕士毕业设计中以惊世骇俗的"杀人狂伏击受害者"系列令《Vogue》主编伊莎贝拉·布罗（Isabella Blow）惊为天人，布罗立即以5000英镑买下他的全部设计，同时开启了两人惺惺相惜的友情。此后，超低腰牛仔裤"包屁者"（Bumsters）（图29-2）[2]嚣张的性感以及"高地强暴"

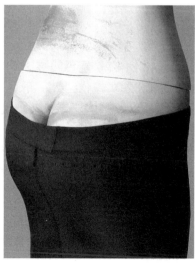

图 29-1　亚历山大·麦昆
（1969~2010）（左）
图 29-2　"包屁者"（Bum-
sters）（右）

① http://madeehasyed.com/2010/02/
② http://stylehymn.blogspot.com.au/2011/07/alexander-mcqueen-savage-beauty.html

系列中穿着撕裂的裙子、裸露乳房、肆意爆粗口的模特们，这种备受争议的作风令国际时装界侧目，让他得到"坏男孩"的称号。1997 年，经伊莎贝拉·布朗强力推荐，麦昆担任法国顶尖品牌纪梵希（Givenchy）首席设计师。1998 年，麦昆第一场纪梵希发布会"1999 春 / 秋时装展"在巴黎时装周备受关注，正式开启麦昆时代。在随后四场纪梵希的时装发布会中，麦昆试图将发布会本身的戏剧性效果融入高级定制的概念中。但与一贯保持高雅传统的纪梵希相比，特立独行的麦昆更像是一位前卫艺术家，两者理念不和，麦昆最终离开了纪梵希。

2000 年，著名奢侈品牌 Gucci 集团看中麦昆的才华，向"Alexander McQueen"品牌注入 51% 资本，全力支持麦昆壮在伦敦、纽约以及米兰开设旗舰店，香水、眼镜、男装等多样化个人品牌产品线相继推出。历经十多年发展，Alexander McQueen 品牌早已遍及世界各地，麦昆也获得多项国际时装设计师大奖。2006 年，"Alexander McQueen 2006 秋 / 冬时装展"，麦昆成功推出副线品牌"McQ"成衣系列，以期达到高端设计与市场需求的平衡。好景不长，伴随挚友伊莎贝拉·布罗和母亲的相继离世，麦昆的身心备受煎熬。2010 年 2 月 11 日孤独的天才选择在伦敦寓所上吊自杀，终年 40 岁。

纵览麦昆一生，他是一位忠实的浪漫主义者，如其右臂上的纹身所言"Love looks not with the eyes, but with the mind. 爱不在眼里，而在心里"。这句话出自莎士比亚作品《终成眷属》中女主角海伦娜的台词，出身卑微的海伦娜凭借自己的聪明才智嫁给了地位高贵的男主角，她就是勇于争取自己幸福的浪漫主义勇士。审视麦昆一系列作品，从设计生涯前期对历史思考到中期对科技重视，再到后期对人类未来的思考，这些作品都是对浪漫主义运动的缅怀，这过程中总是掺杂着诸如惊愕、恐惧、悲伤、向往等人类情感，当这些情感汇聚成强烈的美学情绪后，再通过戏剧化的舞台表演，麦昆创造出卓尔不群的时装效果。

此外，麦昆不是单纯的时装设计师，更是一名变革者。虽然与偶像川保久玲（Rei Kawakubo）的设计风格完全不同，但川久保玲以不对称、曲面状的前卫服推动时装界改革的成就是麦昆毕生奋斗的目标。毋庸置疑，麦昆做到了，甚至超越了偶像。麦昆的与众不同在于他展示的是 10 年或者 20 年后的潮流，如今超低腰裤的流行已然证明这一点。同时，他讲求精益求精地剪裁，擅用戏剧、音乐、文学和电影元素在时装秀的现场搭建起一个巨大的场域，把充盈虚幻与假象的时装带入了社会文化生活的范畴。现代社会"人们对服装风格、形式的选择是和他们的生活方式相联系、相协调的，将服装设计纳入整体生活的设计，实际上正是找到了服装业兴盛不衰的基础。说到底，人们不是为了时装而时装，生活决定了他们的选择。"①麦昆就是这样一位文化生活的导师，每一季 Alexander McQueen 时装秀就是一个充满故事性的虚构空间，里面有人生的举棋不定、战争的狂躁、惊喜的科技、奇异的女巫、未来的惶恐，总是那样令人

---

① 一萍. 新世纪国际时装走向，2001/2002/2003 伦敦时装发布会集粹 [M]. 北京：人民美术出版社，2003：10.

期待，也从未令人失望。如今，天才已逝，留给人们无尽唏嘘，但一件件令人惊叹的作品足以让麦昆成为世纪之交最伟大的时装设计师之一。

代表作品评析：

1. "高地强暴（Highland Rape）"系列

时间：1995年

1996年至2003年间，麦昆四次赢得"年度最佳英国设计师"，他是史上这项殊荣最年轻的得主，在接受英国女皇颁发"不列颠帝国司令勋章"（CBE）时，麦昆声称自己受勋的唯一理由是让母亲一偿夙愿，亲眼看看白金汉宫的样子。2004年，英国《卫报》安排麦昆的母亲采访他，问及此生最大的恐惧，麦昆回答："比你先死。"诸多场景看来，母亲是麦昆的生命支柱，他是一位有着强烈恋母情结的时装设计师。

奥地利心理学家西格蒙德·弗洛伊德（Sigmund Freud）在《精神分析学》中指出，如果将人类的整个意识比喻为一座冰山，浮出水面的部分是显意识，仅占意识的5%，而95%属于潜意识的部分隐藏在水面以下。使用约95%的潜意识能量会让我们的生活更加美好，目标更容易达成。瑞士分析心理学家荣格（Carl G. Jung）进一步提出个人潜意识包括具有情绪色彩的情结。而情结是指被共同情调联系起来的使人心烦不安的观念群。组成情结的主题经常不断地在人生中再现，从这个意义上看，情结对人的行为起着不均匀的影响，例如有恋母情结的人会直接在与母亲相关概念的活动中投入更多精力，调动潜意识的巨大能量。1995 "Alexander McQueen 高地强暴"系列（图29-3）[①]时装发布会上，麦昆展示了一系列故意毁坏的蕾丝裙，撕裂的领口和开线的裙摆。表演中令人应接不暇的乳房和骂脏话、比中指，不断挑战和激怒着观众，简直可以看做是一场对女性的强暴展示，时尚界也大肆批评麦昆不尊重女性。不过，麦昆似乎一点也不在意，源于他对受人喜爱这种事漠不关心，他仅仅需要将内心真实的展现即可。人们或许认为这是一种不计后果地自负，其实不然，麦昆解释"高地强暴"系列不是对女性的侮辱，而是来源于热衷整理族谱的母亲为他讲述了"高地清洗"运动，那是一场英格兰对苏格兰岛居民的种族屠杀。由于McQueen家族起源于苏格兰的斯凯岛和津泰尔海岬，却受难于那场血腥的高地清洗运动，这让麦昆的母亲感同身受。强烈的恋母情结促使麦昆不会忽略母亲的感受，潜意识需要促使他用破碎、赤裸和粗暴（图29-4）[②]的方式呈现出令人瞠目结舌地"高地强暴"系列，以此表达对这段家族历史的认同。虽然这个系列令麦昆遭受一片非议，他甚至被冠以"东区坏男孩"和"时尚流氓"的称

---

① http：//hapsical.blogspot.com.au/2010/02/towering-genius-of-alexander-mcqueen.html.

② http：//thecoincidentaldandy.blogspot.com.au/2011/05/savagely-beautiful-alexander-mcqueen-at.html.

图 29-3 1995 "高地强暴（Highland Rape）"系列（左）

图 29-4 高地强暴系列中的破碎的长裙（右）

号，但此举赢得了全球头号奢侈品集团 LVMH（Louis Vuitton Moët Hennessy）的注意，直接推动麦昆日后成为纪梵希品牌的首席设计师。由此看出，麦昆设计生涯的起飞得益于对母亲情感的呼应，如此尖锐的系列时装，倘若没有长期的情感积蕴，决然不会导致酣畅淋漓的成功。

2. 1999 春夏 "No. 13" 系列

时间：1999 年

"一个在左，一个在右；它们在山脚下分手，在山顶上汇合；它们是一枚硬币的正反面，不可分割……这一切都是在形象化地告诉我们科技与艺术的关系。科学技术的每一次进步都会给艺术的发展带来或多或少的机遇。"[1]如今，科学与艺术的融合已是时尚圈的潮流，纳米技术、超声波技术、光热技术等高科技被广泛应用于服装业，设计师们花费大量精力寻找新材料。然而，在麦昆的创意中科技与艺术的结合更为全方面和多样化。众所周知，麦昆的每一场时装发布会总是时装周中最令人期待的嘉年华，因为人们丝毫不能预知他下一步的举动。

1999 年春夏时装发布会上，麦昆从菲亚特汽车制造厂找来两台已退休的负责为汽车喷油漆的工业机器人分列在舞台两边。从发布会开始，模特儿纷纷走上 T 台，裁剪精致的礼服外套拖着长长的燕尾，A 字型的裙摆装饰着戏剧化的打褶，钉珠裙罩着螺旋式的金属笼，由穿孔的窄条布料构成的上衣长着高耸

---

① 姜芬芬. 浅谈科技与艺术之间的关系——解析装置、影视艺术中科技元素的运用 [J]. 美与时代，2009（11）.

的"翅膀"轮番登场，人们一如既往地等待着爆点。果然，压轴登上的加拿大名模莎洛姆·哈罗（Shalom Harlow）身穿白色秋千裙出现在位于中央的旋转舞台上。忽然，一直游离与发布会外的两台机器人开始对莎洛姆·哈罗（图29-5）[①]周身泼墨，她伸手欲挡，却未能阻止，活像一只受惊的天鹅，再看看模特身上的纯白衣裙早已在机器人肆意喷墨中点染上天然的图案，一幅毫无人工参与的艺术品宛如天成，顿时，观众爆发出热烈的掌声。"No. 13"系列的喷墨连衣裙（图29-6）[②]诞生，它是一曲凄凉的"天鹅之死"，更是一次令人叹服的科技与艺术结合。

　　工业时代的前期人们享受着大批量生产所带来的丰富产品，可是20世纪后期人们对时尚价值重新思考，新的时尚逐渐标榜手工制造。最昂贵的衣服是高级定制时装；最有价值不菲的箱包是手工定制的"爱马仕"（Hermès）；最高贵的汽车是手工制造的劳斯莱斯（Rolls-Royce）。简单地说，人手制造的每一个物件都存在差异，凝结着那一刻工人的心思和情感，而这些是无法复制，不像机器生产那样呆板与整齐划一。亚历山大·麦昆在20世纪末勇敢打破传统主流美学框架，通过戏剧化表演创造出新的艺术效果，向人们宣告一种新的时尚观念——逝去的机器大工业不是没有现存价值，冰冷的机器也有值得体味的技术美学。

　　此外，1999年春夏时装秀中起用了首位残疾人模特艾米·穆林斯（Aimee Mullins）。艾米·穆林斯是美国著名的残疾运动员，由于先天性的半肢畸形，

图29-5　名模莎洛姆 哈罗（Shalom Harlow）演绎喷墨裙诞生（左）
图29-6　1999春夏NO.13系列的喷墨连衣裙（右）

---

① http：//www.youngrestlessdesign.com/?p=166.

② http：//ifitshipitshere.blogspot.com.au/2011/08/highlights-from-mets-alexander-mcqueen.html.

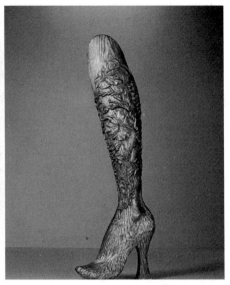

她在一岁时就动了膝盖以下截肢手术。然而，她凭借傲人的毅力和勇气在
1996 年亚特兰大残奥会上创造了 100m 短跑和跳远的世界纪录。长期以来，艾
米·穆林斯一直向许多时尚设计师们提议为她定制假肢，可设计师们却取笑粗
陋的假肢不可能与时尚挂钩，而麦昆却欣然接受这份邀请，因为他喜欢做一个
"不合时宜"的人。T 台上艾米·穆林斯身穿"NO.13"系列套装（图 29-7）[①]，
上身是硬朗的厚皮紧身胸衣，下身是柔美脆弱的酒椰叶纤维织成的层叠蕾丝裙，
脚上的高筒靴就是木质的假肢（图 29-8）[②]，整个造型形成了工艺和科技、暴力
和浪漫四种概念的剧烈对比。

3. 2010 春夏"柏拉图的亚特兰蒂斯（Plato's Atlantis）"春夏系列

时间：2010 年

地球上未出现人类之前的数十亿年里，各种生物已在为生存而斗争，经历
长期生物进化后，优化了生命体的结构和功能，并具备了适应内外环境变化的
能力。即使在高度发达的现代社会，这些繁衍至今的生命体在信息接收、能量
转化等方面仍然显示出现代机器所不可比拟的优越之处。因而，分析这些生物
体的外形、结构、色彩和功能等方面，使之组合成为一种新的设计或者构思雏形，
并为现代社会各行业按需借用，最终获得在功能性、审美性、文化性等方面的
成功合力，这就是仿生设计。《天工开物》记载："霄汉之间，云霞异色，阁浮
之内，花叶殊形。天重象而圣人则之。以五彩彰施于五色。"云霞，五彩五色，
大自然美丽的色彩是服装色彩借鉴的最直接来源。[③]因此，向大自然寻找设计灵
感，采用仿生艺术设计是时装设计师的时代诉求之一。

① http：//blog.metmuseum.org/alexandermcqueen/ensemble-no-13/

② http：//blog.metmuseum.org/alexandermcqueen/ensemble-no-13/

③ 崔荣荣，唐虹，卢阳. 服饰设计与仿生学 [J]. 南通工学院学报：社会科学版，2003，19（1）.

图 29-9　柏拉图的亚特兰
蒂斯系列中蛇皮图案短裙
（左）
图 29-10　柏拉图的亚特
兰蒂斯系列中海豚图案短
裙（右）

　　2010 年春夏"柏拉图的亚特兰蒂斯"系列就是一场仿生艺术设计盛宴。开场时，大屏幕上播放着笼罩在梦幻蓝氛围中的巴西超模拉奎尔·齐默曼（Raquel Zimmermann）赤裸平躺在沙滩上，蛇在她身上穿行蠕动，而后演变成蛇影组成的蓝色图案。穿着数码技术印制的仿蛇皮（图 29-9）①、鲨鱼皮、海豚皮（图 29-10）②图案短小钟形裙的模特们"鱼贯而出"，类似鱼类的发型和故意突出额头的妆面让模特已然具备海洋古生物的造型，还有犹如远古海洋怪物坚硬装甲般的犰狳鞋（Armadillos）（图 29-11）③，麦昆将观众带入充满神秘的蓝色海洋深处。这场秀的发布正值美国次信贷危机爆发对全球经济造成着巨大的负面影响之时，股市动荡，人们对投资市场失去信心，低迷情绪笼罩全球。与此同时，即使环保口号推崇多年，但人类仍然继续以牺牲生态为代价赚取经济利益。所有的一切让麦昆不能停止对未来的思考。2010 年春夏"柏拉图的亚特兰蒂斯"系列就是麦昆对未来生态破坏后的末日描绘。人们由海洋生物衍化而来，当生态环境遭受终极毁坏，气温上升，冰川融化，海水淹没陆地，人类只能再度回归海洋世界，只有这样才能理解笼罩舞台上的蓝色忧郁。

　　相比前辈安德烈·库雷热（Andre Courreges）和皮尔·卡丹（Pierre Cardin）在太空探索时代对未来主义时装的开拓，麦昆得益于当下科技发展和人文理念的进步。数码技术运用、化妆技术丰富和仿生学发展等都令麦昆可以将想象付

① http：//images.vogue.it/imgs/sfilate/pe-2010-collezioni/alexander-mcqueen/collezione/hq/alexander-mcqueen_274369.jpg.

② http：//artfashionandhim.wordpress.com/2011/02/11/alexander-mcqueen-remembered-an-ode-and-memoriam-for-the-artist/

③ http：//www.pixelsthoughtsandwords.com/2011/10/designer-day-alexander-mcqueen.html.

图 29-11　柏拉图的亚特兰蒂斯系列中怪异的〝犰狳鞋〞

诸实施。其中，2010 年春夏系列中 25cm 高的犰狳鞋突破传统高跟鞋设计，采用各种钢铁配件与皮料，模拟龙虾爪或驴蹄的外形制作，被高跟鞋的酷爱者誉为旷世杰作。不过,由于需要将脚踝几乎绷成90°才能穿上犰狳鞋，还需慎防摔倒，此鞋遭到多名 T 台模特的抵制。评论家总谈论麦昆的设计喜欢束缚或为难女性。麦昆自辩："8 岁那年，我亲眼目睹大姐差点被她丈夫掐死，却只能站在那里呆呆看着。从那时起,我所做的一切,就是让女人看上去更坚强,而不是更天真。"[①]因此，麦昆从历经数万年优胜劣汰的动物身上寻找答案，类似保护甲般坚硬的犰狳鞋是麦昆赋予女性的一层防御网，至极的尖高跟就是他传递给女性的自卫武器。

参考文献

[1]　Kristin Knox. Alexander Mc Queen Genius of a Generation[M]. London：A&C Black，2010.

[2]　Andrew Bolton. Alexander McQueen：Savage Beauty[M].New York：Metropolitan

① 华龙网 - 重庆晚报 . 亚历山大·麦昆：借衣还魂 [N/OL].2010-03-07.http：//news.163.com/10/0307/03/615221I3000146BB.html.

Museum of Art，2011.

[3] 崔荣荣,唐虹,卢阳.服饰设计与仿生学 [J].南通工学院学报:社会科学版,2003,19(1).

[4] 姜芬芬.浅谈科技与艺术之间的关系——解析装置、影视艺术中科技元素的运用 [J].
美与时代，2009（11）.

[5] 一萍.新世纪国际时装走向，2001/2002/2003 伦敦时装发布会集粹 [M].北京：人民
美术出版社，2003.

[6] Sharon，Tan，Nicola，Getty Images. Alexander McQueen 的真实世界——时装舞台 [J].
明日风尚，2010（03）.

（王腾飞）

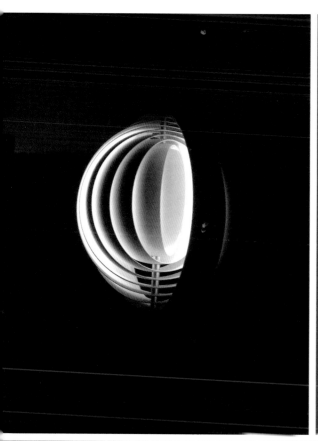

图 3-7 黑暗中月球吊灯侧视图，恰似月球在月食时，不同阶段阴晴圆缺的光影变化（上左）

图 6-8 卡洛·菲利斯剧院重建观众厅，罗西注重建筑内外的结合，把属于城市的元素带进观众厅（下）

图 7-3 《市民第九交响乐》系列中的一幅，1994 年（上右）

图 12-3　蒙德里安裙（上）
图 13-4　蓬皮杜艺术中心
东立面设计模型（下）

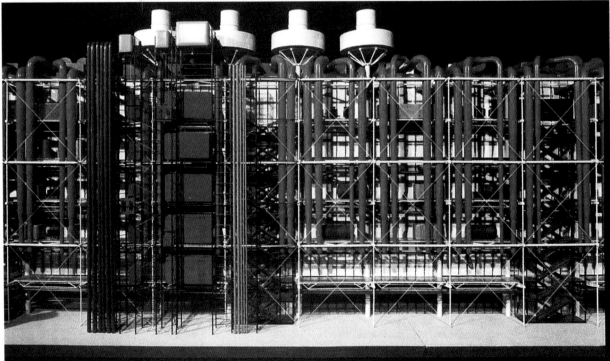

图 16-1　红山古楼（上）
图 16-5　欧式室内设计（下）

图 18-5 温润如玉的《土云》

图 18-6 还原焰烧瓷壁饰《天井瀑布》，高 20m，宽 9m，厚 0.007m
藏美国宾夕法尼亚州莱丁社会学院米勒表演艺术剧院

图 20-11 比利时埃尔热博物馆内部活泼的色彩

图 21-9　迪士尼消费电子产品系列，诙谐有趣，逗人喜爱和富有童趣，成为了迪士尼消费电子产品的经典之作

弯曲而显自然形态的元素

温暖红色的大门与清幽深蓝色的地毯之间的对比

图 23-3　室内大厅的艳丽设计

图 24-8　美洲之门酒店客房

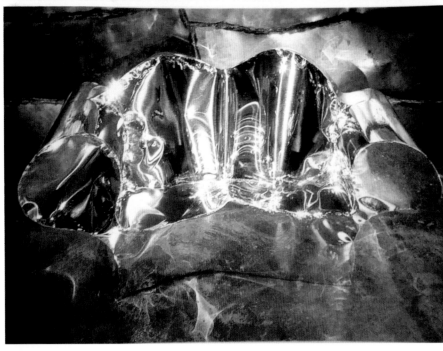

图 25-2　龙·阿拉德 "Big Easy Volume2" Sofa，高 87cm，不锈钢，1988 年

图 27-6　长野冬奥会手册封面及"冰一般"的字体效果

图 28-3　梦幻般的空间 Komb House

图 29-3　1995 "高地强暴（Highland Rape）" 系列